我和我的刑辩故事

赵运恒 著

大辩护

图书在版编目(CIP)数据

大辩护:我和我的刑辩故事/赵运恒著. —北京:北京大学出版社,2022.6
ISBN 978-7-301-33001-2

Ⅰ.①大… Ⅱ.①赵… Ⅲ.①刑事诉讼—辩护—案例—中国 Ⅳ.①D925.215.05

中国版本图书馆CIP数据核字(2022)第070063号

书　　　名	大辩护——我和我的刑辩故事 DABIANHU——WO HE WO DE XINGBIAN GUSHI
著作责任者	赵运恒　著
责 任 编 辑	徐　音
标 准 书 号	ISBN 978-7-301-33001-2
出 版 发 行	北京大学出版社
地　　　址	北京市海淀区成府路205号　100871
网　　　址	http://www.pup.cn　　新浪微博:@北京大学出版社
电 子 信 箱	sdyy_2005@126.com
电　　　话	邮购部 010-62752015　发行部 010-62750672 编辑部 021-62071998
印 　刷　 者	北京中科印刷有限公司
经 　销 　者	新华书店
	880毫米×1230毫米　A5　10.875印张　262千字 2022年6月第1版　2023年5月第2次印刷
定　　　价	59.00元

未经许可,不得以任何方式复制或抄袭本书之部分或全部内容。
版权所有,侵权必究
举报电话:010-62752024　电子信箱:fd@pup.pku.edu.cn
图书如有印装质量问题,请与出版部联系,电话:010-62756370

辩护的艺术和境界
（代序）

在烟台大学当老师时，我做过几年兼职律师，当时只知道尽心尽力地帮助当事人，几乎没有考虑过辩护有助于司法机关、有助于国家法治进步。虽然那时我在《中国律师》等刊物上发表了从印度人编辑的论文集《律师的艺术》中翻译的几篇文章，但是我关于辩护的艺术和境界的思考基本来自赵运恒律师《大辩护——我和我的刑辩故事》的启发。

赵律师以"大辩护"给其著作命名，表明了他有超越"有效辩护"的志向和自信。"有效辩护"渊源于西方国家和《公民权利和政治权利国际公约》等，也是近年来我国法学界高度关注和热烈讨论的问题。对国家来说，有效辩护是一项保障当事人获得辩护的司法制度。它是指犯罪嫌疑人、被告人都能获得充分的自我辩护和律师辩护，可以由当事人聘请律师，也可以由国家安排法律援助。对律师来说，有效辩护是一项基本执业标准，所有的律师通过努力都可以达到，而且应该达到。对于一个成功的大律师来说，有效辩护只是起码的要求，远远谈不上卓越。卓越的律师应当熟练地掌握和运用辩护的艺术，追求辩护的最高境界，止于至善。

辩护艺术是律师为实现辩护目标，制订辩护策略、运用辩护技术的高超能力和水平。简单地说，辩护艺术就是辩护目标、策略和技术的讲究和精当，超出了常人，达到了卓越的专业水平。法律人办案的基本任务是依法收集和运用证据，查明案件真相，正确适用法律。功夫主要在于认定事实和适用法律两个方面，万变不离其宗。律师的辩护工作与侦查人员、检察人员、审判人员的工作所不同的是，要从这些公职人员的办案过程及其记录即案卷中找出不足、偏颇或者错误，维护当事人的合法权益、维护法律的正确实施、维护社会公平和正义。法律没有赋予律师任何强制性权力，律师所依靠的只有专业知识和运用专业知识的艺术。运用专业知识的艺术就是辩护艺术，主要有两个方面，即善问和巧说。

知识常被称为"学问"。可见，学问主要是知识及其获得方式，善问才是艺术。善问包括三个方面，即见疑、质疑和释疑。见疑是辩护的前提和基础。对同样一本案卷或者一部卷宗，不同的律师看了，不仅发现的问题不同，而且发现问题的数量和质量也不同。没有发现问题或者发现的问题不重要，辩护就没有价值。换言之，只有发现了重要问题，才有辩护的价值（当然，律师在场等见证性功能除外）。见疑是迈进辩护艺术大门的第一道门槛，不掌握这个艺术，基本上就不适合做律师。质疑要问到关键点上，让人茅塞顿开、豁然开朗。即使迂回设问，也要有清晰的逻辑，让人听完后感受到一种不可阻挡的推理力量。质疑可以让人喜笑颜开，也可以让人暴跳如雷，但是这些都是手段，目的只有一个，那就是让人确认证据和真相。达不到这个目的，那都不是艺术而可能是失误。质疑是辩护的推进器，是实现辩护目标的重要手段。释疑则关乎当事人、律师和司法人员的感受和认同，或者欣然接受，或者调整思路,一起迈入一个新层面,达到一种新认识。因此,释疑是三方沟通的最佳效果,实现辩护目标的敲门砖。

辩护的实质是说服和改变。它不仅要说服法官,还要说服检察官、侦查人员、调查人员和当事人,甚至社会公众;它不仅要改变诉讼过程特别是不合法的办案行为,而且要改变诉讼结果,获得公正的裁决。这些大部分要靠"说"。普通的"说"不是艺术,"巧说"才是艺术。辩护的巧说大致有三个层次,即交代、交锋和交心。交代看似平常,实则不易。有不少律师折在交代不足或不当上。不论是对当事人还是司法人员,在什么时候说清楚什么问题,多说一分可能引起误会,少说一分可能影响办案效果。交代必须把握好时机和度。交锋是在观点对立、认识相左的情况下,进行立论与反驳,证成与证否。交锋不是每个案件所必需,但只要有交锋特别是法庭上的交锋,往往是辩护的重心,也是辩护面临的最大挑战。交锋赢则胜诉在望,败则可能全盘皆输。遇到交锋,律师就必须全力以赴,势在必得。赢在交锋,必须有度,不能伤及他人,更不能损伤司法的权威和公正形象。有些喜欢死磕的律师为了赢在交锋,不择手段,甚至无所不用其极。那种血淋淋的胜诉让当事人、社会和国家都要付出不必要的代价,可谓辩护的下策。交心是巧说的最高层次和理想状态。把辩护工作做到人们的心坎上,让辩护所及,众口称善。一个案件办下来,如果能得到当事人、司法人员和社会的普遍认可,则胜诉及其程度已经不那么重要了,重要的是当事人心悦诚服,案结事了,恢复法律秩序和社会关系。

辩护艺术有层次、分境界。辩护人也是如此。长期以来,有的律师常常抱怨当事人目光短浅、司法环境不好、国家法治落后等,却很少反思自己的专业能力和职业境界。正如一句英国谚语所说:

"拙匠常怪工具差。"（Bad workmen often blame tools.）辩护的专业能力千差万别，大致有三个层次：第一个层次是"把得实"，即能够把案件事实和适用的法律搞清楚。有些律师偶尔达不到这个层次，那是能力不足或者失误；有些律师长期达不到这个层次，那就是不入流了。第二个层次是"看得清"，即看透案件的主要法律关系，掌握辩护的关键。第三个层次是"做得到"，即通过合法途径实现辩护目标。前两个层次大致属"知"的范畴，后一层次则属于"行"的范畴，做到"知行合一"绝非易事。苏轼的《观潮》和《念奴娇·赤壁怀古》中的句子比较好地表达了这三个层次：首先，对案件事实和所涉及的法律法规必须孜孜以求，事无巨细，全面掌握。这要有"庐山烟雨浙江潮，未至千般恨不消"的劲头。然后，对案件的事实和法律问题做到提纲挈领，拨云见日。犹如"到得还来别无事，庐山烟雨浙江潮"。最后，实现辩护策略，达到辩护目标，所有问题烟消云散。犹如周瑜当年"羽扇纶巾，谈笑间，樯橹灰飞烟灭"。

具有高层次的职业能力可以使一个律师成功，辩护达到了较高境界才能使一个律师成名。无论是成功还是成名，都必须以守住律师的执业底线为前提。这个底线可以概括为"三不"，即不欺诈、不强迫、不行贿。最严重的是作伪证和行贿司法人员这两种违法犯罪。这是律师绝对不能触碰的红线。

辩护的境界可以分为三重：服务好当事人、有助于司法公正、有助于国家法治进步。服务好当事人是律师的本分，不管是委托人出钱还是国家出钱，律师承担了辩护责任，就要竭尽全力，维护当事人的合法权益。律师的能力有大小，但做到有效辩护的责任是一样的，失职失责则应当视情节轻重受到谴责或者惩戒。辩护的第二重境界是有助于司法公正。司法人员为什么愿意或者能够接受律师的意见？除了司法人员具有依法办案的责任之外，还有一个很重要的原因，那就是律师与司法人员在维护当事人的合法权益、维护法律的正确实施、维护社会公平正义的目标上是一致的，律师查明案件真相、正确适用法律，也就帮助司法机关避免了冤错案件和司法责任追究。律师维护的当事人合法权益，正在司法公正所追求的目标之中。辩护的第三重境界即最高境界，就是有助于国家法治进步。正如苏轼诗句所言："竹外桃花三两枝，春江水暖鸭先知。"（《惠崇春江晚景二首》）我国总体上还处于法治发展阶段，国家的法律制定和执行得怎么样，了解最多、感受最深的不是立法工作者，也不一定是执法和司法工作者，而是律师。一些案件徘徊在合法、违法与犯罪之间，当前关系到如何理解和执行法律，将来则关系到如何修订和完善法律乃至执法司法的体制和机制。打赢一场官司固然是成功，推动法治进程、实现双赢多赢共赢，那才是律师辩护的至高境界！

最高人民检察院检察理论研究所所长　谢鹏程
2022 年 3 月 23 日

目 录
CONTENTS

开篇　从大辩护角度谈有效辩护　　001

PART 1
第一部分

为什么要做律师　　011
选择什么样的律所　　014
做非诉还是诉讼业务　　018
初生牛犊不怕虎的尴尬　　021
律师有无权利选择案件及当事人　　026
第一个有成就感的辩护案件　　032
两个遭遇挫折的典型案例　　038
是否应该为"坏人"辩护　　045

对刑辩专业化的选择	049
刑辩专业化的团队建设	053
刑事非诉讼业务的发展	057
由刑事辩护延伸到刑事合规	063
资源重要还是专业重要	068
律师是否应该与公检法对抗	077
要不要给检法"挖坑"	081
辩护策略与职业道德——以李某等人强奸案为例	085
刑辩律师如何与当事人沟通	106
如何对待当事人"翻供"	113
刑辩律师如何阅卷	117
律师能否调查取证	121
是否应当鼓励当事人学法律	129
薄利多销还是精耕细作	133
程序辩护辩什么	142
司法鉴定规则改革,路在何方	146
如何在庭审中赢得主动权	151
有效辩护的实务标准	162
辩护中的心理战	178

PART 2
第二部分

大股东抛售套现会否构成利用信息优势操纵证券市场	187
无意中惹上了内幕交易罪	194

银行董事长贪腐案的几个离奇事件	200
一个借刀杀人的商战故事	206
一个女演员逃税引发的故事	213
幽灵抗辩还是合理怀疑	220
中国版辛普森杀妻案	233
政府补偿承诺书居然是诈骗事由	245
一起没有被害人的敲诈勒索案	250
租售商业违章建筑是诈骗还是非法经营	255
企业在与行政命令冲突下容易冒出的"原罪"	259
串通拍卖与串通投标是一回事吗	263
接受财物退出竞拍是否构罪	267
从自己投资的公司套出资金是抽逃还是挪用	271
虚开增值税专用发票、用于抵税发票是否构罪	276
逃离骗取贷款罪的漩涡	281
太老实的国企老总被控滥用职权	286
排非方式的多样性	289
围魏救赵与声东击西	294
情人关系是否影响贿赂认定	299
贿赂案件中的"攻守同盟"	303
官员与他人合作生意是否构罪	308
实物受贿的有趣辩点	313
恶势力的构成,有时就差那么一点	317
涉恶案件能否没收全部财产	322
一个涉黑案件的平反	325
涉黑案件中的保人与保财	330
后记	336

开篇　从大辩护角度谈有效辩护

处理事情中的思维问题比经验、技巧问题更重要。律师的不同思维，会导致案件的辩护效果发生巨大差异。

大辩护与有效辩护

什么是有效辩护？有人把有效辩护称为"尽职辩护"，即律师尽职尽责，把能想到、能做到的，都想到、做到了；并且律师做的是符合执业规则的、可能影响裁判结果的、对当事人有利的辩护。

相反，没有尽职尽责，就是无效辩护。无效辩护就是指律师该做的没有去做，违背了职业道德，或者专业水平不够，虽然尽力了，但有罪的说成无罪，无罪的辩护成罪轻，损害了当事人合法利益，这就是无效的。比如，没有发现自首情节，没有发现鉴定意见无效问题，没有在事实陈述、辩护观点方面与当事人沟通一致，等等。没有尽职尽责是无效辩护，尽职尽责了却只关注细枝末节，忽略了核心辩点，忘了出发点是什么，也是无效辩护。

有的学者、律师，公开说有效辩护就是有"效果"辩护，怕不被认可，还说是中国式的、有特色的，这是一厢情愿、不负责任的说法，会误人子弟。它具有很大的误导性——没有好的判决结果，律师的工作就被否定了！那谁还认真去做辩护、搞专业？结果律师都跑关系去了，最后有好结果就行了。有效辩护不是有"效果"辩护，律师无法左右法院。

什么是大辩护？就是用更大的视野、更开阔的思维，跳出案件看案件，看背后的症结，看未来的走向，跳出法律看法律，看刑事政策，看上下法治环境，然后利用综合方法，穷尽所有合法途径，去给当事人辩护，维护其权益。

要做到有效辩护，不是仅懂法条，了解司法解释就可以，而是要有更加广泛的视角，而大辩护还要比一板一眼的有效辩护做得更多、站得更高，更有战略性、全局性。所以，如果说有效辩护就是法庭内的尽职辩护，那么，大辩护就是在法庭内尽职辩护的基础上，再加上法庭外的辩护。

总结：有效辩护是律师必须做到的基本职责，是单纯的法律范围内的辩护；而大辩护，就是有效辩护的升级版，与普通意义上的有效辩护相比，要求有更高的辩护思维、更宽的辩护视角和更多的辩护方法。

大辩护的思维模式

思维决定事业，也决定人生。一个人再有特长，再不断拼搏，如果出现思维错误，那么，一切都无从谈起。一个律师，背诵法条的能力很强，演讲的口才很强，不代表在法庭上的表现很强；即便在法庭上表现很强,也不代表最后能胜诉,能更好地维护当事人的合法利益。

1. 最基础的思维——综合的专业能力

刑事辩护和民事代理、民事非诉讼业务是截然不同的思维方式,一个律师对外没有标签,对内没有专注,带来的只能是思维模式的混乱。这体现在非诉、民事诉讼和刑事诉讼的很多方面,包括但不限于:是抗辩为主、协商为辅,还是完全依靠协商;抗辩双方是平等的主体,还是一方在法律上强势的主体;举证责任是己方的,还是倒置的;证据标准是占优势即可,还是排除一切合理怀疑。

专业思维是建立在刑辩专业化的基础上。刑辩专业化除了需要掌握刑事专业的法律知识,还需要养成及时关注刑事政策和相关新闻的习惯,包括中央在一些领域内的重大刑事政策调整、各主管部门领导讲话等。因为刑事政策是指导刑事司法活动的精神原则,会引领立法的改变和司法解释的出台,有时候在实践中对刑事政策的把握和运用会先于司法解释,并不是必须先有具体的司法解释才能审判定案。

同时,需要了解其他法律专业知识,但并不需要熟知、精通。涉及交叉案件、跨专业案件时,最佳方案是寻求外援,形成同一方向上的专业组合,避免孤军奋战中因为对其他专业的一知半解而影响辩护效果。因此,在熟知法律专业知识的基础上,再了解一些心理学知识、计算机知识、网络知识等,就更锦上添花。

此外,刑辩专业化还需要在生活中不断观察和积累,汲取社会知识,做到视野开阔、理解力强。律师在法庭上经常说,按照常理应该怎么样。什么是常理？常理就是经验。比如，2013年李某等人强奸案中，有律师在庭审中按照自己的知识，质疑开车人怎么能看见后座上乘客的打人动作，以此断定开车人做了虚假口供，甚至推论该口供是刑讯逼供得来的。其实开过车的人都知道，驾驶者通过后视镜就能看到后排座，调节后视镜还能看得更多，根本不需要一边开车一边回头看。所以，两耳不闻窗外事、生活阅历不足的人，对情理、常理的认知不可能符合大众的逻辑推理。

2. 最容易被混淆的思维——辩护人与法律人

法律人包括法律专家学者、公检法人员和律师等，也包括政府法律顾问和企业法务。辩护人不用说了，就是在刑事个案中接受委托，维护当事人合法权益的律师。

律师不在个案中时，作为法律人，可以在法律框架内任意表达，包括写文章、做讲座，呼吁民主、公平与正义，追求崇高的法治理想，这是所有法律人的权利和责任，也是其应有的信仰和追求。一旦作为个案中的辩护人，则应时刻谨记自己的第一要务是维护当事人合法利益，并将该利益最大化。个案中的律师不宜把自己的理想和价值观植入刑事辩护中，把当事人当作实现自己价值观的工具。所以，不同的角色具有不同的职业伦理，只有把平时角色和个案角色区分清楚，才有可能实现有效辩护。

3. 最不容易拿捏的思维——对抗和妥协

有的律师喜欢一味地对抗，什么案子都选择死磕或者无底线迎合当事人的想法，一切案子都是无罪辩护；有的律师喜欢一味地妥协，基本不做无罪辩护，只要当辩护人，就是做思想工作让当事人认罪，争取个好态度；还有的律师喜欢另一种妥协，就是法庭上不说话，背地里找资源、找关系，所谓"打官司就是打关系"，他不会，也不屑去做专业辩护。这些反映的其实都是思维方式的问题。

世界是辩证的，和平是抗争来的。对抗是基础，是辩护的本色；妥协是技巧，是对抗后的见好就收。即便在认罪认罚案件里，也应该坚持这个原则，对抗与妥协并存，把大罪化小，小罪化了。至于对两者的火候如何把握，需要看每个案件的影响、对抗强度和各方反应等。

大辩护视角下的有效辩护方法

大辩护要用到很多方法，只要不违法违规，都可以使用。

1. 辩护目标的确定

辩护目标是辩护律师必须思考的问题，也是当事人必然关注的问题，影响到辩护路径和方法的选择。引用翟建律师的一句话，就是有冤辩白，无冤求情。基本原则是既不要保守，也不要臆想。

实体性目标以专业判断为前提，可以有"上中下"预案，做好保底的准备和冲刺最佳目标的准备。所谓"上中下"都是相对的。"下"，无非就是死马当作活马医，尽力试一试；"中"，是基本接受，基本满意；"上"，则是惊喜，是最高理想。无论哪个目标，都需要当事人的理解和配合，做到一致行动，不能走到一半又反悔。

目标的确定还要看有无转圜余地。如果只是一个指控事实，很单纯，那么有无刑事处罚上的回旋空间就很重要；如果是指控故意杀人，就要制订"保命"的目标；如果是在处罚上可上可下的罪名，有中间地带，最好是求情辩护，妥协为上。

目标的制订还要考虑当事人在工作、生活等方面的整体利益最大化，而不是仅仅以"清白"来衡量。在多罪名或者一个罪名但多事实的情况下，则要复杂一些，可以考虑以去掉主要罪名为目标。

确定了目标，就不要放弃。有的当事人在一审宣判后，就坚持不住，想放弃，因为看守所条件太艰苦了，想早点儿去监狱，等以后再申诉。我遇到这种情况就建议不要放弃，因为不上诉，就等于认罪，以后连申诉机会都没有，甚至在二审结束，判决生效后，依然要坚持申诉。我经手的江苏镇江的一个涉黑案件，就是经过几年申诉，最后成功摘掉"黑帽子"的。

因为各种复杂原因，在实体上没有可行性目标的时候，辩护人和当事人也可以把目标定为程序性的。一是为申诉打好基础，二是"死也要死个明白，死个清白"。能实现程序正义，留待后人评说，不让家族蒙羞，也是当事人的重要心理追求。

2. 辩护策略的选择

这里讲的还是方法论，不是辩护的具体技巧。

选择案外解决，还是案内对抗？在对抗与妥协中，首先要注意挖掘案件背后的因素，搞清导致案件发生的原因，对症下药，从根本上解决所有问题。如果只就事论事，只谈案件实体是否构成犯罪，甚至只关注程序违法，官司打个没完，那么司法机关在一些因素制约下，有的是"办法"，包括最大限度延长各阶段的办案期限、增加追诉罪名等。所以，不能拘泥于法庭式辩护，而要抓住更大的矛盾。

选择无罪辩护，还是罪轻辩护？基本事实是房子的地基，关键证据是房子的大梁。基本事实搞错了,就像地基没打好,律师只要抽掉一两块石头,房子就倒了;地基没问题,关键证据没做好,则像房子大梁搞歪了,不扎实,律师只要推一推大梁,房子也会倒。地基和大梁,其中有一个出现问题,就应该做无罪辩护。当地基没问题、大梁有问题的时候,或者外部因素很强势的时候,也可以把无罪辩护作为罪轻辩护的策略,"以打促谈"。

选择程序性辩护,还是实体性辩护?司法机关大多不怕实体辩护,但担心程序出问题,因为前者外界不好评判,各说各的道理,但程序一目了然,是对是错,都有固定的尺子去衡量,容易产生追责问题。为了实体上定罪,办案机关很有可能会在程序上出现问题,这时候可以考虑以程序性辩护为主,曲线救国,最后实现程序辩护与实体辩护的交叉融合。

选择抓大放小,还是面面俱到?在度的把握上,我一直倡导抓大放小,杜绝面面俱到。现实中,眉毛胡子一把抓的情况很多,什么都不想放弃,什么都要显示律师的洞察能力、专业能力。例如,指控受贿人四五十个受贿事实,如果律师的辩护思路是任何一个事实都不成立,那可能很难让人信服,难道监察委和公诉机关统统都搞错了?最后的结果只能落个态度不好,连最有道理的那几起事实也会被忽略。这跟被告人只有一两个被指控事实的情况,在辩护思路上是完全不一样的。

选择多管齐下,还是单独斗法?正常情况下,案件没有特殊背景,办理程序看不出问题,是可以选择单独斗法的,从事实、证据和法律适用上去辩驳。对于情况较为复杂的案件,则需要融入情、理、势,多管齐下,审时度势,考虑在法律意见之外能做些什么,比如常见的退赃、赔偿被害人、找值班领导反映、舆论公开等,并且在使用的时候也要注意分寸，适可而止。

3. 精细化辩护

所有策略都需要依靠精细化辩护实施。怎样做到精细化辩护？说起来容易做起来难。

精细化辩护需要下大功夫。举两个简单例子，受贿案件中，对于房屋买卖差价是属于正常打折还是非法优惠问题，需要去实地考察、咨询专业人员，甚至需要做房屋价格评估等。涉黑案件中，指控被告人在某地区、某行业造成恶劣影响，形成非法控制，残害无辜百姓等，怎么办？这就需要律师去做细致的工作，到行业里调查，到街区、村庄走访，形成材料来证明指控是否属实。

办案子如果因为收费低就走马观花，快速结案，会导致辩护质量太低，就只剩眼前利益，没有长远的事业发展。所以律师宁愿少收案，个个做成精品，走精细化的执业道路，这样才能慢慢形成良性循环。

精细化辩护需要怀疑一切。从供述、证言、被害人陈述等言辞证据，到鉴定意见、书证、电子数据、音频视频等一切可以人工介入、主观评判、任意篡改的证据材料，都要怀疑，都要查证。怀疑一切，也包括怀疑自己的观点和倾向。所以，律师要有逆向思维，多站在公诉机关角度，想一想他们的观点是否有不合理之处，能否反驳掉。

一家之言，难免失之偏颇，仅供各位读者参考。希望大家能对大辩护有基本的认同，在刑事辩护中都能取得好成绩，都能有效维护当事人的合法权益。

PART 1
第一部分

为什么要做律师

2001年7月初,我坐在公交车上,去往亚运村一家律师事务所。

这是我辞职后第一天去新单位上班。在这个夏天到来之前,我经历了痛苦的思考。硕士毕业后供职的单位,一直对我比较器重,一个多月前,分管领导又刚刚找我谈过话,说部门的正职马上退休,党委有意把这个职务交给我,让我做好准备。

当副职比较悠闲,还经常可以在业余时间处理自己的事情,但面对即将到来的正职职位,我略有一丝惶恐。我看得见各部门正职们的辛苦,连周末都经常加班,责任比副职重大很多。

如何选择将来的道路?是在体制内单位继续努力下去,走那条看得见未来的稳定道路,还是重拾读书时的梦想,选择一个充满挑战又能更好体现自我价值的职业——律师?这将给自己、家庭带来什么样的影响?

我从几个方面对自己进行了剖析。在性格上,我比较感性,不习惯于墨守成规,不喜欢沉闷的氛围,有时候还有点冲动,遇到看不惯的事情就憋不住,没有三十岁男人的那种成熟。刚毕业不久,在上班路上的公交车上遇到一个对女性耍流氓的男子，我就抓住他不放，跟着他下车，用街边的公用电话报警（那会儿还买不起手机）。结果警察来了把我们带到派出所，问清情况后认为缺乏证据，把那人放了。我很生气，跟所长理论起来，所长一拍桌子，"你再闹，就通知你单位把你领回去"。搞得我很尴尬。

单位里开会，放炮最多的那个人肯定是我。即便后来在领导引导下成熟了一点，但人的本质无法改变，一不小心又把该说的和不该说的建议、意见都给抖搂了出来。虽然领导们很大度，对我的工作很认可，但长此以往，得罪的人会越来越多，我的前途未必那么美妙。如果选择当律师，做好本职工作就可以了，不需要瞻前顾后，过于忧虑身边的人际关系。

当然，我也非常担心，做律师更需要理性和冷静，我这样的性格合适吗？

在职业理想上，我还延续着八十年代大学生的情怀。还喜欢读汪国真的诗，喜欢看读研时就常年订阅的《南方周末》，幻想着美好的社会蓝图，渴望在国家民主与法治进程中贡献自己的微薄力量，体现自己的价值。而在单位里，工作之外的言论是受到严格管制的，我感觉自己似乎没有舞台。

那个时候，我初为人父才几个月，在惊喜之余，新生儿带来的家庭开支也使得我的经济压力一下子陡增，家庭合计3000多元的工资收入非常吃紧。后来我提出辞职时，单位主要领导把我叫到办公室，问我月收入多少才能满足家庭需要。我当场拿纸笔计算了一下，月工资至少需要6000元，领导叹了口气，"比你现在工资多一倍，我解决不了"。

好在我已经有意识地提前消除了做律师的一些障碍，比如口才和怯场问题。可能受制于血型和星座原因，在研究生毕业前，我只敢在熟人面前侃侃而谈，人一多就不敢说话，到了大场合更是脑子如断电一般，思路不畅，语无伦次。通过特意选择到高校当教官，一两年授课下来，我已基本消除当众发言时的怯意和恐慌，演讲时思路能够正常运转了，临场发挥也有了进步。再加上户口和住房问题也已解决，在生活保障上已具备一定基础。

最终，我决定放弃新职位，奔向那可能充满风雨和荆棘的自由职业之路。我不想再循规蹈矩地活下去，我喜欢自由，更想践行在八十年代末刚上大学时就抱定的理想，在国家发展中能运用自己的那点儿力量促进清正与廉洁。同时，做律师虽然谈不上稳定，甚至还有各种风险，但不需要沉湎于文山会海，思想轻松，能自我调配工作节奏，以及可能提高经济收入带来财务自由，这一切对我有着无法抵御的吸引力。

家人经过开会讨论，在争议不大的氛围中同意了我的重大决定。那个时候，千禧年刚过不久，律师行业的环境和收入状况还不明朗，出来闯荡的风险不好预测，但家人的支持很坚决，"如果实在吃不上饭，咱们还有拿工资的，饿不死"。

在软磨硬泡了一个月后，领导们终于松口，同意我辞去公职。那一刻，心中对单位的不舍和对未来的憧憬，互相交织，五味俱全……

身为外地人，在北京刚刚工作几年，人生地不熟的境况还没有改善，亲戚朋友中没有一棵大树可以依赖，甚至也没有做律师的前辈加以指导和庇护，突然闭着眼睛下海了，我还有前途吗？

选择什么样的律所

挤下拥挤的公交车,旁边就是我要新供职的写字楼了。我穿着读研时买的几百元的西服,打着领带,拎着刚买的同样也是几百元的公文包,走进了这个写字楼里的律师事务所。

这是一家广东律所的北京分所,主做证券上市法律服务,办公室并不大,只有五六个人。分所主任是个很成熟的年轻人,之前已经见过面,是我研究生同学介绍的。他见我按照约定时间来上班,很热情地给我介绍了同事,安排了工位。之后,我就在工位上端坐着,等待分配具体工作。

这一坐,就是一个多月,并没有什么任务安排。同事们也很少露面,交流机会不多,没有我希望看到的大家聚在一起讨论案件的场景。我不知道怎么开始学习律师执业知识,怎么进行业务训练。茫然随之而来。

为什么选择这家规模很小的律所?

从体制内还没出来的时候,我最担忧的就是没有饭吃。当时我思考了自己的背景,本科是学理工的,硕士研究生是学刑法的,工作岗位也是刑事方面的。凭借这样的特长,我应该去做刑事辩护律师，何况这也符合我慷慨激昂的风格，更是我打心底里热爱的专业。还有就是我从小养成的行侠仗义的思想，也只有在刑辩领域才能获得空间。让我天天坐在办公室，那简直是一种折磨。

但我没有案源，也不懂刑辩实务，加上打听了许久，得知做刑辩业务收入太低，远远比不上做非诉讼业务。我该怎么办？这是个很费脑的问题，为此我请教了好多同学，但他们也是刚工作，提供的意见参考价值不大。在惴惴不安中，我认为还是先搁置理想和偏好，稳者为上，先有饭吃再说，而且这饭得比没出来的时候更香才对。不然，为啥舍弃那么好的职位下海呢？

能够发动的力量只有同学，在有限的比较中，我决定来这家广东律所的北京分所。原因很简单，他们能提供我 6000 元的月薪，这正是我跟原单位领导提出而他无能为力的数字。

终于来到梦寐以求的新岗位，迎来的却是无所事事的漫长日子。茫然的情绪与日俱增，学不到东西，与外界打不着交道，没有想象中的专业培训，不知道自己的能力和价值在哪儿。我像一只被养起来的大熊猫，貌似悠闲地啃着竹子，等待某一天机会来临时才能展现在公开场合。

领到第一个月的工资时，我有点小激动，这是我下海以来的第一笔收入，比原来的工资高多了，但随之而来的却是怅然若失。这 6000 元，对我真的很重要吗？我要学东西，要成长，要为以后的发展寻找更合适的平台。

上班一个月之后，焦灼的我开始了新的探索之旅。对，我得换一家律所，至少也要多些人的环境，能让我有求教的机会吧。

我通过电话预约，拜访了几家较有名气的律师事务所，他们有的是以综合性诉讼业务为主，有的是以刑辩业务为主。幸运的是，接待我的都是律所主任本人，也许是因为那个时代，北大法学硕士从体制内出来做律师的还比较少吧，竞争没有达到多么激烈的程度，律所也都欢迎有学历有工作经验的年轻人加盟。

求职谈判的过程中，针对我这种有学历基础，有情怀，但没有资源，没有执业经验的应聘者，律所提供了几种招聘模式。一种是自由加入，没有底薪，需要自己找案源，采取提成制，提成比例很高，除了税费，每年只要交一两万元资源占用费给所里就可以了。优点是完全自由，被"剥削"程度低，缺点是律所就像一个菜市场，律师也只是其中一个摆摊的，自生自灭。另一种是底薪加案源提成，底薪是象征性的，基本吃不饱，还是需要自己有案源，但案源的提成比例，比没有底薪的模式就要低多了。再一种就是纯薪金制，纯粹打工，既有工资保障，也能学到东西，但工资不会太高，吃不饱也饿不死，上班模式跟在企业里差不多。哪一种才适合我这样的白丁呢？

痛定思痛，我下了决心，只要饿不死，还是先学东西为主吧，不然，过几年还是拿薪金的，没有大的长进，那就距离自己的理想越来越远了。新学徒只要能找到好师傅，只要有口饭吃，将来就有奔头，也值了。

在这样的指导思想下，我最终决定选择DC律师事务所。这也是一个同学给我推荐的。之所以选择DC，主要考虑了以下几个因素：

这是一家不大不小的中型所，获得过不少荣誉，有一定的知名度，大约五六十人规模，分为多个不同团队，每个团队的业务内容都没有限制，有不少交叉重叠，实质上跟所中所差不多。老板的团队有十多个人，可以吸收我，能给我提供3000元月薪。在团队里我可以有很多机会学习业务，在以助理身份完成本职工作的同时，如果自己有案源的话，还可以交给团队来做，自己能拿到一定奖励。虽然团队什么业务都做，但给我分配的岗位是证券律师助理，工作仍然是以证券法律服务为主，这是那个时期热火朝天的证券市场大环境所决定的。在主要工作之外，我也可以跟律师们学习诉讼技巧，协助办案。能学习就好，6000元降为3000元，降就降吧，学习当然需要成本。我希望在这里能逐渐靠近我的律师梦，能通过学习诉讼技巧，成为真正的传统意义上的律师。

于是，我在领取了第一个律所一个半月工资后，又买了一套新西装，来到了第二家律所——位于当时西城区繁华地带的万通写字楼的DC所。

做非诉还是诉讼业务

2001 年 8 月，在 DC 所的格子工位里，我开始了兴致勃勃的学习。先是按照师傅们列出的清单，补习证券法律知识，学习最新的证券法律法规，熟悉企业改制和申请上市的程序化运作流程，熟记模板和细节。

很快我就接到了外派任务，跟随师傅到外地企业去做尽职调查并参加分析论证会议。我的任务主要是落实尽职调查清单，其他的都做不了，最多开会时做个会议记录之类。出差一次往往都需要十天半个月以上。拟上市的企业得先改制，转换公司形式，理清各类纠纷，区分优质资产和不良资产范围，把原来不合规的手续或者零手续给合法化，跟会计师讨论如何把账目改成符合上市审批条件的要求。

出了几次差，经常一个人被留在企业里，像一个资料员一样不断整理材料，像一个坏孩子一样不断出主意，如何把灰色和黑色涂抹成白色。这种包装的事儿，说复杂蛮复杂，说简单也很简单，一切按照既有流程和方法进行处理就可以了。想加入自己的创造性，想坚持黑白分明的原则？算了吧，不行的。

很快，我又茫然了。有一次，我在湖北荆州一家企业的招待所里实在无聊，半夜里坐小渡轮到了对岸，在一个不知名的黑灯瞎火的小镇上逛到天亮，又坐渡轮回到了企业。我在寻找什么呢？

稍感兴奋的是，在大团队里偶尔能跟负责诉讼的律师去做几个小案子，我也体会到了一点当律师的挑战和乐趣。诉讼律师们年龄都比我小几岁，但经验丰富。我经常请他们到楼道里抽烟，听他们指导我如何从接受委托开始就规范流程，做接案笔录，在处理案件时如何跟司法机关打交道，如何保护自己。小案子总共没几个，实战的经验很有限，但毕竟开始了跟诉讼案件的接触，还是让人有所期待。

几个月后，银广夏财务造假事件爆发，IPO 业务受到了很大影响，我们的工作量也开始减少。这个时候，我开始再次思考自己的定位问题，是继续做非诉，还是转行去做诉讼业务？

当时北京的律师队伍不大，律师数量只有六千人，但法律服务市场也同样不大，律师执业分类较为简单、特点明显。一方面市场经济刚刚兴起，改制、并购和证券金融类非诉业务很火热，律师收入高，被视为高端型业务。很多原来做刑辩或者民诉的律师，也纷纷改行做非诉了。另一方面，民事诉讼主要依靠风险代理收费，风险大，收费也未必高，还要到处去找案子，但依然有很多律师坚守。刑事诉讼则很少有人问津，甚至很多律师"谈刑色变"。原因是当时还没有一系列保障律师权利的刑事政策，律师代理刑事案件的风险太大，有时候律师会被办案机关职业报复。再者，办理刑案的难度也大，在侦查阶段律师还不算辩护人，会见犯罪嫌疑人要跑很多次才有可能会见一次，因为会见需要办案机关批准，还需要两名律师同时在场，有时办案人员还要在场监督，代理成本相对较高，律师费却少得可怜，几千元就算很不错的了。

我斟酌许久后，还是认为自己不适合非诉业务。我的专业是刑法，不是民商事更不是证券金融类，因此在这个专业圈子里没有我的初始位置，要想做出成绩恐怕需要比别人多花费十倍二十倍的努力才行。思维方式上，这类非诉业务更需要商业头脑，随时算计成本效益，我大大咧咧的性格里没有这个天分。何况，我本身不能适应案头式的工作模式和节奏，对内觉得更像是普通公司职员，对外没有平等身份，经常对着客户毕恭毕敬，被客户的种种变来变去的要求折磨得不轻。这不是我想象中的律师形象，我希望自己能从事那种刀光剑影般的专业对抗，能发挥自己的特长，痛快淋漓地过一番印刻在我脑海中的律师生涯。

六个月之后，我决意放弃非诉岗位，凭着接触几个小案子的感觉，改做诉讼业务，做独立律师。关键是已经出来大半年了，再继续打工已经不符合我的心理需求了。我要独立，在学习中战斗，在战斗中学习。我要主宰自己的事业。

初生牛犊不怕虎的尴尬

2002年年初，我在懵懵懂懂之间，离开了老板的团队，把工位搬到了另一个区域。DC所除了由几个主要合伙人组建的较大团队之外，还有不少自力更生的独立律师。他们集中坐在特定的办公区，类似市场里的摊位，自己找案源，自己做业务，收入完全依靠提成。有的律师发展得不错，业务忙不开，就自己再出钱聘请助理，形成一两人或两三人的小团队。不是合伙人也能单独聘请助理，并且有独立的工位——这在今天已经不太好实现了，但在当时环境下比较普遍。

独立作业后，我首先遇到的困难就是案源不够。原来拿薪金打工时，虽然上班要打卡，时间上不自由，但不需要考虑案源问题，听从领导安排，跟着师傅干活就可以了。独立后没有了老板，只能自己负责自己，案源就成了第一道生命线。没有案子就没有活干，没有活干就没有一分钱收入。这跟建筑包工头差不多，首要任务是拉工程。

当时案件来源主要有几个途径。一是事务所平台吸引来的公共案源，由接待客人的前台人员分配给律师。因为事务所还不是很有名,这类案源并不多,所里也没有形成案源分配机制,谁跟前台关系好谁就能相对多一些机会。

二是同事之间互相介绍,比如不喜欢做刑辩业务的,就把自己的案源介绍给隔壁工位擅长做刑辩的律师;不懂证券业务的,无意中拉到了一个证券业务,就介绍给擅长证券业务的律师。这种自发的、天然的合作模式,自然要以利益共享为纽带。

三是自己挖掘。不少律师都有自己的固定联系企业,法律顾问单位每年提供五万、十万元的律师费,能够解决最基本的生存问题。其他能让生活质量变好的更多案源,大家则各显神通,跟亲戚朋友挖,跟同学老乡挖,甚至趁同事不注意,挖一个墙角。

四是外部推广,做硬性软性推销。但当时的政策对待律师业跟对待烟草业差不多,是不准许事务所和律师做硬广告的,只能软推。那时候,还没有现在铺天盖地的各类论坛,年轻新秀们没有机会上台展现才华。网络也不太发达,竞价排名等巧妙方式还没被发掘。纸质媒体方兴未艾,人们习惯于在地铁上买一份报纸,双手擎着一直看到下车。在纸质媒体上有做软性广告的,比如以新闻报道的方式宣传自己的成就和特长,或者因为某个案件上了真新闻,以嘉宾身份上电视台,等等。总之八仙过海,各有各招。

说到我自己,这次转型,是比辞职下海更严峻的挑战。经常的状态是没案源。同事们对我还不了解,不知道我这个不太年轻的新手能做什么;跟前台关系不错,但还有些人跟前台关系更好,经常抢不过;京城里没有亲戚,没有当老板的熟人;报纸电视台还没有理由来看上我;做软性广告吧,一没那么多钱,二没有值得一说的业绩。

只有依靠同学、老乡和朋友介绍了。那阵子,恨不得见了谁都赶紧说,我做律师了请多支持。聚会时,眼睛控制不住地飘忽,经常走神。

我把目标重点放到了在企业和公检法工作的同学和朋友身上，希望他们能给我介绍案源。我的想法是，公检法的人经常被亲朋好友求助，他们可以引导亲朋好友不走关系，而委托律师进行专业性代理。至于企业人员，则能在常年法律顾问和民商事诉讼业务上提供机会。

一两年下来，我很不幸地发现，自己的美好愿望基本没有实现。那些看似距离案源最近的人，反而提供不了什么案源，偶尔来一个，还是自己家里的事情，得免费帮忙。反倒是平日里一些不经意间交往的朋友，联系虽然不多，倒能时不时地带来一些惊喜。

人生真的是有心栽花花不开，无心插柳柳成荫。从此，我再也没有了为开发案源而刻意交往朋友的心思，只能强制自己顺其自然，没案子时看书看案例，有案子时尽力把案件做细做好。

现在回过头去看，那确实是一段很难熬的岁月。不管是三千元、五千元，还是一万元、两万元，只要是案子，都高兴地接手。也许，多数律师创业时，都有差不多的痛苦经历吧。这种痛苦，现在看也谈不上是什么财富，新时代的年轻律师能避免的还是尽量避免。当然，非要辩证地看的话，这也是一个心理成熟的过程，是一个新人在如何对待案源、如何谈判、如何耐心细致地办好小案子等方面的"练手"过程，有其弥足珍贵的一面。

随着时代的发展，现在开拓案源的方式非常丰富，直接营销和间接推广途径都很多，尤其是网络的影响力被很多有心人充分运用，他们经常在微博上写文章，开设公众号，公开发表观点意见，传播效果非常明显。年轻人只要努力，很容易脱颖而出。同时，网络时代也给客户带来很多比较和选择的空间，律师都不再是隐形人，而成为网络上的透明人，方便客户快速决策委托。

独立执业后遇到的第二个困难,就是如何把案件做好。这是律师的第二道生命线,如同建筑工程的质量。办案子没有好质量,就没有好口碑,更谈不上实现什么公平正义了。我的困难主要来自于没有受过专业的诉讼训练,没有基本的操作经验。在判断力、控制力、办案技巧上,我跟一张白纸差不多。

当时的律协也好,律所也好,大都没有建立起培训体系,实习律师和新执业律师多是摸着石头过河,鲜有实务操作方面的学习机会,跟现在充斥线上线下的各类官方培训、民间培训相比,完全是两个不同时代。

在作业方面,也没有可以借鉴的流程体系和质量体系,每个律师风格各异,办案模式千差万别。加入了大团队或者小团队的新律师,可以跟师傅一边办案,一边观摩学习,一定程度上能够解决培训不足的问题。但这种师傅带徒弟的模式,也有不少弊端。师傅是保守型的,还是激进型的;是规规矩矩的,还是剑走偏锋的;是擅长实体的,还是擅长程序的;是以资源为主的,还是以专业为主的;这些因素都将深刻影响徒弟的发展道路。

这种境况下,接了案子就做,即便再认真再努力,也经常会出岔子,经常会在办案中搞得插曲不断,尴尬的场面没少出现。

有一次和几个同事在楼道里吸烟,那个时候还没有公共场所禁烟令之类的,这时候保洁大姐正好走过来,低头打扫散落在地上的烟头。我们很歉疚,就赶紧跟她道歉。她笑着说:"没关系啊,是我应该感谢你们,没有你们我就没有这个工作了。"

十多年过去了,这个场景我一直没有忘记。我觉得大姐的话不仅仅是宽容,而且是一种敬业精神。干什么就要爱什么,怀着感恩的心,把手头的工作做好,不怨天尤人,不推卸责任,这就是最珍贵的职业道德。

我得想办法学会办案，提升水平。没有诉讼方面的师傅，更没有刑辩方面的师傅，但这只是指特定的师傅而已。我要把身边的人，哪怕只比我工作早几个月的，都当成师傅，时刻请教。上班空闲时取经，下班后请他们吃饭，边吃饭边取经，有了案子就写出法律意见请他们给看看是否妥当。

这样我就有了很多师傅，我可以在不同师傅的不同观点和执业习惯之间默默对比，从他们身上取长补短。采取这种被逼出来的策略，事实证明比被一个师傅"垄断"了的徒弟进步更快。

我还有一个小小的优势，就是在下海前有多种工作经历，比起应届生直接做律师，在待人接物、处理事情上多一些经验，而这些经验用在接案办案上，道理是相通的。

通过不断地请教众位师傅们，再在自己的人生经验中融入合理的专业成分，我很快就形成了自己的风格、惯性和专业特点。现在有很多公检法人员出来做律师，有人会征求我的意见，担心是否缺乏律师经验，不能迅速转型。我总是结合自己的经历告诉他们，不用担心，任何工作经验对律师工作都会非常有利，法律工作经验就更好，无非就是个思维转变的问题罢了。

当然，没有手把手言传身教的师傅，全靠自己摸索并不是适合每个人的成长之路，尤其是在知识爆炸、竞争激烈的今天。只不过，对师傅的定义要宽泛，年轻律师需要更全面的学习和锻炼机会。后来我在带领越来越大的刑辩团队时，就一直对培训非常重视，除了有意识地安排在个案中的"传帮带"，每年都会组织各种形式的案件集体讨论、青年律师培训和各种宣讲会，在培养条件上让新一代律师不要再经历过去的那种尴尬。

律师有无权利选择案件及当事人

人都是有情感、有是非观的，律师也不例外。当审视一个当事人的所作所为，觉得他是个正常价值判断里的坏人时，律师还要不要为他代理？这个问题看似简单，但也困扰了我很多年。

如果按照律师法的规定和世界通行的律师职业道德来评判的话，答案非常清楚，就是任何人都有为争取自己的利益委托律师的权利，而律师一旦接受了委托，就应当全心全意维护委托人的利益，哪怕这种利益与自己的价值观相悖。

但具体到个人身上，律师和公检法人员一样，都有自己的人生伦理，对事物都有天然的好恶。如果避免不了办理某个案件，又对当事人特别反感，那么当事人的处境就可想而知。从这个角度上，或许我们可以说，从整体而言，法律应当庇护的权利对象是不能排除坏人的，但从执法者、司法者和律师的角度，应当建立允许回避甚至应当回避的制度，避免办案人把感情带入案件，影响主观判断。单就律师而言，应当理解和尊重律师的"回避权"，律师不愿代理的案件完全可以拒绝代理，这与律师的职业伦理并不矛盾。

我就拿自己在执业转型过程中代理的民事案件来说一说。

执业第二年的时候，我遇到了两起离婚纠纷案件。第一起是一家央企的高管起诉妻子，要求离婚，但对财产没有要求。原因是妻子生病瘫痪在床已经八年，生活不能自理，与原告没有夫妻生活，八年来吃喝拉撒全靠原告日夜照料。原告认为自己已经不是丈夫，没有了丈夫的角色和权利，而是变成了纯粹的护工，只剩下照顾妻子的义务，严重影响了其工作和正常生活。

案子起诉到法院后，妻子因病情不能出庭，委托了代理人参加诉讼。她认为自己和丈夫还有感情，并且夫妻之间应当有互相照料的义务，不同意离婚。她的代理人还联系了一家妇女权益机构，这个机构又联系了一家媒体。在诉讼期间，媒体针对原告的行为发了一篇谴责性报道，认为丈夫抛弃病妻是有失道德伦理的做法。

第一次开庭后，因为法官难以认定是否符合法律规定的"双方感情已经破裂"的条件，没有马上宣判，加上媒体报道的影响，事件扩大，法官试图再次调解，希望取得双方都能接受的结果。调解期间，原告主动提出，除了夫妻共同财产都归被告之外，原告再另外多给被告几十万元经济补偿，逐年付清。被告的代理人则拿来了女方的一张纸条，大意是如果原告能再提高共同财产之外的补偿金额，就可以考虑同意离婚。

我作为代理律师，当然立即抓住这个纸条带来的契机，向法官提出这个纸条证明了夫妻感情确已破裂，女方不同意离婚只是想提高经济补偿而已。法官认可了我的观点，并且很快就做出了准予离婚的判决，判决中也没有支持女方提出的更多补偿要求。

在代理这起案件的两个月里，我陷入了巨大的心理矛盾。一方面同情男方，觉得这样的婚姻家庭对于他来说太过残忍，应该离婚，照顾女方的事应该属于政府和社会责任，而不是一个丈夫所能永久承担的；另一方面，随着诉讼的进行，我也开始同情女方，理解她虽然能够得到不少财产，但对于今后生活感到无助的绝望心情。我在诉讼中利用技巧和逻辑，赢了官司，但这种剪不断理还乱的思绪，长时间压得我喘不过气，我不知道自己到底是做了善事还是恶事。

第二起案件则相反，是一位年轻女性起诉男方，因为天天打架，要求离婚，要求分得房产。女方委托了我，支付了 4000 元律师费。

该案涉及房子实际归属权与名义所有权不一致的问题，为了打好官司，维护女方利益，我跑了好几个部门去取证，还动员了朋友帮忙，拿到了对女方非常有利的证据，提交给了法庭。

到了开庭那一天，我却接到了原告的电话，说担心开庭时激化双方矛盾，最好律师不在场，由她本人应对即可，并要求我尽快离开法庭，别被男方看见引发冲突。我认为原告的要求有一定道理，就离开了法庭，没有参加庭审。

几天后，事务所领导给我打电话，说有位女士投诉我没有按时参与开庭，要求全额退费。我赶紧打电话问原告，她说他们夫妻俩已经和好了，怪我鼓励她去打官司，闹得他们有矛盾。我听了这话，呆若木鸡，也猜到应该是女方利用我的证据占据了上风，解决了问题。但我没办法再跟她讲理，谁让我没留证据呢，只能汇报给事务所领导，4000 元退就退了吧。

这个案子对我当然是一个小小的冲击，感觉过于轻信当事人，过于融入情境，缺乏自我保护意识。但这个经历更让我想到那句古话，"清官难断家务事"。家庭纠纷、夫妻感情，很难说谁对谁错，也很难说感情最后如何变化，说到底毕竟是一家人嘛。律师介入进去，可能无意间变成了坏人，也可能因为无法判断是非导致自己的迷惘。

这两起离婚案件，是我执业至今所代理的全部家庭纠纷案件。为了不再让自己困惑，从此以后，无论离婚财产的标的多么巨大，无论当事人如何哭诉，我再也没有接受过类似的委托。

讲这两个案例，不是想评价当事人是好是坏，而是想说明作为律师，在选择案源和当事人时，基于某种心理评价标准，应该有自己的执业选择权。

现在回头再说对于坏人的代理选择权问题。在那些年的执业过程里，我还遇到过不少企图通过律师出主意，制造假证据，躲避债务甚至剥夺另一方夫妻共同财产的当事人。对这种人，当然要严词拒绝，连主意都不能帮他出，更不能参与到这种伤天害理的行为之中。但也有些事情，在好与坏上不那么容易判断，在选择时可能引发内心纠缠，比如被害人要求判处被告人死刑的案件。

大概 2005 年的时候，我接到一位男士的委托，他是一起故意杀人案的被害人亲属。委托目的很直接，就是通过律师代理来促使法院判处凶手死刑。

故事是这样的：男士与妻子共同经营一家医药企业，因效益良好，就在外省又开了一家企业，男士长期居住在外省负责新企业。时间一久，妻子发现男士在外省有了情人，便迁怒于小三，决定找人去教训一下小三。后来历经辗转，找到了一个自称"黑社会"的男甲，男甲跟她要了 20 万元，承诺会去外省把小三狠狠教训一顿，打断个腿脚或者划伤脸部之类的。但几个月过去了，女老板督促了好几次，男甲还是没有动静，女老板这才意识到自己遇上了一个假冒的"黑社会"，坚决要求男甲退钱。某天晚上，男甲约了女老板，让她去拿钱，说已经把钱准备好了。女老板来后上了男甲的车，男甲趁其不备，把她勒死了。之后，男甲把车开到了几百公里之外的另一个省，在一处偏僻的乡间小道上，在车里泼了汽油，点燃后连车带人焚尸灭迹。

男士发现妻子失踪后，到北京公安机关报案，但一年多过去了仍然没有进展。男士不断努力，到处找线索，最后终于促成了北京警方与外省警方的信息对接，案件得以告破。原来，那辆烧毁的小轿车没有牌照，发动机号码也被刻意毁掉了，尸体被烧后无法辨别，又没有证件等线索，所以信息在省际之间没能有效共享。

男士很悲恸，也很懊悔，对凶手恨之入骨，想委托律师到法庭上代他控诉。他不接受任何赔偿，只要求被告人抵命。我听了案件过程，也义愤填膺，认为男甲情节过于恶劣，不讲信用不说，还把金主给害了，就接受了委托。

这个案子的判决结果一波三折，我就不详细讲了。我想表达的是，那个时候，我有自己的独立认知，代理这样的案件当然是为了伸张正义，替委托人打抱不平。后来，随着年龄的增长和阅历的增加，特别是对于死刑的认识逐渐变化，我没有再接受过一件类似的委托，包括加重被告人一方刑事责任的案件委托。杀人偿命，枪毙了被告人，不说万一出现冤假错案，哪怕是真的罪有应得，我们律师又何必去强化这种血腥复仇式的循环报应呢？

在选择当事人方面，我们避免不了要体现自己的"喜好"：一是看双方是否合拍，是否能够配合默契，合作顺利；二是看对方是否诚实，值得信赖，不至于被其恶意利用；三是看涉嫌犯罪的具体行为性质，是否能够让人在情感上跟自己不对立。对于一些明显撒谎、要求过分甚至违法的委托人，或者被告人犯罪性质严重违背基本人性的案件，我大都婉拒。

2013年的时候，北京有个引起巨大轰动的摔童案。被告人一审被判了死刑，亲属找我要求委托二审辩护，我不想为这样一位无故摔死无辜幼儿的当事人提供服务，拒绝后亲属又连续多次来找，说被告人不是媒体公开报道的那样，是被冤枉了，让我了解案情再说。被亲属感动之下，我就和刑辩团队里的张大为律师决定先接受委托，了解全面情况再说。之后我就去法院阅卷，阅卷后又去看守所会见当事人。在回律所的路上，我们两人就通知委托人马上过来解除合同，我们都不愿再为这个当事人辩护。原因是当事人在会见时，没有谈及自己行为的错误，听听律师的意见，也没有问问家里可怜的年迈老人的情况，刚见面的第一句话，就是要求律师立即转告他的父母卖房子筹钱救他，而且他在讲述案情时，还出人意料地改变了一审时的当庭供述，也没有对这种变化做出解释。我和张律师都觉得只能放手，没有动力也没有能力去挽救这个当事人。

时间转到2018年，东北爆发了一个狂犬病疫苗事件，引发全国性的声讨，人们纷纷谴责戕害少年儿童的毒疫苗生产企业。在我们刑委会的一个五百人微信群里，有不少人呼吁同事们不要接受这个案件当事人的委托，去为那些给我们每一个家庭带来危险的坏人做辩护，也有人认为律师的职责就是通过辩护来维护当事人的权益，不能带有自己的观点，也不能拒绝这种义务。讨论一段时间后，多数人达成共识，就是任何犯罪嫌疑人、被告人都有自行辩护的权利，也有获得专业人士帮助辩护的权利，这种权利不能被剥夺，也不能遭到干预。但如果律师在心理上无法接受这样的委托，也应当尊重律师作为社会人的个体选择。谁也无法强制一个律师，让其在带着不同看法、不同价值观甚至怨恨、鄙视的情绪下，还能去为当事人提供合格的服务。

第一个有成就感的辩护案件

独立执业后不久,2002年春节过后,我接到了一个母亲的委托,大致案情是,儿子马某把他的奶奶和父亲给杀害了。

这个弑亲案件,即便今天看来,依然让人唏嘘不已。家在京城的马某,自小学习优秀,品行良好,一直是邻里街坊夸赞的好孩子。在某重点高中理科班毕业时,他打算报考化学专业,这是他最喜爱也最擅长的学科,但他的父母认为,化学没有什么实际用途,应该报考医科,将来做个大夫,会更有发展,给家里人看病也方便。一向孝顺懂事的马某,就听从了父母的要求,没有坚持报考喜爱的化学专业,而是填报了医学专业,并顺利被天津某高校录取。

入学后,马某发现,这个专业更像是文科,需要死记硬背的东西特别多,跟他的理科特长相去甚远,学起来很是头疼。马某的学习成绩不断下跌,挂科的课程越来越多。勉强坚持到大三第一学期,放寒假之前,老师找他谈话,指出他已经有四门课不及格,不适合继续读下去了,让他回家跟家长商量主动退学。

放假回家的马某心情沉重,根本没有心思过年。他一直是家里的骄傲，父母对他寄予了太多的希望，现在还没有人知道他在大学里成绩下滑严重，前后反差太大，他无论如何也张不开嘴去谈被劝退学的事情，那样肯定会让父母特别伤心失望。寒假临近结束，他的思想也越来越纠结，不知道何去何从，找不到解决办法，最后，他决定自杀。但是，做出自杀的决定时，他又舍不得家庭。共同生活的奶奶，亲手把他从小带大，和父母一样都非常疼爱他这个独苗，一家四口人生活得其乐融融。如果现在他自杀了，奶奶和父母肯定非常伤心，而且他又没有其他兄弟姐妹，以后谁来照顾年迈的奶奶和终将老去的父母呢？思来想去，他想到了一个彻底解决问题的方法，就是与所有家人同归于尽，他就不用在九泉之下再担心老人了。

新学期开学前一天，马某的家人准备把他送回学校迎接开学。在临走那天的午饭后，马某先用暖瓶、电线等工具杀死了自己的奶奶，接着用斧头杀死了父亲。母亲正在对门的另一户房子里，马某推开门，在接着要杀死母亲，然后准备自杀的过程中，马某被母亲的话打动了，遂清醒过来，让母亲分别拨打了120急救电话和110报警电话。

马某被抓后，他的母亲在悲恸之余，依然救子心切，来到DC所寻找律师，恰好碰上我接待。交谈良久后，我为这个母亲的坚强、善良和母爱所感染。孩子是单纯的，甚至是善良的，之所以杀死亲人，不是因为自私和仇恨，而是因为对于家人的爱，这在心理上带有一定的应激性反应，与普通故意杀人案完全不同，值得律师去拯救。何况，一家四口人变得支离破碎，如果儿子再被判处死刑失去生命，当母亲的就再无生活意义了。我决定接手这个案件，和这位母亲一起奋力一搏。

我的大致思路是，马某一向表现良好，没有恶劣的杀人动机，之所以走到这一步，与家庭教育和引导有关，特别是家长在孩子选择填报高考志愿时越俎代庖，没有考虑孩子的特长和心愿，这在当时既是普遍现象，也是这个案件的源头。马某就读的大学也有责任，面对孩子成绩下降的情况，没有做任何思想疏导工作，只是生硬地要求退学，是导致悲剧的直接原因。综合起来，应该是社会来承担一定责任，反思教育制度的缺失，不能都由马某承担全部责任。这个思路，得到了马某母亲的认可。

我很快就开展了各方面工作。首先，是要证明马某的日常表现和品格，为此，我拜访了几十位马某的邻居、中学老师和同学，所做的证言笔录加起来有厚厚的几百页，这些证人都无一例外地证明了马某的品学兼优。我又驾车去了两趟天津，寻找马某的多位大学同学作证，除了证明马某的品格优秀之外，还印证了他对于医学基础学科在学习上虽然努力但又苦于无法提高成绩的困境。然后，我让唯一的被害人亲属，也就是马某的母亲，证明了马某与家人的厚重亲情，并没有任何家庭矛盾等事实。在法定从轻情节上，我认为马某中止了继续杀人的计划，并同意母亲拨打110，他和母亲在家里等待警察到来的情节，构成自首；在和办案人员多次沟通交涉后，最后在审查起诉阶段，检察机关采纳了构成自首的意见。我还申请办案机关对马某进行了精神鉴定，看看是否存在法律意义上的精神障碍，但鉴定结果是具有完全刑事责任能力。

同时，京城里发生的这个罕见的弑亲案件，很快惊动了电视台和报纸等媒体，记者开始四处寻找信息源。我跟委托人商量后，决定不回避案情，积极配合媒体报道，但也请求媒体实话实说，把马某的平时表现和高校处理方式欠缺的情况表达出来，以期引发社会思考。

即便做了如此多的工作，但当时的形势依然不容乐观。死刑复核权还保留在各省市，死刑的判决惯例基本还是"一命抵一命"。查询同一时期的资料，发现山东有一个类似案例，是一个学生杀害了自己的父亲，判决结果是死刑立即执行。当我以新手的姿态多次跟公诉人、法官请教、交流后，发现情况更加悲观，他们都认为按照刑事政策，结合本案的作案手段和两人被害的后果，即便是发生在亲人之间，也有自首，但从预防犯罪出发，还是很有可能判处死刑，这加剧了我们的担忧。

开庭后，我们对庭审过程还算满意，对结果也充满了期待。我不断打电话给法官，希望合议庭能充分注意这个案件的特殊性，尤其是作案动机和家庭只剩下母亲一个人的境况，没有必要让一个主观恶性不太深的年轻人失去生命，法官的答复基本上都是这需要由合议庭集体判断，云云。

时间又过去了一些天，我感觉到越来越不妙，必须再做点什么。我通知委托人来律所，讲明了目前的不明朗甚至危险状况，告知她有可能失去儿子。她说，儿子在，好歹还有一个亲人，可以牵挂，可以依靠，如果儿子也死了，家里就没人了，我一个人不可能活下去的，也肯定去陪老公和儿子了。我说："既然这样，那你可不可以亲笔写个材料，最好是血书，表明你刚才的想法和态度？"她毫不犹豫地答应了，自己在接待室里慢慢写了两份相同的材料，边写边哭，纸上滴满了身为母亲的泪水。写好后，我让她亲自去送给公诉人和承办法官。

过了不久，判决结果出来了，马某被判处死刑缓期两年执行。我大大地舒了一口气，在法庭里拿着判决书不停地看，心情颇为激动。承办法官走过来，说这个案子本来已经合议完了，是死刑立即执行，也已经上报审委会等待"过会"，后来意外接到了马某母亲的"泪书"，合议庭又重新研究，认为判一个人死刑等于判了两个人死刑，从人道主义上看不合适，最后决定撤回上报的合议结果，改为死缓重新上报。

后来马某的母亲又来到事务所，要对我下跪表示感谢，我阻止了。本来好好的一家人，只剩下母亲在家里，等到儿子出狱时，她已老了，儿子也是中年人了。这样的悲剧让人心酸，律师不会有打赢官司的高兴心情。

过后，我认真总结了这次辩护过程的得失。虽然前期工作投入很多，思路也非常正确，但马某最后被成功救下一命，起实质作用的并不是律师的专业辩护，而是貌似与案情无关的母亲的一封亲笔信。前面的专业辩护还有用吗？律师到底应该怎么去代理案件？到底如何才能打动法官、说服法官？我的反思结论是，前面的工作并没有白做，它至少奠定了后面从轻判决的基础。但律师代理案件，看来不能只局限于法庭内的辩驳，还要根据具体案情，综合运用各种方法，包括充分挖掘和调度委托人、当事人的潜力。

对于法官而言，我则从此案开始感觉，有些人确实是依法办案，但也存在机械甚至冷漠执行法律的情形，缺乏人文底蕴，不太考虑案内案外的其他因素，不太重视在所谓"正确适用法律"之后的反面效果，因此需要律师设法去打动他们。打动的方法里，可以是调动作为自然人的悲悯同情，也可以是把责任后果赋予到承办人个人头上，而不是让他们感觉这是集体决策跟个人责任无关。像这个案件，不好说是出于悲悯，还是出于避免再死一人带来的责任，才促成了马某不死的结果。当时的刑事司法环境里，法官在判决中考虑上访、考虑"一哭二闹三上吊"情形并予以照顾的情况已经显现，案外因素经常影响判决结果。这也启发了我在后来执业中，对案件进行交涉、反馈时，不再强调办案机关责任，那等于没有人会负责任，而是着重突出承办者的个人责任，指出他在法定职责前的退却或者反向操纵，效果常常不错。

这个案件，是我逐渐摆脱执业初期的"万金油"模式，走上刑辩专业化道路的开端，也是我后来之所以重视和公开提出"大辩护"概念的首次感触。

两个遭遇挫折的典型案例

律师的执业道路大都有些坎坷，从不太稳定的青年律师变为老成持重的"老法师"，成长过程往往需要付出很多代价，有的代价可能超越了正常的物质精神损失，给律师带来刻骨铭心的教训，在将来的执业岁月里难以忘怀，甚至在心理上形成永久的不安记忆。

我选择把这样的故事讲出来，与其说是为了提醒别人，不如说是为了不断警示自己。律师和医生一样，肩负着当事人的生死之责，任何时候都需要这种来自内心的警醒。

第一个案例，是民事执行案件转化为刑事犯罪案件的故事。我在做实习律师的时候，主要是随团队处理证券法律业务，间或跟随正式执业律师办理少量的民事、刑事案件。有一次，一个民事案件当事人委托了我，我征得律师团队主管同意后，挂着有正式执业证的其他律师名义接手了案件。

案情大致是，北京通州区一家面粉厂在经营中发生借款，但长期经营不善，为了偿还借款，老板就拆东墙补西墙，以高价收购了很多农民的粮食，一部分用于偿还旧借款，一部分用于面粉厂的继续经营，试图改善经济状况，尽快还清借款。因为不能及时支付农民收购款，面粉厂就被起诉到通州区法院，法院判决偿还收购款项，并进入执行程序。因面粉厂无款可还，执行庭就按照司法程序拘留了老板，并告诉其亲属，如果还不能付清执行款项，下一步将按照拒不履行判决、裁定罪入刑。

老板被司法拘留后，委托人找到律师，认为过于冤屈，希望不要让案件进入更严重的程度。我听了情况介绍，也认为老板是正常收购，是否属于高价难以判断。关键是他没有转卖粮食获取不法利益，也没有逃避债权人，确实是把粮食用于面粉厂的生产经营，他认为通过继续生产经营肯定能陆续还清借款，支付收购款，所以法律上和情理上都应该给他机会。

我第一时间赶到法院，见到了负责本案的执行庭庭长，在递交书面申请的同时，向庭长表达了自己的看法和请求，即当事人与债权人是正常买卖或借贷关系，没有异常行为，现在只是暂时遇到了困难，应该让他回家继续经营面粉厂，获得转机后还清款项。如果一直羁押他，面粉厂就黄了，债权人的权益更得不到保障，最后将导致两败俱伤、大量农民收不回粮食款的结果。但庭长似乎没有耐心听我的意见，很快就打断我的话，说只要不能按期还款，就是犯罪，不但按拒不履行处理，还要马上移送公安，按照诈骗定罪。我则认为如果涉嫌诈骗犯罪，就应该在审理期间移送，不宜到了执行阶段再改变前面的案件性质，所以不太相信他说的话，劝他考虑执行案件双方的共同利益，考虑社会效果。

我回来后，救人心切，通过一些方式反映了这位庭长的简单化执法言行，希望法院能够体察案情，无论是在法律之内还是之外，都不能就案办案，即便是从保障农民切身利益出发，也不应当把面粉厂老板按照罪犯处理。

不幸的是，没过多久，公安局就接到了法院的转交函，对老板按照诈骗罪立案了。后来我虽然历经艰辛进行辩护，但终究没能扭转局势，面粉厂老板被判了重刑。

老板没钱还款，但可能也只按照拒不履行判决、裁定入罪，现在变成了诈骗，教训在哪儿？本来是想减轻罪责，最后变成了加重罪责，这让我陷入苦苦思索，纠结不已，并对以后的执业产生了重要的影响。

我当时反思的，一是民事案件包括进入执行阶段的案件，居然可以不是在性质上一成不变的，这对于律师思考案件的性质和转化风险，做出有效的分析和预防方案是个考验；二是既要体谅法院面对涉众案件的压力，协助其寻找最佳解决方案，同时也不能小看司法工作人员的"任性"，特别是在他有那么一丁点儿法律依据和道理的时候，因为他掌握着权力的转化，应当更加耐心地善意沟通，不能无谓地用自己的血气方刚对抗权力；三是应该主动提出更多贴合实际的解决方案，包括劝说当事人及其家属竭尽全力归还一部分款项，体现诚意，缓和矛盾，不能在已有的矛盾中再度加剧矛盾，最后导致矛盾发展到脱离法律。

这个教训非常深刻。在后来我接受咨询的一些非法集资、诈骗等刑事案件中，我都按照上述的反思，通过建议拿出债转股方案、分期还款措施等，化解矛盾，获得理解，使案件在各方面得以舒缓。

第二个案件，是一个被迫自卫的年轻人出乎意料被判处死刑的故事。那是在我刚刚成功救下大学生马某不久，我又接手了一个可能判处死刑的案件。一个二十岁出头的浙江男孩，在北京一家高档餐厅做厨师，他的厨艺证书显示这是一个很有才华和发展前途的年轻人。在打工期间，这位年轻厨师认识了一个女孩，开始追求她。但这个女孩同时还有另一个追求者，也是一个外地来京打工的青年。两个追求者由此发生了矛盾，女孩则试图协调解决。某一天，三人约好了在一家餐厅谈谈，见面后年轻厨师和那个男青年先是喝了很多啤酒，不安的气氛随着酒瓶数量的增加也急剧增加。饭局临近结束，两人开始争吵起来，继而男青年先开始动手殴打厨师。厨师身材矮小瘦弱，打不过身高马大的男青年，就往餐厅外逃跑，但男青年紧追不舍，继续殴打。情急之下，被打得无处可逃的厨师掏出随身携带的一把厨用小刀进行自卫，对着男青年乱刺乱划。男青年不幸被刺中了动脉，后来没有能够抢救过来。厨师到案后，检察院以故意杀人罪提起公诉。

我接受委托后，通过阅卷和会见，发现女孩等现场目击证人的证言和被告人口供都能互相印证，证实被害人不但先动手打人，还对躲避的被告人紧追猛打，被告人在躲避不能且没有还手之力时才掏出小刀反抗，那把小刀是他平时工作时雕刻菜花使用的工具。我信心满满，认为厨师是典型的防卫过当，最多是涉嫌故意伤害罪，检察院没有认定被害人有过错，以及没有定性为故意伤害罪而以故意杀人罪起诉肯定是错误的，厨师的性命基本不用担忧。

我按照惯常做法，主动找公诉人沟通，试图取得她对律师观点的认可，至少放弃要求法院判处死刑的量刑建议。遗憾的是，公诉人不为所动，坚持认为是互殴，是放任性的间接故意杀人。我又试图通过法院联系被害人亲属，看看能否通过赔偿取得谅解，但被害人亲属没有答应。事已至此，开庭在即，我依然相信在如此清楚的证据面前，法庭会认定被害人有过错和被告人不构成故意杀人罪的事实。

庭审时，略微出乎意料的是，公诉人除了坚持己方观点，在态度上还非常严厉，声色俱厉地坚决要求判处死刑。我越进行辩驳，年轻的公诉人的态度越严厉越坚决。

不久，宣判了。果然如公诉人所要求的，故意杀人罪成立，判处死刑立即执行，我的那份震惊之情，可想而知。

当事人和家属继续信任我，委托我做二审辩护，我也把最后的希望寄托在二审法院，相信二审能给个符合事实的判决。但结果，二审裁定维持一审判决。那个时候，死刑复核权还在省市，高院的死刑裁定就相当于死刑复核，年轻的厨师很快就被执行死刑了。

我仍清楚记得自己当时的心情，错愕、难过、自责，那一阵子还经常做恶梦，梦见我会见了几十次的那个帅气的年轻厨师对我微笑时的鲜活样子。以后多少年里，我都尽量回避去回忆这些情节，但又无法控制自己的大脑，总是经常浮现出厨师的年轻面庞，以及他谈起案件前途时那充满希望的眼神。

在我刚独立执业的第二年，短短一年内，马某故意杀人案辩护成功，厨师故意伤害案却遭遇滑铁卢，这种过山车似的心理历程，十年、二十年过去了，依然记忆犹新。思想包袱之重，使我在此后十多年时间里，再没接手过一起有可能判处死刑立即执行的案件的委托。

我多次总结自己在这个案子里的表现，发现错在了好几个地方。一是过于自信，相信检法，没有预估到某些检法人员居然能囫囵吞枣地得出那样的结论，轻视一个年轻人的生命。二是被害人亲属不接受赔偿，不谅解，到底是真实的，还是办案人没有传达到？为什么我没有穷尽一切方法，去寻找联系方式，去亲自沟通呢？即便沟通不了，是否可以筹集资金，把资金放在法院，随时可以赔偿被害人，以求得多一点儿理解呢？三是没有采取更多的措施，去感染检察官、法官，去影响他们的不当观点。包括及时向检法上级领导和主管部门反映错误指控问题，让被告人父母多来法院进行求情性的陈述和强调，在一审判决后及时请求媒体呼吁少杀慎杀，珍惜那些并不是罪不可赦的年轻生命，等等。

失败是成功之母。这些反思，无疑都体现在了我后续代理的所有案件中。面对不可控的司法因素，即使在专业上再有道理，也永远不要信心十足，相反，要充满疑虑，做好最坏的预案。在有被害人的案件中，对于被害人或者亲属不接受赔偿与民事和解的情形，要主动交流，特别是随着时间流逝，被害人亲属伤痛减轻之后，更要坚持不懈地进行沟通。找不到联系方式时，要想尽一切办法，寻求见面机会。实在无法见面沟通时，可以劝说亲属把力所能及的赔偿金交给法院，让法官代为转达认错和赔偿之意。在后来李某等人强奸案中，我就运用了这个方法，达到了较好的效果。另外，在如何通过有效的正当途径影响可能已先入为主的检法人员观点方面，我也穷尽途径，尽量考虑对方的年龄、性别、学历、经历、前途等因素，采取能影响其主观心态的辩护方法等等。

时过境迁，现在法治环境大大好转，死刑复核权也早已经被最高法收回十多年了，少杀慎杀观念深入人心，判处死刑的案例越来越少。但回想起执业初期时的情境，还是禁不住感慨。刑案不同于民案，没有通过执行回转挽救生命或自由的机会。像大学生马某、年轻厨师这样的涉及生命去留的案件，如果亲属有足够的实力，我想他们是不会轻易委托我这样的初出茅庐的律师的。但请不起大咖的当事人，又何止于他们两家呢。现在各地法律援助制度要求执业三年或者五年以上的律师才能代理死刑案件，是很有道理的。对于年轻律师，即便执业三五年，我还是建议不要轻易接手死刑案件，因为这个责任太大了，辩护也太复杂了。如果遇到不可推脱的类似案件，又可能像我当年一样一方面经验不足，另一方面充满同情、激情，干劲十足，那么就应该在积极工作的同时，持特别慎重的态度。面对生死攸关的各种影响因素，多多求诊问医，做出最全面的辩护评估，做好最详尽的工作。

是否应该为"坏人"辩护

接着说律师如何对待"坏人"的问题。诚然,律师有选择案件和当事人的权利,尤其是辩护律师,如果对案件或当事人不认可甚至情感对立,还去进行辩护,那么投入程度和辩护效果可想而知。但是,事物总是复杂的、辩证的。其中最核心的问题是,如何界定案件的真伪,主要事实发生反转的案例是很常见的。如何看待案件中的伦理性质,如何评价案件的主角是否是坏人?这样的问题放在不同的环境、不同的发展阶段,由不同阶层和领域的人去看,会得出不一样的结论。

从"真相"的角度,任何一个案件都没有绝对真相,只有经过证据所证实的相对真相。在证据出现问题,或者大众所知晓的途径并不全面客观时,受众的感知往往是片面的,有时甚至是相反的。比如听到媒体报道的情节,看到未经证实的证据,人们内心就会产生一个预判,案件是如何恶劣,当事人是如何罪大恶极,等等。律师作为社会人,也同样经常被真相和伦理所影响,继而对代理行为做出选择。

根据现代刑事诉讼的理念,任何事实未经法院判决,都是存疑的；任何人未经法院判决，都是无罪的。真相尚且如此难辨，伦理评价更应该慎之又慎。但现实情况是，人们往往会被表面现象所迷惑，轻易认定一个人不但犯了罪，而且是道德上的坏人，造成未审先判的局面。对自然犯如强奸、杀人、伤害犯如此，对法定犯如逃税、贪污贿赂、渎职犯也如此。这种情形下，辩护律师这一职业群体所面对的涉嫌犯罪者，就大都成为人们口中的"坏人"了。至此，结论已出，律师可以为"坏人"辩护，应当为"坏人"辩护。如果律师只选择为公众口中的极少数"好人"（被舆论认为是受冤者）做辩护，辩护律师的职业群体也就无法存在了。

所以在探究真相上，要经过律师、检察官、法官的共同努力，尽可能还原事实，尽可能正确适用法律，使被错误追诉的"坏人"还原为好人，使情有可原的"坏人"减轻责任，减少负面评价。归根结底，法律工作者可以有内心的喜恶，但不能有法律上的"好人""坏人"概念，而是应当只以事实和法律作为指控、辩护、裁判的尺度。

这些年经历了不少"坏人""恶人"还原为无辜者的案例，在后面的故事中我会逐一讲到。但在代理案件过程中，能够明显感受到舆论和控方人员对"坏人"先行定义所带来的对公正审理的压力。在北京一起故意杀人、放火案的审理中，公诉人很不解地问我："你真认为不是他杀的人吗？你为什么要替一个杀妻者解脱罪名？"这种情感的力量，有时难免会影响法律的正确实施，带来主观定罪的后果。

还有一种情况，是真遇到了情感上不太好接受的坏人的时候，除了我主张的律师有拒绝代理的权利，有时候也会出现例外。即便不是为了保护有严重品格缺陷的当事人，仅仅为了程序正义，维护法律的尊严，一些律师也会义无反顾地走上辩护舞台，为法律而战。

2008年年初，河南一位当事人家属找来，说亲属被指控强奸了一二十个未成年学生，一审判处死刑，想委托我做二审辩护律师。我一听这样的案情，就头皮发麻，迅速拒绝了委托请求。但对方比较有文化，懂情理，坚持不离开律所，还对律师的情感表示理解，讲明他们的目的并不是侧重于要求律师改变结果，而是主要解决案件审理中程序不公正的问题。他们说当地律师在审查起诉阶段一直不能阅卷，到法院审理时还是不能阅卷，直到开庭当天，才在法庭上临时看到了一部分案卷，然后一边看卷，一边辩护，开完庭就判决了。家属对这个过程很不服气，认为至少要保障被告人的基本法律权利，审理程序要认真、慎重、合法，要让被告人充分说话，让律师充分辩护，即便最后还是判处死刑，也至少要让被告人死得明白。

我听了很震惊，就临时答应了委托，先去河南了解情况，还特意会晤了一审阶段的辩护律师，这位当地的资深律师证实了委托人所说的情况，就是本案中的被告人权利、律师权利都被严重侵犯了，以至于很多指控事实没有查清，稀里糊涂就给判了。

后来我正式介入二审，在这个案子里花费了很多功夫，把一审缺失的程序基本找补了回来，当事人的辩解和律师的声音得到了重视，还通过媒体做了一些说明和呼吁。虽然最后没有改变死刑结果，但在一定程度上让大家关注了程序正义的重要性，让社会听到了对于案件的不同说法，也许会对当地过于偏重"实体正义"的司法习惯有所冲击。

违法即坏人,这既反映了老百姓的自然判断,也反映了刑事司法的价值取向问题。无论群众或者司法人员如何评价当事人,作为律师,不容辩驳的做法是,一旦接受委托,就应当坚定不移地站在当事人一边,成为当事人与公检法进行专业对抗的同盟军。只有这样,才能保证刑事诉讼的天平不至于无限地向公权力一方倾斜,避免辩护律师成为帮助指控当事人的国家机器中的一环。

对刑辩专业化的选择

经历了几年风雨洗礼之后,我对专业化的认识,逐渐从朦胧变得清晰起来。进入 2000 年后,社会分工越来越细,对律师的精细化要求越来越明显。

我比较喜欢观察、归纳和分析,根据几年来看到的行业情况,很快意识到专业大咖、行业大腕的含义,首先就是专业化。无论做哪个专业,只有持之以恒地坚守,以全身之力攻其一点,才能取得傲人的突破。同时,有不少收入很高的律师,其实并没有任何专业性可言,在专业领域几无建树,收入高只是因为社交面广、活跃性强,甚至依靠的是风险代理费用,没有稳定性,对行业发展和法治进步谈不上有太大作用,更像是普通的商业活动。从长远而言,随着律师数量越来越多,竞争加剧,这样的眼前利益是不可能持久的,而且风险也比较大。

于是我下定决心,要彻底放弃其他业务,专心经营单一的某种业务,以时间换发展空间,只要度过最开始的困难期,就有可能成为行业和社会认可的专家型律师。

在专业上,我当然是选择做刑辩。攻读硕士研究生时我的专业就是刑法学，工作之后我最感兴趣的业务也是刑辩。刑辩的快意恩仇、鞭挞邪恶、伸张正义、维护人权，体现了传统的、永恒的律师形象，正是我自少年以来一直追求的职业理想。而对于"时尚"的非诉讼业务，我认为更多的是商业性质，律师的概念和色彩并不突出，对法治的贡献也没有刑辩业务来得更直接、更显著，不符合我个人对于律师职业的追求。

2004年，我确立了自己的专业标签——刑辩律师。做刑辩，有快乐，有苦痛；有战斗，有妥协；有直率，有计谋；有得意，有失落。它需要卓越的战斗精神、坚强的心理素质、优秀的综合能力，在逆境中求生，在战斗中升华。通过办理刑事案件，更能了解、洞穿当下社会。

但当时的刑辩业务不怎么吸引人，刑事政策和法律还不像现在这么开明。律师在侦查阶段不称为"辩护人"，称"提供法律帮助的律师"，权利受到较大限制。会见犯罪嫌疑人需要两名律师到场，需要经过侦查机关批准，批准后侦查机关还可以派员在会见现场监督。人们对刑辩业务的印象就是风险高、收费低，一个案件的律师费只有几千元，能收到几万元的比较少见。即便是对刑辩感兴趣的律师，也经常需要通过做其他业务来贴补收入。所以在很多人眼里，只有做不了其他业务的律师，才会选择刑事业务，刑事业务无形中成为一种"低端业务"。

我有一个信条，只要做好做精，水平突出，就会有大量客户，就能得到社会的认可，所以很快我下定了只做刑辩的决心。那个时候我三十多岁，还算年轻，天天精力无限，经常在外面交友应酬。在吃饭、聚会的时候，经常会有新朋友问："赵律师是做什么专业的啊？"我回答："是做刑事辩护的，就是专门给涉嫌犯罪的人辩护的。"新朋友们往往就是一脸惋惜地说："哦，我们公司经常需要懂商业的民事律师，用不到辩护律师，不好意思了啊！"我说："没关系的，但愿别用到。"这种让人貌似失掉业务机会的场面时时发生，我也会有小小的失落感，但没有觉得尴尬，也不会让我改变。久而久之，随着时间推移，我在同事之间、同学之间、老乡和朋友之间，慢慢地树立了一个标签——刑辩律师。这种逆流而上的做法给人印象深刻，于是，当他们遇到亲朋好友需要刑辩律师时，第一时间就会想到我。

相反，很多同时期的年轻律师期望躲过这样的尴尬和挑战。不像我毫不掩饰地到处宣称自己的标签，他们常常不放过任何一个光彩的专业名称，希望把握住能够带来收益的任何类型的业务机会。当然他们的朋友也越来越多，但在需要某种专业律师时，谁也想不起来这些"全面型"的律师。

不仅是年轻律师，有的资深律师也是如此。当时我有一个同事，执业比我早好多年，是从其他律所的主任位置上转过来的。他很早就开始做刑辩业务，在业内小有名气，是我学习追赶的优秀目标。我们共事两年后，突然出现了逆差，我的业绩在不断上升，他的业绩却在不断下滑，已经到了面临降级合伙人的程度。我为他着急，想来想去，总觉得哪儿不对劲，这么一位有基础、有才华的律师，不应该啊！我悄悄地打开了事务所官网，查看他的个人简介，找到了答案。在"专业特长"一栏里，他填写了十几种业务类型，从常年法律顾问，到证券和并购业务，再到房地产业务，无所不包，最后一行才是他最擅长、最有声名的刑事辩护业务。后来我们聊天，我就坦率地谈了自己的意见，建议他不要面面俱到，把本来做得很好的专业给弄到角落里去了，平时还是应该紧紧抓住一个专业。后来这位同事因为种种原因转所离开了，但我在之后多年里，高兴地看到他的业内行踪基本都是与刑事辩护有关的，个人事业也越来越好。这就是回归专业道路的力量啊！

  2006年，我晋升为事务所高级合伙人后，很快提出成立单独的刑事业务部门，打造刑辩专业品牌的方案，主要内容是从诉讼仲裁部分离出只做刑事业务的人员，作为事务所探索专业化建设的试验田。该方案获得了管理层的全票支持。当年下半年，刑事业务部成立，我个人的专业化选择也走完了第一个阶段。

刑辩专业化的团队建设

在完成了个人的刑辩专业化选择之后，接下来就是思考是否需要专业团队、如何建设专业团队的问题了。

首先是在理念上，需要厘清刑辩的个人品牌和团队品牌之间的关系问题。长期以来，有不少律师认为，刑辩就是个体性业务，个人的品牌发展可以决定一切。毫无疑问，这种观点有着很大的合理性，如果放到中国恢复律师制度的前三十年，其正确性更加显著。即便放到今天的环境里，一个有能力的律师，也可以处理不少案件，比如部分传统型暴力犯罪、财产犯罪、职务犯罪和其他类型的个人犯罪等。但刑事辩护就是完全的个人型业务、个人品牌第一的观点，放在新时代的背景下，又有失全面性和客观性。

一是不太容易形成续航能力，业务瓶颈可能随时出现。个人型业务律师大多有其个人魅力，其他学徒型、助理型律师跟着做业务，而一旦律师本人出现问题，无论是身体健康方面的，还是声誉方面的，业务就面临断档。二是案源类型单一，优质案源少。个人色彩过于浓重，必然带来相应的社会认知局限，包括专业特长限制和跨专业的缺失、优秀团队成员数量的缺失，等等。三是案件辩护效果可能欠佳。团队主要依靠个人品牌支撑，在人员数量和执业水平、经验上都受到限制，也缺少跨专业合作，对一些经济领域的疑难复杂案件难以对付，即使是传统型的涉众案件，也因团队人数少而影响案件辩护质量。

树立团队品牌意识，建立一个全面、成熟的刑辩团队，在许多重大、复杂刑事案件中上述问题就能迎刃而解。一方面，团队精英律师多，各自能力强，均可独立接案，形成长期的群体效应。另一方面，团队通过吸纳不同专业特长的律师，实现精细化分工和优势互补。精通职务犯罪辩护、税务犯罪辩护、金融犯罪辩护、知识产权犯罪辩护的律师汇聚一堂，擅长客户沟通、文字工作、出庭辩护的律师也各司其职。

一旦有了这种想法，我就开始有意识地培养刑辩团队，吸纳不同领域的人才，并在一些重大、复杂的刑事案件中展示出了独特的优势。例如，在黑社会案件的辩护代理工作中，因为被告人数众多、涉及犯罪类型广、案卷海量、背景错综复杂，就尤其需要发挥优秀刑辩团队协同作战的集体力量。

以我带领团队办理的青海省海西州和山西省临汾市两起涉黑案件为例。接受委托后，我都是即刻联络来自不同专业领域的团队成员，及时组建一支覆盖刑事、税务、民事、行政等专业，由资深合伙人和骨干青年律师组成的"梦之队"。在办案过程中，由我作为总协调，统筹刑辩、税务、民事、行政等团队，制订整体辩护策略和工作方针，确保各律师步调一致、互相配合。在全员阅卷、各自负责的基础上，团队成员在整体工作中发挥专长。擅长文字工作的，写下分析透彻、入情入理的法律文书；擅长沟通表达的，多次与办案部门、投诉部门沟通反映；擅长金融税务的，与会计师团队反复就涉税部分整理、分析；擅长公司治理的，及时协助委托人和主管部门处理涉案企业生产经营中遇到的危机和法律纠纷；等等。

这种团队配置，收获了良好的效果。青海案件的涉案企业在所有法人代表和高管都被羁押的情况下，通过律师在市场监管部门、银行等的协调、维权，以及参与税务复议和行政诉讼、债权债务民事诉讼等多层次努力下，维持了基本经营，稳定了当地民生市场，并减少了逃税等罪名，这些都在涉黑案件辩护中发挥了重要作用。临汾案中，在我们接受委托伊始，当地办案机关就着手托管涉案企业，我们立即启动行政诉讼，同时向有关部门投诉反映这一违法行为，成功阻止了市值几十亿元的企业被违法托管。在辩护过程中，刑辩团队和税务团队、各被告人的代理律师形成了纵向和横向的双维度配合，使辩护呈现了最优化效果。如此的专业化团队建设，势必成为未来刑事业务发展的趋势。

除了个案组建临时团队，更重要的是结构性团队建设。2006年我在DC总部牵头成立刑事业务部之后，首先是着力打造部门内部的文化和制度，形成团结、凝聚、创新的氛围，特别强调部门"大团队"意识，防止出现三两人的小团队，营造合作共赢机制；并在吸收人才上严格把关，按照人才阶梯和优势互补的原则建造团队组织，由高级合伙人带头进行培训、宣传和带领年轻人办案，其他合伙人跟随，逐渐形成高—中—初人才架构。团队屡获总部表彰，知名度逐年递增，公共案源越来越多。

之后，由总部刑事业务部牵头，开始在全国推广这一团队模式，倡议并帮扶各分所纷纷设立刑事部，并在几十家刑事部基础上联合成立全国性跨区域的刑事专业委员会，统筹开展更大规模的团队专业化建设，打造团队品牌。多年来，通过集中培训、资源共享、合作共建、联合办案、集中统一市场营销等工作，刑委会在人才结构、渠道共享、知名度等方面都取得了重大突破。尤其是许多知名刑辩律师陆续加盟，将个人品牌奉献于刑委会的团队品牌，更是加上了刑委会的独特文化和社会认可度，使得公共案源、优质案源与日俱增，带动了各地青年律师的专业化和业务量，促进了各地律师的合作联动，成为全国性大规模专业化团队建设的成功实例。各大兄弟律所给予肯定并予以借鉴，一定程度上改变了过去刑辩个人品牌更为重要的传统认识。

与大所中的刑辩团队相呼应，近年来涌现出一大批只做刑辩业务的专业律所。这些律所一方面不强调个人威权，全力进行扁平化建设，在律师规模和分所数量上不断扩大；另一方面，着力进行律所品牌建设和团队建设，通过开展内部培训、对外论坛等方式，提高律师技艺水平，扩大知名度。它们培养了越来越多的刑辩骨干人才，逐渐形成团队品牌效应。

总结起来，也许我们可以得出这样的结论：刑辩中的个人品牌是重要的，但不是万能的，如果能把个人能力融入团队之中，带动团队品牌建设，一方面培养具有可持续力的青年律师，形成人才阶梯，另一方面调动所有成员的积极性和专业互助力，必将为客户提供最佳的服务，对己对人都将产生更加完美的结果。

刑事非诉讼业务的发展

刑辩律师接触的业务，大都是传统意义上的辩护和代理工作，包括为当事人在报案、侦查、审查起诉、审判、申诉等阶段提供法律服务。这些业务的统一特点是，都与正在发生的诉讼有关，是诉讼过程中的代理性行为。随着人们法律意识的提高，在规避民事法律风险之外，越来越多的企业和个人开始注重刑事法律风险的防范，律师的刑事法律知识和执业经验也就派上了用场，非诉业务中出现了刑事法律服务的新类型。

以我的经历和观察视角，可以把刑事非诉服务划分为三个阶段。

第一阶段，以刑事咨询形式为主。在国家恢复法制建设后大约二十年时间，各类改革正在摸索，经济刚刚开始起步，市场经济规则和意识还没有建立，刑事法律的引导和规制处于初级阶段。企业考虑的是发展，注重的是与财产有关的安全问题，少数企业通过聘请常年法律顾问和民事律师来避免自己陷入合同纠纷或者被诈骗，多数企业平时连民事律师都不聘请，直到发生经济诉讼案件。在这个阶段里，律师业也刚刚起步，律师人数较少，只能满足最基本的诉讼需求，绝大多数律师无专业性可言，遇上什么案件就做什么，今天开刑事庭，明天开民事庭。在刑事方面，企业和个人只有在出现急迫的风险时，才会以咨询的方式，征求律师的意见，让律师给想想法子，之后也大多是自力解决。

第二阶段，以专项刑事法律服务为主。在第二个二十年里，社会主义特色的市场经济已经建立，企业获得蓬勃发展，公民法律素养普遍提高，社会需求和法律服务开始变得丰富起来。伴随着立法的细分和复杂性，律师界开始在专业上分化，与证券、金融、并购、房地产和知识产权相关的非诉讼业务异军突起，逐渐占据半壁江山，其他类业务包括刑辩也开始步入专业化时代。

这个阶段，经济犯罪和职务犯罪数量剧增，与过去的自然犯罪和法定犯罪相比，这些与日俱增的经济犯罪和职务犯罪门类详细，数量庞大，但同时也具备科学立法的特点，犯罪构成要件清晰，罪刑法定原则在司法中能够得以贯彻。对于企业和公民个人来说，虽然在繁杂的法律知识面前已经难以消化和自救，但能够预防和规避的认识渐入人心。当事人的需求已不再满足于事后的救济，开始把眼光前移，希望专业人士把刑事风险消灭在可能发生的诉讼之前。

牵头成立 DC 刑事业务部后，在研究刑辩专业化建设的同时，我也开始关注企业的刑事法律风险防范业务，并在工作规划、事务所内部的专业联动和对外宣传中提出了"刑事非诉法律服务"的概念。倡导青年律师顺应社会发展趋势，把刑辩知识和经验凝练升华，换一种角度，应用到企业和个人的事前防范中；鼓励大家与其他非诉部门律师合作，到企业中去，以讲座和互动交流等方式，普及经济犯罪预防和职务犯罪预防的知识和方法，灌输防范意识。大家对这种趋势性判断比较认同，在部门成立后的短短几年内，同事们奔赴京内外各类企业演讲了几十次。同时，一些合作性业务开始出现，其中比较见效的是从事务所内部合作开始，在其他专业的非诉讼案件中融入刑事内容，由刑事部律师参与到其他部门律师的投标文件写作、大型项目策划之中，协助完成全面的服务文案。在常见的单一法律服务方案中，一旦加入贴合项目实际的刑事法律风险防范的内容，对招标企业的吸引力大增，明显提高了中标率。

这一时期，我们还利用刑事辩护的机会，在给企业家、公司高管做辩护人期间，或者在刑案结束以后，向企业管理层提示从案件中反映出来的制度性漏洞、高管人员基础法律知识缺乏等问题，传递事前防范概念。这些企业无论是大型国企，还是优秀民企，因为被刑事调查，均险遭重创，很容易就接受了刑事法律风险防控的思路，将我们聘请为公司常年法律顾问，负责把控刑事风险。但比较常见的情形是，企业还没有更加深刻地意识到进行全面风险管理的必要性，一方面担心律师的规范化管理思维会影响企业的权力架构和效益，另一方面不愿花费更多人财物的成本在合规管理上。造成的结果，就是平时对刑事法律顾问"雇而不问"，只有在企业法务部门判断某项事务可能产生刑事风险时，才请刑辩律师对他们筛选过的事项进行专门的调研分析。有时候，我们即便提出了在某项业务中，违规拆借资金有可能演变为挪用公款（挪用资金）的风险，但企业为了完成创收任务，还是将律师意见束之高阁。这就形成了一个有特色的现象，即刑事风险依然根深蒂固地潜伏着，当需要聘用律师做专项刑事法律服务的时候，风险已经显现，即将变成灾难，刑事律师看似在进行事前防范，实质上还是救火员的角色，跟辩护的区别仅仅在于是否进入到了刑事诉讼程序。

2011年，国内发生了两起重大生产事故，一起是渤海上的康菲公司漏油事故,一起是温州动车事故,两起事故在行政调查后,下一步都面临被刑事追诉的风险。康菲公司及时聘请我们部门的律师,我们同事对事故过程进行了详细的法律分析,提出了不应追究刑事责任的法律意见。动车事故的主要责任主体有两家,一家是铁路管理部门,另一家是负责通信信号的集团公司。这两个责任主体中,铁路管理部门很快就被追究了刑事责任,一些人员按照渎职犯罪被查处;通号公司则因为涉及复杂的技术问题,被检察机关六十余人组成的专案组调查。该公司也聘请了我们团队,由我和其他七名同事以同样进驻调查的方式,深入到公司不分昼夜连续调查八天,通过详细访问、查阅资料、请教专家、分析事实细节与法律适用等工作,抢在司法机关专案组得出结论之前,给公司和主管部门出具了一本厚厚的法律意见书,其中包括公司管理制度、科研流程、产品试验流程、事故的意外因素、公司领导和技术人员没有法律责任等分析。报告上呈后不久,专案组撤退,最终通号公司没有被追诉。

此后几年,伴随着证券市场的起伏、保险市场的整顿、互联网金融的兴起等经济现象,专项刑事法律服务案例数量不断增多,逐渐成为常态。

2016年,DC刑委会设立了企业刑事合规与法律风险防控研究中心,集聚了总部和很多分所的刑事专业人才,开始把刑事合规融入全国性的机构研究和业务拓展之中。刑事律师开始走上更大的舞台。

第三阶段,以刑事合规为主。时代的发展,总是以某一个节点开启新篇章。2018年发生的中兴事件和华为事件,使国内掀起了刑事合规的热潮,刑事非诉法律服务开始进入以刑事合规为标志的新时期。法律界的这一年,被业内外称为"刑事合规元年"。实践推动理论,2018年11月,国资委重磅发布《中央企业合规管理指引(试行)》;2018年12月,国家发改委、外交部、商务部等七部门联合发布《企业境外经营合规管理指引》,正式将企业合规纳入国家层面议题。在这一背景下,不断转化参与社会治理角色的检察机关抢占鳌头,2020年,在最高人民检察院的积极推动下,深圳、浙江、江苏、上海等地基层检察机关积极探索刑事合规不起诉制度,也就是我们现在所说的"企业刑事合规"。2021年6月,最高检、司法部、财政部等九部门联合发布《关于建立涉案企业合规第三方监督评估机制的指导意见(试行)》,为企业合规的落地提供了初步方案。此后,福建晋江、浙江温州等地先后开展了企业合规的具体部署。

关于刑事合规,我认为应当由专业的刑辩律师去做,而不是像以往广泛意义上的企业合规一样,以非诉律师为主,这是由刑事业务的特点所决定的。刑事责任关乎个人自由,对企业更是致命,所以刑事合规必须做到专业严守。我曾经处理过山东某银行董事长涉嫌受贿、滥用职权、挪用公款案,介入辩护之后发现,董事长刚到银行一年就搞了个核心员工薪酬制度,看似是通过制度落实薪酬机制,但实际上,这个制度经过了董事会讨论后是否按规定经过股东大会讨论存疑,被指控滥用职权。另一个滥用职权的指控是,董事长决定实施员工持股激励计划,集资了两百多个亿,但是没有报银监会批准就实施了,后来被发现之后叫停,公诉机关认为资金返还造成了银行利息等损失。该董事长的辩解是,他们正准备报银监会,觉得应该没问题能通过,所以就直接实施了,这实在是不应该出现的错误。还有,董事长在银行外成立信托基金,但是自己没有钱,就设计找了两家企业从自家银行贷款,贷出来上百亿后放入体外信托资金,这种贷款方式被指控为挪用公款。这些事实当然都有辩解理由,不一定构成犯罪,但从所有的流程中可以看出,银行的决策机制存在问题,董事长和管理层的行政风险、行业风险、商业风险,最重要的是刑事风险意识都没有建立。如果律师提前介入,那么这些风险就能提前预判、提前预防。

当前刑事合规作为刑事非诉业务的重头戏,方兴未艾,各个头部律所、大咖律师都在摩拳擦掌,准备投入这片广阔的蓝海。律师如何介入刑事合规、如何做好刑事合规,我认为首先要做的就是改变以往单枪匹马的作业模式。刑事合规中最关键的是刑事,但又不仅仅是刑事,而是关系到民事、商事、行政等各个领域的综合性业务。所以,有必要成立一个统一的机构,凝聚各专业的优秀人才,形成包含各类企业服务的全方位团队,及时精准对接企业的各种合规需求。这也是我离开 DC 所,成立北京星来律师事务所的初衷。成立了这样一个全面、成熟的机构或者团队后,再进一步探讨如何做好刑事合规业务,必将如虎添翼,自不待言。

由刑事辩护延伸到刑事合规

在执业二十年后,随着刑辩专业化的探索达到一定程度,以及社会发展的新变化,我把新的专业领域定位为刑事合规。

有人可能认为,从刑辩到刑事合规是业务的转型,但我认为,刑事合规实际上只是刑辩业务的延伸。

这些年经常会出现这样的现象,做刑辩还不错的律师,一旦形势不好,就转去做非诉了,等刑辩执业环境改善,收入也高了,又回到刑辩业务来,执业领域不断转换。同时,也有很多人对刑辩存有情怀,一直在坚守。田文昌律师这样评价过刑辩专业:"刑辩专业是最高端的专业"。

刑事合规作为刑辩业务的一个延伸,其相当一部分内容刑辩律师都已经做过了,像事前的刑事风险防控,包括非诉的一些刑事法律服务。所以刑事合规作为企业合规业务的核心和最终追求,是我们刑辩人本身的专业范围。下面,我从自己认识的角度谈谈刑辩律师与刑事合规的关系问题。

第一个重要的问题,是刑辩律师要不要把业务往合规领域延伸。从我自身经历说起,之前和同事们带领刑辩团队做了很长时间探索，做到了创新、凝聚。所谓创新，就是不要墨守成规，既要符合市场，又要突出自己的特色；所谓凝聚，除了文化与情怀，还需要有形的利益和无形的利益作为联结。刑辩团队先后在五所著名的法学院校，包括北大、清华、法大、北师大、人大法学院设立了独立命名的课程；全国巡回的宣讲模式也已经广为人知；在律师学院、刑辩学院的叫法上是律所中的首创。随着同行的交流，互相切磋沟通的越来越多，刑辩理论和实务的交流实际上已经比较成熟了。

从刑事业务角度来说，这几年特别是从监察委成立之后，扫黑除恶专项斗争以来，中小案子基本都被认罪认罚从宽制度覆盖了，大案子或多或少又会有些限制，刑辩业务遇到了瓶颈。此时，正好合规业务兴起。从 2019 年开始，我倡议刑委会在各地连续举办了三次大型的刑事合规论坛，以及若干小型座谈会，开始对刑事合规进行规模性的研究。到 2020 年春，检察系统也开始摸索刑事合规，在一些地方进行试点，刑事合规呈现出方兴未艾，马上就要井喷式爆发的势头。如果附条件不起诉的立法通过的话，附条件不起诉的适用对象从可能判处一年有期徒刑以下刑罚的未成年嫌疑人扩大到满足法定条件的涉案企业，将使企业合规不起诉有法可依。这些新的变化给了我创新的动力，感觉必须尽快从刑辩走向合规。由于做合规业务需要独立的运行机制，需要其他专业的配合，需要很多创新的模式，这不是一个单纯的刑辩专业团队做得了的，所以我们于 2020 年年底成立了一家新律所，主要业务方向就是企业合规，包括刑事合规。

第二个重要的问题，是刑辩律师是否适合做这样的延伸。从检察机关试点企业合规改革以来，实际上现在主要是形式上的合规计划和流程规范,服务此项业务的主要是非刑辩人,甚至是做非诉的律师。因为他们接触 ISO 合规文件和国内标准文件早,熟悉国际国内的相关规定,也在企业全面合规业务中遇到过案例,积累了一些经验。面对突如其来的业务机会,我们刑辩人是没有太多准备的,因为我们过去大多数人都没有关注这一块,主要是刑辩业务的经验,缺少合规知识和经验的积淀。所以在准备不是很充分的情况下,刑辩律师介入这块业务的较少,还是以非诉讼律师为主。

但是检察机关推行的企业合规,核心还是刑事合规,它的底线还是刑事,是以刑事规范为实质,在解决形式和规程后,如何判断企业的刑事风险,如何减少、消除这个风险,所以还是要回归到刑辩律师的本专业来。这里既有对犯罪要素的精细把握问题,也有对千变万化的刑事司法实践的把握问题。我们过去所做的刑事非诉业务,包括企业刑事法律风险防控、专项刑事风险化解项目等,都可以成为现在刑事合规业务的组成部分。也不排除有一段过渡期,这是能够理解的事情,但桥归桥,路归路,以个罪评估和个罪合规整改为切入点的涉案企业合规,不是非诉讼律师、非刑辩律师能涵盖的,需要刑辩律师和他们联起手来做,需要刑辩人的深度介入。

第三个重要的问题,是刑辩律师在做好刑辩的同时,怎么样去做好刑事合规。星来律师事务所是第一家号称专门做企业合规业务的律所,但对于新兴的刑事合规,我们也在探索作业模式和内容,包括检察系统已在全国推行第二批试点了,近两百个单位参与,也依然是在摸索。目前,我们总结出三点思路,分享给诸位读者。

第一,刑辩律师要马上开始做合规知识的储备,包括专门的培训、交流等。其中,尤其是青年刑辩律师,更要保持自身开放性以及职业可能性,在执业生涯的初期,既要通过办理个案努力磨炼自身的刑辩基本功，亦要培养开阔的视野，将目光投向从刑辩业务延伸出的合规业务，善于对自己参与过的刑事个案特别是涉企刑事个案进行总结，看是否能够以一些合法的、事前的合规举措降低企业刑事风险，回归个案储备合规知识。同时，合规业务涵盖行业范围广阔，刑辩律师应抓住机会更多地学习、了解不同行业企业的经营特点、业务特点以及涉刑概率较高的风险岗位，以期在遇到企业专项刑事合规时可以具有较高的行业敏感性，并且较为迅速地抓住痛点。

第二，要从辩护思维调整为合规思维。不能总以刑辩的思维去看待合规业务，也不能以普通法务人的思维、普通刑事风险防控的思维看待合规。比如合规不再是仅仅保护一个企业家或高管，而是在保护整个企业，不是让企业家个人规避了风险就可以的，合规也不是让企业暂时规避有实质危害性行为的风险，等等。刑辩人要从辩护的经验逆向去追溯它是怎么形成的犯罪，它的风险点在哪，怎么在细节上去堵、去疏导，这是我们的特长。

第三，从方法上来说，要讲究不同专业的组合，要研究涉案前的合规和涉案后的合规的区别和联系，也要把合规和辩护融合起来。就涉案前的合规而言，应积极与企业员工交流了解企业经营现状和细节，注重对企业现有材料的梳理，并结合其所处行业特点，厘清涉案企业当下面临的行政、刑事风险，为后续协助企业配合有关部门的调查及可能出现的辩护工作做充分准备。就涉案后的合规而言，要及时了解并善于利用如《关于建立涉案企业合规第三方监督评估机制的指导意见（试行）》等政策的背景和监管方向，在综合分析全案证据材料的前提下做出判断，就企业是否、如何适用合规不捕不诉等机制与检察院沟通交流。此外，在企业合规新形势下，刑辩律师亦可考虑直接进入第三方组织专业人员名录库，一来通过参与企业涉案后合规流程为企业涉案前合规累积经验，二来增加刑辩律师自身在企业合规领域的知名度。但需注意的是，刑辩律师在履行第三方监督评估职责期间不能违反规定接受可能有利益关系的业务；在履行第三方监督评估职责结束后一年以内，刑辩律师及其所在中介组织不能接受涉案企业、个人或者其他有利益关系的单位、人员的业务。

刑事合规业务有利于社会治理和企业良性发展，代表了刑辩业务的新方向，值得刑辩律师发挥特长，积极加入到改革中来。目前，我们星来吸收了不少有丰富合规经验的律师，各专业合作探索企业合规的路径。同时，还在律协支持下，在行业层面联合多家律所刑事合规从业者共同研究和推进这项业务。同时，星来也在做合规产品，产品的版本正在研发团队的努力下迅速迭代更新，星来将以它作为一个主线、抓手，引导合规业务的生产流。在这样的背景下，我们希望同行们都能联合起来，以网络团队合作的方式把合规业务做好，为企业的健康发展，为国家的法治做出贡献。

资源重要还是专业重要

执业初期,很多青年律师都会碰到一个疑惑:做律师到底是关系重要还是专业能力重要?这样的问题,即使是一些执业多年的资深律师,也时常困惑,没有完全搞明白。时至今日,依然有占比不小的律师办理案子时首先想到的是找资源,找关系。

我从身边几百上千个同事和同行那里,观察到一个有趣的现象,就是以刑辩为主业,或者只做刑辩的律师,大多对个人资源不太关注,更加信仰专业力量,而偶尔代理刑事案件,以刑辩为辅助专业的律师,大多则是相反,比较崇尚资源的力量。

依赖资源打官司,这是过去特定的司法环境所决定的,不能都怪我们律师。辛辛苦苦学习法律多年,又千辛万苦地通过司法考试,取得了律师资格,谁不希望发挥自己的专业特长,依靠专业付出就能胜诉案件呢?低头弯腰去求人,甚至还要让渡一部分自己的利益去给别人好处,那种失去尊严的感觉,多数人都是不可接受的。

我做律师二十年,感受良多。刚下海创业时,不认识什么人,但毕竟在公安口待过几年,有一些在公安系统工作的老同事和朋友。有时我遇见亲朋好友或同事糟心着急的事儿,免不了就要出面帮助。比如朋友的朋友遇上打架的事儿,需要我找派出所协调,协调了之后往往能够以赔偿和解的方式解决。朋友的朋友遇上了卖淫嫖娼的事儿,按当时北京执行收容教育制度的严格程度,一般都是先治安拘留十五天,再收容教育六个月。小老板碰到这情况,企业就黄了;公务员有这个遭遇,就"双开"了。我也去找老领导,说这是毁人一生,制度太恶了比法院判刑还严重,能不能拘留后就尽量不收容了。偶尔老领导也会给个面子,在情节明显轻微的情况下,让当事人单位给出个证明,做个保,就不收容了。但随着帮忙次数的增多,我很快发现,周边的朋友和同学,遇上托关系的事儿都找我,我似乎有了一个让人哭笑不得的"捞人"标签。这个标签如果继续贴下去,将把我的律师身份和专业能力严严实实地遮盖住——找你就是找关系,不是冲着你的专业。这种关系,偶然用来帮个忙可以,但跟律师名号无关,没法当成职业,也没法养家糊口。

这个时候恰好发生了一桩事情。这是一次由各方人士聚集的应酬性聚会,有将近二十人参加,饭局上的老大是一位公安分局局长。酒席刚刚开始,大家互相介绍自己,在我介绍完自己是一名律师之后,局长很热情地鼓励我,说:"现在打官司就是打关系,律师没啥作用的,兄弟你有事情就随时找我。"我听了之后很愕然,一个副厅局级的大领导居然这么看待司法和律师,看来我们律师自己也太不争气,没有让人家尊重我们。我站起身,举了一杯酒敬大家,感谢局长和所有桌子上的领导,请他们注意律师之间的不同,然后饭也没吃就离席而去了。虽然局长是无意之言,但我很是怀疑这样的领导能否带好公安队伍的法治建设,更不愿以他心目中的律师样子去跟他打任何交道。

这个小事件以后,我开始彻底拒绝亲朋好友和同事们任何形式的类似请托,要找我就只能是正式的案件委托,做正式的辩护代理。虽然为此失去了一些友谊和夸赞,但旧标签逐渐褪去,新的专业标签越来越醒目。

让人感慨的经历还有很多,后来都成为我的宝贵经验,用于案件的处理和对朋友、当事人的业务指导中。比如,对因为民间纠纷被错误抓捕的一方,我会告诉他们根本不需要找人,因为经验证明一旦去找关系,"杀熟"的情况就会发生,最后很可能是办案部门对双方各打五十大板,以和稀泥方式解决。如果坚信自己是被冤枉的,与其找关系,不如直接交涉或者投诉,往往处理得更顺利、更清楚。

前几年我们刑辩团队在各地宣讲刑辩专业化的时候,不断强调专业标签对于执业律师的重要性。会上会下经常碰到疑问者,集中起来的问题就是:"委托人一见面就问有没有关系,没关系好像就谈不下去,我不搞关系,别的律师都搞怎么办?在案源上竞争不过别人啊!再说,真搞专业,就会在办案中挑刺,就会坚持一些让办案人员不高兴的观点和要求,但我们在三四线城市执业,根本得罪不起公检法,万一给我们穿小鞋怎么办?外来的和尚好念经,难道因为你们是北京律师,底气足,到外地来才不怕得罪公检法,才能坚持专业化?"

遇上这些疑问,我们常常推心置腹地交流,以自己的亲身经历来回答,以身边转型成功的专业律师来举例。这样,慢慢地带动了一大批律师抛弃原有顾虑,坚定走上了专业化道路。

对于当事人找关系的需求,一是要理解,二是要引导。当事人出事后,首先想到有没有"能人"来摆平,这是整个社会环境带来的固有思维,也可能是当事人在工作中、生活中总结出来的做事规律:孩子上学要找人,老人看病要找人,难道打官司就不用找人吗?接待时,要通过区分刑事诉讼的司法性质与上学看病的私力救济性质,给委托人分析案件的成因、可能后果、解决途径和代理思路。特别注重分析案件在刑事政策上的利弊,在当地的特殊性、敏感性以及背后因素的复杂性,如果通过找关系来处理,可能不但摆不平还会带来新麻烦,还是要依靠正确精准的申辩和对抗方案,光明正大地推进案件解决。

律师要通过收集当事人提供的信息,抓住案件背后的矛盾,尽量能够从根本上解决矛盾。比如,如果是股东纠纷、买卖合同纠纷、知识产权纠纷或者其他民间经济纠纷引发的刑事案件,就要尽力把纠纷根源解决掉,不能跟对方去比拼找关系的能力。如果是因为税收、环境污染、劳资纠纷、集资借款纠纷、政府收购民企股份等引发的刑案,也要追根溯源,找出主要矛盾,拿出化解矛盾的可行方案,通过积极沟通,在根子上解除法律责任。

简单地说,如果你在纠纷中把人打成轻伤了,只要设法通过赔偿达成和解,就可以免除刑事责任,为什么还要花钱托人去跟对方斗,更加激化矛盾,对案子更加不利呢?对于社会关注、高层关注的案件,更不宜试图找关系求助。避免在众目睽睽之下,把有理的事情因为找人而变成无理,把本来能支持你正当观点的办案人因为你找了他而变得有意避嫌,不敢坚持正确观点了。尤其在职务犯罪案件、涉黑涉恶案件中,办案人员的这种敏感性更为明显。

当然,在律师积极引导以后,有的委托人能明白其中的道理和利害关系，予以接受，有的仍会坚持以找关系为主，以承诺固定结果为委托条件。这种情况下，接受委托既违规又冒险，律师应该经得住诱惑，毫不犹豫地拒绝。戏剧性的是，有些当事人在经历了一番折腾，甚至上当受骗以后才醒悟过来，还会来找你，因为你没有忽悠他，你的方案和能力才是真正可靠的。

不钻研专业，也不愿意做正常专业抗辩，却善于搞关系的律师，常常错误地生活在一种印象中，就是因为权钱交易能摆平事情，大家都很尊重他，公检法也尊重他。如果他有一些炫目的职务、名誉，更会在这种错觉中沉迷。这也给身边的年轻律师形成负面的榜样，至少带来困惑。这种一手交钱、一手交货的律师，在当事人面前没有体现法律的正直和力量，也没有展现律师的专业精神，即便办成了个别案件，也不会获得当事人的尊重。对于公检法而言，随着科班出身的办案人员越来越多，讲专业讲能力已经形成风气，这样的律师更不会得到真正的尊重。

那么，律师如何作为，才能不再担心公检法不高兴甚至进行职业报复，并获得真正的尊重呢？是不是只有到了外地办理案件，在本地监管之外，才可以硬起腰杆，不再有担忧顾虑呢？

2007年，我接手了一个侦查阶段的案件，是某报社副总编常某涉嫌故意杀人、放火案，辩护工作持续了六年，直到2013年宣告无罪判决。在这六年里，关于法医鉴定、非法证据、控辩平等等方面的问题，后面将有专文描述。其中一些辩护举措，涉及刑讯逼供、非法取证时，侦查部门的领导很不高兴，有时在庭下会直接当面说我，认为我无理挑三分；涉及法医鉴定时，出庭的鉴定人是我认识很久的朋友，我也照样凌厉发问和辩驳，在场面上让鉴定人有些尴尬；在庭审时，无论是与公诉人的强力对决，还是对审判长、承办法官在程序上失当做法的抗议，又让法官们看起来有所不满，甚至导致休庭。但案涉死刑，人命关天，辩护容不得放过任何漏洞。在表面上义无反顾地坚持每一步的时候，其实我内心里也时常打鼓：得罪了这么多的公检法领导、人员，会不会以后大家见面了都对我冷若冰霜啊？后来的事实证明，我多虑了。侦查部门的领导见了面还是照常交流切磋法律问题，法医朋友甚至开始以"求教"的口吻与我沟通其他案件的疑难点。检察院主管领导在关注这个案件后，安排了全市各级检察院的公诉人员集体前来法庭旁听，后来又邀请我作为唯一的律师代表参与检察系统内部的一个专题研讨会。法院方面，先是留有余地判了死缓，二审开庭后发回重审，重审后改判无罪。这样的判决，就是法官最好的态度表示。

仅在北京，我就有过多起这样的辩护经历，有在审判中因为审判长言行上充当第二公诉人，导致我拍案而起，当庭申请法官回避的，有在案件中发现存在程序违法甚至官商勾结痕迹而坚持反映的。这些案件，在结果上大多以胜诉告终，在人情上也并未导致被职能部门"穿小鞋"的情况。有时候，在激烈的对抗之后，反而受到了有关部门的肯定。比如有次在一起强奸案中，我们发现法医在提取样本拭子时，没有对提取的具体部位做见证，被告人只认可在他的阴茎龟头上提取过，不承认在他的阴茎主体和冠状沟中提取过，我们抓住这个细节，要求法医出庭说明情况。法医拿不出有力证据来证实，最后法庭只能按照强奸未遂定案，没有采纳公诉机关的既遂意见。后来二审中的检察员特意告诉我，他们办理过很多强奸案都没有发现这个问题，这次专门为这个鉴定程序开了会，给公安机关发了检察建议函，以后公安办案就可以完善程序了。还有一次，在一起职务犯罪案件中，案件已经到了法院审理阶段，我们发现被告人是一名基层人大代表,但几个办案程序下来,竟然没有一个部门问过被告人是否人大代表。我们指出程序问题和兼具的实体问题后,案件发生逆转,办案单位也从此弥补了询问和讯问流程上的瑕疵。

我还遇到过几次这样的情况,新案件的委托人告诉我,之所以找我,是一位曾和我对过庭的司法界朋友推荐的,但那个人跟我不熟悉,也不让说自己的单位和名字。我想,这应该就是法律职业共同体最高的认可方式了吧。

再回到前面的问题:为什么不经常做刑辩的律师对资源更加依赖和重视,而天天做刑辩的律师反而只相信自己的专业力量呢?这里可能有很多因素,但归根结底是专业化程度的差异导致的。非专业刑辩律师对于最新的刑事政策、法律修订、司法解释、指导案例缺乏充分研究,对相似案件没有经验,对困难预计不足,更没有切实可行的预案,可能导致几类情况出现:一是没有合理评价和引导当事人的期望值,盲目承诺案件结果,甚至主动承诺不可行的司法结果,以获取高额律师费,等到介入案件才知道难度太大,转而寻求关系人帮助。二是明知案件复杂,专业对抗比较费力,为了省时省力又能赚快钱,不在会见、阅卷、调查取证、寻找突破点、研究法律适用等方面做细致工作,而是直接通过各种途径去找领导。解决了就高效地赚一笔钱,解决不了就退费,或者找其他理由拖延退费,最后出现纠纷甚至被追究诈骗的刑事责任。三是在遇到违法限制会见、不让阅卷、不通知证人出庭、不调取对辩方有利证据等障碍时,不懂得合理运用救济方法,不知道还有依靠专业能够解决的可能,立马开始找人找关系,如果仍然遇到障碍,就干脆放弃辩护权利,听之任之。四是怕得罪人,包括担心得罪了办案人,会对案件结果不利，只能有话好好说，才能获得较好结果。殊不知，越是疑难复杂的案件、关注度较高的案件，办案人包括法官越需要得到专业的支持，即便对抗性很强，对他们来说也同样是支持，能促使他们打破先入为主的观点，勇于向上级反馈，防止因舆情或领导干预而办成错案。

举两个前不久在我身边发生的例子，都是关于最简单的律师会见的。一位民商法博士律师，经常客串刑案，在微信大群里公开认为办理刑案只能靠关系，他的理由是，现在很多案件都有专案组，想去会见当事人的时候，发现连具体办案单位和办案人都找不到，这个时候不找熟人帮忙怎么解决呢？很明显，这位博士不了解诸多的文件规定和有效解决方式，更没有通过努力加以尝试。我们办理这样的案件，只需要通过打110，或者找监所的上级部门反映，大都能很快解决所有相关问题。另一位我熟悉的老律师，在接受委托后奔赴外地看守所会见嫌疑人。遇阻后，就给办案机关的上级单位一个熟人打电话，熟人回复说，这个案子表面上是普通诈骗案，实际上很复杂，暂时不能安排会见，回去等待通知吧，然后这位律师就回来了。当事人一家子反而比较明白，认为这类案件不让律师会见是违法的，律师轻易听信熟人的话马上放弃是不负责任，至少应该找办案机关负责人交涉，或者去法律监督部门反映，多做几次维权上的努力，所以对这位律师很不满意，没几天就要求解除委托了。

总结起来，客观而言，即便是在目前已经改善良多的司法环境中，资源也不是没有用途，"熟人好办事"的社会文化根深蒂固，有时候面子还是有作用的，关键要看如何合理运用，是否超越底线。联系不到办案人时，找个熟人提供联系方式，甚或为了获得跟办案负责人进行正常的法律意见交流的机会，是可以的；投诉反映办案单位的问题时，跟上级监督部门的熟人打个招呼，请求重视和加快处理，防止扩大不良影响，也是可以的。底线是，一不能发生权钱交易，否则既对自己和熟人有危险，也对案件的最终结果有风险；二不能让资源取代专业来左右案件，只能最大限度地让它发挥一些可以理解的辅助性作用，否则就是本末倒置，习惯了找资源的律师再也没有在专业上进取的动力，标签越贴越紧，长此以往必将毁掉个人的职业生涯和个案中的司法工作。相对而言，我更愿意把新时代的所谓"资源"，理解为律师因为善用各种方法进行抗辩甚至包括自身名气所带来的影响力，而跟个人社会关系无关。

律师是否应该与公检法对抗

　　有的律师在案件代理中遇到合理诉求被拒绝，或者司法人员带有明显倾向性办案时，不愿意坚持诉求或者指出办案人员的问题，更不愿意采取投诉、反映或者公开对抗的救济途径。之所以如此"谦让"，并不是担心自己得罪办案人员，而是担心惹恼办案人员的话，会对案件更不利，还不如忍着点儿、让着点儿，多多配合。对这个问题我的看法是，在诉权上的退让，只会牺牲当事人的合法利益，不可能因为你对违法程序不发声、对违法裁判不吭气，就能换来公平公正。办案人不公正甚至违法，可能是自身素质问题，对法律的认知有限，我们律师应该及时地、明确地指出来，以便对方反思和修正；也可能是内外部的压力使然，尤其是在领导交办的"人情案"、在当地有影响的大案、敏感案件和职务犯罪案件中，办案人员身不由己、言不由衷的情况时有发生。这种情况下，律师更应该坚持合理诉求，对抗程序违法行为，及时提交书面申请或法律意见，让办案人员有根有据地去跟领导反馈。司法人员身负"办案终身责任制"，谁也不愿意为一个错案背锅，但可能又不便自己向上级提出问题，拿出独立意见，这个时候转达律师的要求就是自然而然的做法。我把这种情形，一向称为律师要善于、勇于"给检察官、法官撑腰"。

以上所论，当然有一个重要前提，就是我们律师要对案情非常熟悉，研判到位，能够把握案件的每一个节点和症结，还能熟练掌握程序法和实体法的有关规定，做到拿来就用。有的律师没有下功夫，不能把握好这些问题，自己心里没底，当然就不敢轻易指出问题，遑论那种现场的、即席的反驳和抗议了。

说到熟练掌握程序法的问题，我想起了之前办理的一个涉黑案件。该案被告人多达几十人，在庭前会议上，合议庭决定将其中大约一半认罪认罚的被告人与另一半不认罪认罚的被告人先后分开开庭审理。如果你遇到这种情况会怎么办，是接受这种"创新"的庭审方式，还是坚持反对？反对的理由和方法又是什么？我们当即口头表示强烈反对，因为这会直接影响被告人的知情权、对质权，严重影响合议庭对事实的全面调查和认定，并有可能诱使无罪的被告人认罪。随后，我们立即组织知名刑事法学理论和实务专家对这种缺乏法律依据，将同案被告人分开审理的庭审方式进行研讨和论证，将论证结论作为向上级人民法院及扫黑办投诉反映的附件，为律师投诉反映法院的违法审判行为增强说服力。很快，法院院长亲自与我就有关审理方式进行沟通，还请来了公诉机关的领导一起交流，合议庭也纠正了这种违法审判的思路，严格按照刑诉法规定重新开庭审理。最后，法院采纳了律师的大部分辩护意见，在判决中保留了"黑老大"的绝大部分个人财产，体现了法院对律师专业性包括专业精神的认可和尊重。

后来在与同行交流的时候发现，这种分开审理的方式虽然没有法律依据，但是却在好几个省份都出现过。如果这个时候律师不能有力抗争，任由法庭按照这样的方式审理，那么案件的结果可能就不好说了。很多时候，法院不是故意地想"违法"，只是在法律没有明确规定的情况下，做出一些符合上级要求和名义上提高效率的"创新"尝试，你如果不质疑，那就这样稀里糊涂地开庭了；但是坚定地反对，就能及时纠偏，不仅能帮助法院合乎法定程序进行开庭审判，而且也是对被告人、对辩护有利的举动。

几年前，我们为山东德州一个"恶势力团伙"进行辩护时，还遇到了案件刚一报捕看守所就以案件涉黑涉恶为由不允许律师会见的情况。当地律师称此为常态，不足为奇，且不必争取，因为办案机关一定不会允许律师会见。但我们坚持认为，限制律师会见没有法律依据，并且当事人在被刑事拘留期间并未被限制会见，逮捕后限制会见更加没有理由。我们先后多次与承办人、办案机关领导及上级公安机关联系反映，要求继续会见。经过反复交涉后，办案机关领导同意给律师开具批准会见的介绍信，之后律师持介绍信即可会见。虽然此过程略显烦琐，所谓批准会见的介绍信也没有法律依据，但终究是允许了律师会见，也给了办案机关一个台阶下。此后在当地看守所形成了一个怪象，就是当地涉黑涉恶的案件中，只有我们团队能会见，其他案件的律师仍然不能会见。类似突破会见的案例还有许多，律师在面对办案机关的无理要求或限制时，唯有合理合法地不懈争取，才有可能制约、纠正办案机关的不当行为，保障律师及当事人的相关权利，赢得并巩固当事人的信任。后来，我们持续地将这种抗争精神带到审查起诉阶段、带上法庭，成功地为当事人摘掉了"恶势力团伙"的帽子。

对抗的体会还有很多，其中最核心的是斗争艺术，要把死磕的精神与灵活的方式方法有机结合，寻找最为有效的对抗途径，包括适当把握"度"的问题。办案人员是建房子的,各种证据和程序累积起来的建筑物不可能十全十美,很多案件里都有这样那样的小毛病,它们看起来不太美观,有时还会影响一些不重要的功能。我们律师是拆房子的,但不是单纯找房子上的小毛病的,不宜针对那些微小的、无意中疏忽的、可以简单补正的程序和实体问题大动干戈,抓住不放。我们需要寻找和击破的,是能够摧毁这个不该存在的建筑物的大梁,把它抽出来,房子就倒了。如果房子建得不错,有优质的大梁并安放合理,我们再去纠缠类似墙皮起泡的小问题,不但于事无补,还浪费司法资源,影响案件的更好处理。

我曾在一个有几十名被告人的涉黑案件庭审中,看到一名律师不断指出一份故意伤害的现场勘查报告有问题,报告的附图中有一处房子在事发时并不存在,要求把该报告排除在证据之外。法庭为此花费了好长时间进行调查,最后才终于指出,所有被告人都是自愿承认有这次故意伤害行为的,行为地点也是正确的,至于当时有没有那个房子,不影响故意伤害事实的认定。由于这位认真的年轻律师的坚持,原本是一句话带过的事情,导致整个法庭包括几十名被告人和几十名辩护人损失了很长的宝贵时间,后面这位律师再就其他问题发言时,大家对其发言的关注度就明显下降了。

可见,对抗是必要的,但不宜为了对抗而对抗,通过挑无谓的毛病显示自己的对抗精神,而是需要抓住要害,有理有据,动摇控方的根本,有效影响裁判人员,从而达到辩护的目的。

要不要给检法"挖坑"

抗辩中经常会有一些新证据、新观点出现,我对此保持一个观点,就是不搞证据突袭、观点突袭,不管是侦查阶段,还是审查起诉阶段,甚或是审判阶段,都是坦诚相见,及时把证据、观点亮出来,劝说控方接受,这样尽可能避免双方的拉锯战,对尽早解救当事人有好处。如能在第一个阶段就解决问题,何必非得等到法庭上才突然亮剑呢?那个时候当事人可能已经被羁押一年半载了。而且,即便到了开庭才发力,控方也有充足的法律空间来回旋,包括提出延期审理,以便进行补充侦查等等,并不会被一棍子打死。

但凡事皆有例外。对于一些具有时效性、控方可补正、可阻断的证据或观点,有时候还就需要留个心眼,防止被控方使用各种方法包括非法方法予以化解。比如,对于关键证人,就要等到马上开庭时再提出出庭申请,避免控方有较多时间去"做工作",采用习惯了的"背靠背"方法提前取证。有一些合理观点也可能被控方非善意利用,采取非常方式弥补证据和法律上的漏洞,把辩方的路堵死。

在北京曾经有一个案子，控辩交流的难度之大迫使我狠了狠心，给检法挖了个"坑"。指控的情况是，身为派出所副所长的王某在值班期间，受前任上司请托，违反北京市公安局发布的《派出所办理常住户口登记工作规范（试行）》的具体规定，以及派出所办理户籍分户的程序，为不符合户籍分户条件的刘某等人违规办理户籍分户。王某的行为直接导致事后刘某以违规办理的户籍分户为依托，在地铁线路拆迁过程中，采取虚增房屋面积、编造虚假事实的手段，骗取政府拆迁补偿款近200万元。

我看卷和调查了解后，认为王某虽然存在没有严格按照内部规定进行分户的瑕疵，但这只是工作中的小小失误，并不是造成国家拆迁补偿款损失的原因，两者在法律上没有因果关系。因为按照2001年《北京市城市房屋拆迁补助费有关规定》，对通过办理户籍分户新增的户不予认定，是否分户与拆迁补偿多少没有关系。地铁项目部违反市政府规定，把拆迁补偿与分户联系起来，而且拆迁负责人与被拆迁户勾结，把4平方米房屋虚增为34平方米，评估员、代建方又集体失职，没有进行实地测量、核对房屋面积，最后导致诈骗结果的发生。这都是几年前办理分户手续时王某所不能预料到的，那个时候，连拆迁的消息都还没有呢。

可惜的是，控方对于我们律师提交的书面观点不予认可，有点匪夷所思地认为，当地早就有要拆迁的传言了，因此王某应该能够将分户和拆迁联系起来。同时，地铁项目部违反市政府文件规定，根据具体情况执行自己的内部规定也没有问题。

沟通无果。我开始审查办案程序，发现王某先是被取保候审，然后又被决定监视居住。罪名也是换来换去，一开始是滥用职权，后来又变为玩忽职守。仔细看笔录，第一次就是讯问而不是询问，内容居然没有问及王某是否具有人大代表或者政协委员的特殊身份。打电话一问王某，他果然是在任的区人大代表，但因为大半年里十多次讯问都没人问过他，他也没想到主动提及过。

我让他把代表证原件马上送过来，查看后把复印件留下，思索起来：检察院这一连串动作真够马虎的，罪名搞不清，连人大代表都直接给采取刑事强制措施了，这个办案程序违法情况要不要告诉检察院呢？我判断，这个程序违法与取证之间没有直接关联，影响不了证据问题和法律适用问题，既然办案人员对实体上明显不能成立的指控都听不进意见，还违背常理地拿捕风捉影的事儿以及项目部的违规做法作为指控依据，强势如此，那么他们发现这个不大不小的程序问题后，就很可能补个申请手续，让人大常委会给回复一个文件，不会影响继续起诉。那个时候，法院大概率会支持指控，我们手中就无牌可打了。

最后我决定留下这张牌，以程序责任倒逼实体认定。路径是保守"秘密"，等检察院起诉后，看看法院能否发现这个程序毛病，如果法院也马马虎虎，直接开庭审理，那么法院也就进了"坑"，违反了未经人大许可而进行刑事审判的规定，属于违法审判。那个时候，再指出检法办案上对人大代表的权利侵犯，让法院把责任推回给检察院，就好办了。

果然，检察院起诉了，法院开庭审判了，还是没人问及王某是否是人大代表。开完庭第二天，我给法官邮寄了一份法律意见书，讲明刚发现王某是现任区人大代表，可是案卷材料中没有相应记录和区人大主席团或常委会的许可文件的情况，依据我国《地方各级人民代表大会和地方各级人民政府组织法》和最高检《关于严肃查处非法拘禁人大代表犯罪案件的紧急通知》等规定，本案在侦查、审查起诉、审判各阶段，都违反了法律规定，未保障犯罪嫌疑人、被告人的法定诉讼权利，应属无效，经由无效程序产生的各项决定、裁判等应予撤销。建议法院将案件退回检察院处理，或者按照实体情况依法直接宣告被告人无罪。同时，我把有关情况写成书面文件，给市区两级人大常委会发函，请求人大监督司法机关侵犯代表权利的情况。

不久，法院以不撤回起诉就宣告无罪为由，迫使检察院撤回了起诉。一个月后，检察院对被告人做出了不起诉决定。

辩护策略与职业道德——以李某等人强奸案为例

拿一个疑难复杂生动的具体案例,来讲律师辩护策略,以及与辩护策略紧密相关的职业道德,比起空洞地讲述有关辩护的原则性内容,或许更具有参考意义。

本篇所涉案例及相关人物、事件纯属虚构,只为了帮助作者说明想要表达的意图。如有想对号入座者,那也可以视为其所涉局部内容是真实发生的。

先花一些文字介绍案件背景,以及由案卷、会见笔录、庭审笔录、社会舆论等材料所能呈现出来的基本事实。

时间回到八九年前,媒体上出现了一个创造性的流行词,叫李某某。本篇故事涉及的当事人则叫李某,恰好避免了与该流行词的巧合。李某很年轻,还没成年,但导演了一个热点故事的上半场,然后他的年轻妈妈又导演了下半场。这个故事很像一个美式大剧,拉的时间比较长,从年初直到年底,涉及的人物非常多,包括了大片所见的各种角色——富二代、权贵者、坐台女、警察、律师、法官、歌星、媒体记者;涉及的因素也特别多,包含了大片常见的美色、权力、暴力、金钱、阴谋等。大剧还有一个特点,就是剧本没有固定，随着时间发展而更加跌宕起伏，曲折离奇。以至于后来有一个案外的律师，也姓李，发微博称是国外某某势力做的工作，才制造了本案来诋毁我们的"官二代""富二代"。这个李律师因为不了解时代发展，不相信我们已经有发生这种案件的社会空间，被认为胡言乱语，后来被官方正式处分了，不表。

  因为离奇，这个案子在侦查、审查起诉和法庭审理的过程中，网上争议特别大，每天的帖子成千上万，还由此诞生了很多民间的福尔摩斯迷，每天就是在那看案情的进展，做出各种的推测，相互之间进行逻辑的、观点的争吵，甚至形成了不同派别，在不同贴吧里进行较量，一时甚为热闹。

  为什么会出现这样的情况？最主要的原因是这个案子属于法定的两个不公开情形，一个是强奸，涉及隐私，一个是未成年，涉及保护。这两个原因导致公安司法机关不能像对其他案件一样在媒体上进行公开的澄清，搬出各种证据、事实来进行相关的说明、反驳，只能任由一部分当事人和律师在网上选择性地发布一些证据材料和事实信息。这种信息不对称导致了公众的迷乱，是造成很多人对这个案情不能做出一个清晰判定的根本原因。

  下面我来讲这个案子的故事。其实大家听完之后可能会感觉并没有那么复杂，只不过是被舆论给复杂化了。

  案子发生的时间点开始于八九年前那个春节之后的一天深夜，时为高中生的李某邀约了一个成年人和三个未成年人去酒吧玩。那么这些人都是什么身份呢？除了李某是名人之后，其他都是平民之子。除李某外，排名第二的成年人已二十多岁，父母是下岗工人，自己是宾馆服务员，因为几年前利用职务便利帮助十二三岁还没有身份证的李某在宾馆开房，两人成了好朋友。排名第三的甲生，出身于一个小商人家庭，正在北京数一数二的一个中学上高中。排名第四的乙生，是他的同班同学，父母是教练和教师，这是我的当事人。最后一个丙生，正在外地的家乡上初中。

事发前，李某本来正跟父母在海南度假，听说朋友丙生要来北京，遂立马一人飞回北京，下午先和一堆朋友在王府井一个酒吧喝了一顿，晚上十点去机场接丙生，回来路上邀约各当事人去中关村一个酒吧。到了之后，五人落座，服务员 Z 按照李某要求，去找驻场小姐来陪酒。驻场小姐这个词汇比较复杂，连我都不懂，直到办了这个案子，才明白中华词汇之丰富，其实就是三陪女，陪客人喝酒唱歌一个晚上，拿 300 元小费。这天晚上，因为刚过完春节，好多驻场小姐还没有上班，最后费劲巴拉只找到了两位，A 女和 B 女。其中 B 女比较讲究，玩到中间的时候说李某太霸道，老吵架逼喝酒，径直走了。剩下的 A 女是位兼职，又在挂靠公司当员工又在高校读成人继续教育学院。

喝完酒唱完歌之后，李某等人商量说还得深度招待一下外地来的小兄弟丙生，让他长长见识，就跟这位落单的 A 女商量，要带她出去。A 女也快受够了，对人高马大平均一米八的几个人比较担心，不愿意出去，李某就找服务员 Z 来做 A 女的思想工作。服务员 Z 比较老到，见劝说不成，就眼睛一转，对 A 女建议由他一同陪着，大家先出去一起吃个饭再说。因为李某是该服务员的常客，是上帝，驻场小姐的生意又依靠服务员关照，服务员对她又是上帝，这样在夜里大概三点多，这七个人就坐了两辆车，到了一个二十四小时营业的 J 饭店餐厅吃饭。

话说，这次是李某亲自开的车。仔细算起来，当晚从王府井酒吧到机场，从机场到中关村酒吧，从中关村酒吧到 J 饭店，李某已经第三次酒驾了。但还没完，后面还有两次，我就懒得计算了。反正他在这之前，已经因为酒驾并打人，被劳教过一年，后来不知怎么提前半年出来了，然后不久又发生了这天晚上的事情。如果按规矩劳教期满，认真反思，也就没有今天这个故事了。

在 J 饭店点完菜，菜还没上来呢，因为他们吵吵闹闹动静太大，引起了旁边就餐的两男一女的不满。他们就往李某这边看，导致李某很生气，站起来破口大骂，说："看什么看，有本事你们过来！"结果没想到，那两个男的也不怕他们人多，还真过来了，双方抡着桌椅厮打起来。开打不久，这边六个男人就被对方两个男人打得慌张逃跑了。餐厅的视频记录了这个插曲。

这个时间段，A 女因为喝多了，上了一趟卫生间，从外边再回来，就在旁边一个桌子上趴着小寐，后来一抬头看大家打架，再一抬头看见人没了，都跑了，她也赶紧跟着跑出来，害怕对方把剩下的她给打了。然后，这两辆车就一前一后开到了李家某个住处的地下车库。服务员 Z 下车，说他已经跟那个女孩说好了，先撤了。车库就剩下了五个人和 A 女，大家重新上车开始去找宾馆。找宾馆的路途中，A 女逐渐酒醒过来，就问服务员 Z 呢，她要回去。但是五个人不允许她下车，有按她手的，有摸她身上的，还有扇她嘴巴的，打打闹闹搞得差点撞树翻车，最后终于到了某某大厦。甲生用一个假身份证开了房，大家把 A 女扶进了房间。

进房间之后，A 女不愿意配合脱衣服，五人齐心协力，通过拳打脚踢等方式，把她的衣服给脱掉了。之后的过程，就是有人熟练地与 A 女发生关系，有人在旁边临时学习，既看手机毛片又看现场，最后轮流完成了整个过程。

事毕，早上 7 点左右，李某主动从身上掏钱，一看只有 500

元，前面在酒吧已经花了他两三千了，遂跟甲生要了1500元，把总共2000元塞进了Ａ女的手包里面。因为怕出事，又要求Ａ女跟大家一起坐车离开宾馆，到了外面一个路口把Ａ女放下来。Ａ女自己打车离开后，就哭个不停，联系了酒吧的同事陪她去医院做了检查，留下了医学证据。

马上，酒吧就有人跟李某打电话联系，说"你强奸人家了，赶紧过来见面商谈一下"。李某因为夜里一直没有机会睡觉，正回家补觉睡得迷迷糊糊的，很生气地骂了一句，"怎么还要钱，怎么这么无耻，我都给完了，钱货两清了"，然后把电话给挂了，把手机也给关了，继续睡觉。

酒吧的人见李某不懂事，又很快找到了李某父亲——一位让人尊重的老艺术家的电话，发短信说"你儿子强奸别人了，我们见面谈谈"。老艺术家夫妇还在海南温暖的气候里度假，看见短信认为就是常见的诈骗信息，不予理会。酒吧的人无奈，又联系了老艺术家的司机，司机说等领导回来再商量。到了第二天，司机还让等待。到了第三天，司机也联系不上了。酒吧的人失去耐心，于是，Ａ女等人到派出所报案。他们刚走进派出所，正要开始做报案笔录的时候，老艺术家的司机终于打电话来了，说"我们领导让我抓紧跟你们见一个面"。酒吧的人回复说，"已经晚了，正在报案了"。就这前后不到十分钟的时间差距，改变了五个年轻人的后来命运。

被害人报案的当天午夜，警方出动抓人，结果没想到很容易地几乎一网打尽。原来李某带这几个人从机场又接了个女孩过来，正在找宾馆，几乎都在一起呢。

落网了之后，只要是未成年人的全部让家长过来，家长到场之后，在同一个时间段分头审讯。这些人基本上都承认了主要的实施过程，包括打人的过程。之后每间隔三五天都审讯一次，家长也都在场，这些人的笔录少的也有七八次之多，其中内容有部分反复，但在殴打被害人一事上，每个人都承认过多次。

以上就是这个故事的基本情节。在讲律师的辩护策略和职业道德之前，对于人们关心和讨论的问题，先简要说明如下，更加详细的内容会在后面提到。

被害人A女到底是什么职业？前面说了，就是兼职的驻场小姐，陪酒挣钱的。有一个服务员证实她曾经出台过。但无论她是什么职业，如果彼时彼地不同意性交易，被告人就不能硬来，所以关键看有无违背意志的情形。

A女为什么半夜跟着多个男人出来逛，为什么不逃跑？前面已讲过了，基于各种因素，或许归根结底因为生活艰难吧。如果她主动愿意出来，就不用服务员劝说并陪着先去吃饭了。

是不是"仙人跳"？"仙人跳"是一个团伙设计让女的去勾引男的，开了房间之后，在还没有完事走人的时候，同伙及时出现，人赃俱获，再进行敲诈勒索。这个故事里没有任何上述情节。好多人把事后想要钱私了的行为，等同于事前设计的圈套行为，是把性质搞错了。

有没有殴打被害人情节？不说别人了，我第一次会见就问了自己的当事人乙生这个问题，他说确实有两次殴打情况，一次是去宾馆路上，一次是在宾馆房间里。只不过他本人没有动手。我做了会见笔录。

后来有没有敲诈李家钱款的情节？电话和短信只有约来见面谈谈的内容，没有提到要钱的内容，更没有金额的内容。再说了，即便要钱，如果是基于女方有实际损失（医疗费、误工费等），有精神损失，那也不算敲诈。

有没有刑讯逼供？这个问题主要集中于排名第二的成年被告人身上，李某也有描述。但记录表明，每次审讯，李某和甲乙丙生都是有监护人在场的，我们看了同步录音录像，只有部分问话不规范的情况，达不到非法取证程度，并且讯问笔录与律师会见笔录的内容基本吻合。

被告人都翻供是不是意味着前面被非法取证？在有的案子里，有这种可能。在本案里，情况比较复杂。五个人在审查起诉阶段齐刷刷一起翻供，翻供理由和供述的新事实几乎一致，我问自己的当事人为什么，他说在看守所里有人传信要求一起翻的。家长也证实他们接到了同样的要求。后来，有三个被告人开庭时又翻了回去，基本回到原始供述状态。

有没有律师"指使"当事人认罪的情况？律师根据事实和证据，可以在征得监护人同意的情况下，建议当事人认罪认罚，最后是否认罪认罚，由权利人自行决定。律师没有权力要求当事人做任何选择。

李某被判十年有期徒刑是否过重？这是法院的事情。我也觉得有点偏重，毕竟是未成年人，有特殊场景。或许当时有当时的情况吧。

有没有可能无罪辩护成功？不谈当时的形势，只从当时的初始证据看，已形成完整链条，没有无罪可能。你再怎么猜测被害人一方，都无法解释为何不直接同意去宾馆开房、不对同时服务五个人这个艰巨任务讨价还价，还落下一人多次挨打的事实。

有没有可能构成其他较轻罪名，比如聚众淫乱？没可能。因为没人能排除得了殴打、强制情节的证据。

有了上面的基础内容，下面谈谈在该案中律师的辩护策略和相关职业道德问题。

把辩护策略与职业道德一起谈，主要是体现几个容易被忽视的观点：专业性是职业道德的前提，没有专业能力，接手自己把握不了的案件，策略和方向就可能是错的，是对当事人最大的不负责任；律师不允许放弃专业性和责任心，在辩护路径上盲目服从委托人/当事人的要求；律师办理案件，唯以当事人利益为目标，不以突出甚至炒作自己为目标，才符合职业伦理；律师不应当以恶意攻击同行的方法进行辩护。

为了方便阐述观点，我采取对照比较的方法，说明不同律师的不同辩护策略，以及体现出的职业道德。

既然前面已说了是虚构的故事，还是希望同行和有关人等以虚构的眼光看待以下内容，权作业务探讨之用。

律师的专业性决定当事人生死

我在无意中被委托介入该案时，正值盛夏七月，烈日炎炎。成为全民娱乐的李某案，在网络上的热度比天气还火热。

彼时，案件已进入法院阶段，李家因不满两名辩护律师所发表的声明，认为带来了负面效果，就专门聘请了一位从事过媒体工作的律师，做其发言人，每天对外公布案件进展，通报李家观点和抗争行动。两名辩护人还是负责案件，但不能再代表李家对外发言，转而设立微博，自己代表自己发言。其他同案的多名律师，也是各自发声，舆情更加变得沸沸扬扬。

外行看热闹，内行看门道。在喧喧嚷嚷的表象下，随着第一次庭前会议、第二次庭前会议以及开庭审理的进行，非专业的力量正在不断发酵，直至勃发而出，带来致命伤害。

几个片段可以惟妙惟肖地刻画出律师的专业性问题。

关于非法证据排除。在庭前会议和庭审中，第一被告人的律师均提出了排非申请，主要认为第二被告人（成年人）被刑讯逼供，挨打了；同时认为自己的当事人被夜里审讯，也属于刑讯逼供。但除了这么一说，他们始终没有提出任何相关的申请。庭审休息时，大家都集中在卫生间休息，抽烟聊天。我趁机提示他们："我们虽然观点不同，但你们申请非法证据排除，怎么不要求调取看守所的提审记录？也不要求办案警察出庭啊？"结果这两位律师异口同声地反问："我们怎么能申请警察出庭？"你看，辩护人连自己的基本权利都不知道。

关于伤情鉴定。他们还当庭怀疑被害人脸上身上的伤是自己造成的，不是被告人造成的，是为了报假案而自残，所以伤痕应该是新鲜的，不是陈旧性的。但面对公安法医的相反鉴定结论，他们既没有申请鉴定人出庭，也没有请教专家证人，让社会鉴定机构的法医来法庭上论证到底是新伤还是旧伤。在卫生间的时间太少，我都没机会提醒他们，也不知如何提醒。

关于被害人、证人出庭。为了证明被害人一方有过错，以减轻我们当事人的量刑，在第一次庭前会议的时候，我就提出来申请被害人出庭作证，因为其报案时有多处涉嫌说假话，以加重被告人责任，包括说自己是白领是学生，是常来酒吧的常客，隐瞒兼职身份；说自己是处女（连这个都能扯谎，藐视法医）；说在J饭店她是被拉着跑的，事实上那几个人是被打跑的，哪有时间顾得上她。

我还申请服务员 Z 出庭，因为他为了讨好金主李某，确实存在介绍卖淫的意图，只不过后来各个环节脱了扣，没有介绍成功，剧情失控了。五个被告人无论多么自诩聪明，但社会经验还是太少，以至于产生错误认识，以为酒吧就是专职的卖淫场所，以为驻场小姐就应该听服务员 Z 的安排，没有理由反对。

但没想到的是，公诉人还没表态，两个律师又是异口同声地一致反对我的申请，说被害人一直在讲假话，证人服务员也一直在讲假话，所以请他们出庭对我们不利。我说就因为他们讲假话，才让他们到法庭来，我们才有机会戳穿他们的假话，并不是指望他们说真话，揭露假话就可以了。但是他们坚持自己的意见，法官也听得饶有兴致，好像这个事情还得听取他们意见似的。你看，对控方证人和辩方证人的角色分不清，也不懂什么交叉询问，就接手这么复杂的案子了。

关于法庭调查中的发问，我举几个律师的例子。

公诉人讯问李某的时候，李某说自己进了房间之后，玩了一会儿手机，然后就睡着了，啥都没干，等醒过来，大家都完事了，大家就走了。但第一辩护人就问他："服务员 Z 送你的洋酒是不是已经打开的？"回答"是打开的，半瓶的"。辩护人认为，这半瓶酒应该是服务员掺了催情药，导致了后来的事情。那么，李某到底是被催眠了，还是催情了呢，后来有没有睡着呢，显然辩护人和当事人思路已经脱钩了。

律师继续发问各个被告人，说："你们作为未成年人，去喝酒唱歌，那个被害人 A 女唱的什么歌？是不是爱情歌曲？"当时我们多个律师都没听懂，不知道问这个干吗，也不知在 KTV 里应该唱啥歌。后来才明白，这是他很重要的一个辩护观点，说被害人作为一个成年人，老唱爱情歌曲勾引未成年人，再加上催情药，把小孩给害了。当然，他还问了每个被告人其他问题，比如说"A女摸你了没有？"各被告人都被问蒙了，谁都不知道该说是被摸了还是没被摸，睁着迷茫的眼睛瞪着他，最后大家都说忘了。

在发问技巧的体现上，第二辩护人问自己的当事人李某："你们落座之后是先喝的酒，还是先来的三陪小姐？"被害人律师一听，很机灵，马上反对，他说三陪小姐用词不当侮辱被告人。审判长让辩护人注意发问用词。律师说"好的"。沉默了几秒后，又问李某："那么是三陪小姐先来，还是先喝的酒？"我看见公诉人、法官、法警都迅速把头低了下去，用手挡着。

顺便说一下被害人代理律师，这涉及后面的话题。他总共问了四个问题。第一个问题是问李某："你和被害人A女有没有亲自发生性关系？"我一看审判员和法警的头又低下去了。李某很肯定地说"我没有亲自"。然后接着问李某："你之前和别的女孩有没有发生过性关系？"李某说"我认为你这个问题与本案无关"。他没法再问下去了。等第二被告人上来，他又问："在你和被害人发生性关系的时候，这个女孩有没有反应？"被告人说"她是正常反应，有叫声"。他接着问："那叫声是大还是小还是什么样？"被告人想了想，说："律师你这个问题我描述不出来。"

不举例子描述以上具体情形，恐怕你难以想象在这个全民关注的案子里，律师们是这么表现的。其展现出的逻辑思维方式、对案情的把握、对抗辩焦点的把握、与当事人的审前沟通、对刑事法律和辩护技巧的了解程度等等，实在令人惊讶。这些看似简单的细节表现，占据了庭前会议和法庭调查的大部分，实际上代表了辩护方向的盲目和策略的缺失。

在选择辩护方向、制订辩护目标时，本来应根据案件的事实、证据和法律适用，抓大放小，把注意力放在仔细审查涉及定罪量刑的关键情节、审查控方证据的充足度上，适当放过对定罪量刑没有影响的细枝末节。刑事诉讼中的严格证据标准，不是对什么都要求"严格"。在关联性上主要针对的就是影响定罪量刑的证据，只要这些核心证据能关联起来，形成链条，就足够了，而不是关注细枝末节、无足轻重的证据；在合法性上针对的是法律明确否定的达到一定程度的非法情形，而不是可补正的、其他证据能印证真实性的一般性瑕疵。但上述表现说明，律师们没有抓住主要矛盾，细枝末节决定了他们的辩护方向，在本案的辩护中占了主流，辩护变成了自说自话，而不是针对控方的主要证据和取证程序进行有效的抗辩。这种近乎无效的辩护，导致了一审判决给当事人造成的严重后果。后来二审本来可以有机会变更辩护方向和策略，为李某减轻几年处罚，但又因为类似的决策性失误，而失去了最后机会。

附和当事人的错误就是贻害当事人

律师的专业能力不够，却代理了重大复杂的案件，既有律师追赶名案的原因，也有当事人自身的原因。

李某的监护人爱子心切，相信儿子是世上最好的孩子，听不进清醒律师的意见，一味要求做无罪辩护，致使前面已经代理的律师明智退出，后面跟进的律师则唯委托人马首是瞻，放弃了专业性或者根本就不具备专业性。这种看似服从当事人的工作，最后的结果是帮了倒忙。

在一次庭审中间休庭的时候，我劝过李某的母亲，这个案子我判断不可能翻案，趁着时间来得及，让孩子认罪，能少判很多。但话没说完，李某母亲就打断我，哗哗给我讲了更多，"赵律师你说我们多冤，你说那女的多可恶，你说我们家孩子那么好，怎么就被她陷害"。讲了一阵子，我插不上话，就说我着急上厕所，给吓跑了。这位母亲太强势了，听不进律师善意的话，要反过来主导律师。后来，这位母亲和一位案外律师还在媒体上不约而同攻击我，说我是公安出身，是替被告人认罪，云云。

后来我又接触了不少娱乐圈的人，接触他们的案子，逐渐明白这不是其自身的问题，更不是个人品格问题，而是娱乐圈的整体问题。这些人从一二十岁就在这个独特的圈子里长大，接受着承受着这个圈子的独有规则和文化，非常单纯和自我，天天生活在天宫上的非人间感觉，一定程度上已经脱离了正常社会。遇到事情了，基本没有法律意识，只有两个习惯了的概念：一是求鬼神求大师，二是求关系求权力。与法治相关的律师，一般不在求助之列，最多也就是让律师发个声明，或者找找关系之类。

当事人各有类别，百姓也好，官员也好，富商也好，明星也好，都各有其长期形成的法律认识，不得强求。比如，好多官员落马了，第一句话就是表白"我不请律师，我相信组织"，好像律师跟组织是对立的一样，不懂得他们都是讲法治的职业共同体。话说回来，当事人这个样子是人生局限所致，是无奈所致，都可以理解，身为当事人的保护神甚至法治象征的律师难道不应该保持固有的法律立场，设法挽救当事人吗？如果为了能接手一个名案而不择手段，不顾专业，附和没有法律知识和司法经验的当事人，那么其实就是违背职业良知，最后害了当事人。

李某案在法庭一审期间，冒出了很多匪夷所思的事情。我只挑一两个讲一下，看看个别律师的表现。

　　一个是在律师支持下，李某母亲公开在媒体上、上访中，要求法院对李某案公开审理，还给法院递交了申请书，造成了不小的震动。李家发言人当然也是配合。但强奸案件，法律明明规定了不公开审理，被告人涉未成年案件，法律明明也规定了不公开审理，为什么还会在律师支持下出现这个不可能实现，也不合理合法的诉求呢？

　　另一个是在律师支持下，公开去公安机关报案，去公安部上访，动静很大，要求抓酒吧的人，说他们组织卖淫，又敲诈勒索。这些做法本来是可以的，是公民权利，但既然说别人组织卖淫，自己这边就是群体同时嫖娼，是不是犯了聚众淫乱罪呢？这又跟律师宣传的孩子无辜、无罪的口径相矛盾。

　　法庭二审期间，还是奇葩不断。李某的监护人为了帮助排第二的成年同案犯请到最合适的辩护人，前后换了五拨律师，致使庭审一再推后。下面看看最后被选定的律师的做法。一位律师很认真很下功夫，调取了事发宾馆的房费的收据，在法庭上出示，说这个收费里面没有避孕套的费用，所以上诉人没有与被害人发生性关系。大家都不解，因为全案证据中从没有人说过当晚用过避孕套，没有避孕套就不能强奸么？另一位律师则在法庭上强力提出两个要求，一个是申请调取李某给被害人 A 女的 2000 元现金，理由是现金上面的指纹能够证实这是不是一起卖淫嫖娼案件，酒吧的老板是不是跟 A 女分赃了。审判长一听眼睛就大了，这事发生这么长时间了，2000 元现金上哪调啊？第二个要求是调取李某在宾馆房间里抽烟的烟头，理由是因为同案犯都说李某进屋了，抽烟了，但据说李某从来不抽烟，所以要调取烟头，如果上面没有李某的 DNA，就证明这几个同案犯说了假话，这些供述就都不能成立。审判长一听更迷茫了，眉头簇成一团。

我接受委托时，案子已到法院十多天，委托人面对各种舆论和来自身边的真切压力，茫然不知所措，不知道应该做无罪辩护还是罪轻辩护，但他们表示愿意相信律师的专业判断，以律师意见为主。我说我得先看完卷，再会见完你们儿子，才能决定做无罪辩护还是罪轻辩护，如果你们不配合，或者同意后有反复，我随时和你们解除委托。

我看完卷，发现虽然五人都已翻供，但证据链基本无懈可击，剩下的就要看乙生本人对事实如何陈述、对案件如何表态了。经过会见，乙生明确了在侦查阶段供述属实，后来基于其他原因翻供的情况，并愿意认罪认错。这样，经过与监护人沟通，大家同意按照罪轻方向进行辩护。

但当时的情况比较复杂，一方面舆论上乙生已经"被代表"，五个人都不认罪的铁板一块的形象已广为流传。再一个方面，是监护人也面对着某些压力，乙生在监管场所里又遇到一些境况，比较让人担心，所以不便马上公开辩护观点。我们决定回避媒体，不出声，等到开庭再说。

后来随着情况发展，果不其然，委托人夫妇出现了两次反复，说压力太大，要求改做无罪辩护。我就两次明确说，这个案子我张不开嘴说无罪，没法辩，也没法保障你们利益，你们坚持的话，就马上来事务所解除委托吧。他们权衡后，觉得还是得走我建议的这条路，最后就这样风风雨雨、曲曲直直地坚持下来了。

媒体是用来为案件服务而不是为律师服务的

这个案子在律师们的着装上,很有看头。在庭前会议和开庭审理时,因为天气炎热,大家都是休闲上衣、T恤衫之类的。我是唯一一个穿正式白色衬衣打领带的人,但也没穿西装外套。但这期间,好几个律师不断上镜,接受多次采访,或者把视频放到自媒体上,着装却都是正式的、全套的西装革履。

便装上法庭,正装上媒体,值得思索。这些外在的表现,是有内在的相应行为作支撑的。

这次重点说说被害人代理律师。为方便起见,我们姑且称之为A律师。

A律师当时很活跃,从案发开始就一直以正义的化身出现,天天在微博上跟李家发言人互怼,曝光度非常高,社会公众对他的迷恋程度也非常高,把他看成维护公平正义的守卫者。

第一次召开庭前会议,我见到了A律师,表达了当事人愿意道歉和赔偿的意愿,然后互相留了电话号码,说好私下再聊。但以后我每次打电话,A律师都说等明天给我回话。然后就这么明日复明日,从来没有回过我的电话。我就只好给他发短信,留下证据。发了十多条短信,一直等到马上开庭了,他也没给我回复。

A律师的神秘态度,以及时间的紧迫,让我意识到不能再等他了,但又没办法直接联系到被害人。无奈之下,临开庭前,我让当事人和他父母都写了书面道歉信,交给法院,让法院转交给被害人,同时还交了10万元钱,说既然被害人因为精神治疗去住院了,不能按照我们申请出庭了，那我们就把住院的钱帮她出了，表达一个和解的诚意。

但开庭后，A 律师接受媒体采访，并在微博上发布说，一直到开庭这天，这五家被告人也没有任何一家来找他谈赔偿的问题。我就一个电话打过去，说："跟你电话短信都联系二三十次了，要谈这个问题，是你自己不回复，现在怎么公开撒谎呢？"他说："那这东西已经发出去了，后面我再给你澄清吧。"我回答："不需要了，我自己能澄清。"

A 律师因为忙碌于优秀的媒体表现，没有时间做基本的代理工作准备。比如起诉了五个被告人，并大力宣传，要求赔偿 50 万元，理由是被害人精神受到了损害，应该进行精神治疗。但是进行精神治疗，得拿出一个治疗的依据，比如说找个精神病医院给看看，再治疗一段时间，开庭时拿出已经发生的医疗费，以及根据医生的预测可能发生的后续医疗费，这样 50 万元索赔才有可能得到支持。但遗憾的是，开庭时 A 律师什么材料都没有拿出来。

后来在法院主持下，我们和被害人就民事部分达成和解、刑事部分取得谅解，签完协议后，A 律师打电话问我，说："赵律师你们和解了没有，赔了她多少钱？"我这才明白，他什么都不知道。已经忘记当事人的律师，也被当事人给忘了。

A 律师并不是个例，同期类似表现的还有好几位案内律师，还有一两位遥相呼应，在媒体上不断摇旗呐喊的案外律师。甚至这些人中，不乏相互间公开对骂、公开贬低同案律师辩护方案，以证明自己观点或者为自己开脱责任的律师。写到这儿，我忽然不想再描述他们，反正网上还能查询到当时类似案例的类似律师表现的信息。当然，案子中也有像第二被告人的辩护人那样让人尊重的律师，兢兢业业、默不作声，认真为当事人做各种辛苦的工作。

之所以出现这样的情况，或许是大家辩护思路不同，有人认为舆论场才是主战场，能决定走向，法庭不重要。事实上，我也一直认为，律师就应该无所不用其极，只要手段不违法违规，怎么去做都是无可厚非的，所以炒作本身无罪，利用舆论场无罪。但毋庸讳言的是，无论什么思路，利用舆论是为表现自己，还是为案件效果着想，炒作的目的是什么，大家都会一目了然，并最终表现在案件结果上，表现在社会、行业和当事人对律师的评价上。不把专业辩护作为第一位，下足功夫，再辅之以舆论，而是把两者关系颠倒，甚至把自己当舆论主角的，各方结局往往都不怎么美好。

有效的辩护方法不局限于法庭和舆论

在决定了大的辩护方向即罪轻辩护之后，我和委托人再确定辩护目标。当时一致的观点是，能判到五年徒刑以下，四年左右，就非常不错了，因为五年徒刑以下未成年人的档案就封存，不公开，刑满后能照常上学就业。委托人表示，判四年的话就满意，就不上诉了。我说还是再加点码，争取缓刑，虽然希望不大，但可以作为最高目标去追求。

然后我开始考虑具体的辩护方法，主要梳理为六个方面关系的处理。

第一个方面是对委托人。前面讲过了，就是要求委托人自始至终配合我的专业主导。

第二个方面是对公安机关和检察院。乙生在被抓几个月后得了一场病，瘦了一二十斤，看守所一直是按照感冒来治疗的，后来发现情况越来越严重，身上出现了很多异常的瘢痕，身体也明显地消瘦，感冒发烧的类似症状也消除不了，就把他送到了医院，到医院快四十天的时候才告诉监护人和律师，监护人和律师才去医院会见。当时医院怀疑是单核细胞增多症，但不确定。后来再把乙生押回看守所，给他药物口服进行治疗，但给了什么药物也没有告诉家属。

遇到这种情况，我自然会作为一个砝码使用。我给公安机关和检察院领导写反映信，让监护人不断地递交取保候审申请，认为未成年人没有得到基本健康保障，轻了是过失医疗，重了是不是还有更大的问题？如果还不把孩子的病给治好，家长随时会向媒体披露。

我们同时还向公安机关反映了内部有同案犯通风报信的情况，这对我的当事人产生了心理威胁作用，害怕认罪后在里面有危险。

第三个方面是对检察院和法院，就是说本案的控方和审判方。充分运用当时已经萌芽的中国式辩诉协商规则，与两方进行多次的积极沟通，摆道理讲条件。

我摆了八个理由，要求对当事人适用缓刑。我记得说出要求公诉机关对法院提出适用缓刑的量刑建议时，在接待室里的两名公诉人露出了非常惊讶的表情，不敢相信我居然能提出这样的要求，因为北京几十年来的轮奸案件，没有任何一个适用过缓刑，不管被告人是不是未成年人，何况这个案子都被吵翻天了。

我列举的八个方面，第一是未成年，第二是从犯，第三是主动赔偿被害人（当时还未得到谅解），第四是被害人有过错，第五是乙生强奸未遂，第六是认罪态度好，第七是平时表现好（乙生的成绩非常优秀,所在学校给出具了成绩优秀、操守优良的证明),第八是生病了,看守所失职。按照最高法的量刑指导意见和北京市的量刑指导意见,每一个从轻量刑的情节应该减基准刑的百分之多少,我说那么居中计算,比方说从犯应该减30%,按15%算,每个都这么算,最后都减少超过基准刑的100%了,量刑是负数了。公诉人听完,不再惊讶,感觉也有道理,表示可以跟领导汇报。最后反馈说,他们没法提出这个量刑建议,但不反对辩护人当庭提出。

针对公诉方认为共同犯罪中一人既遂,全体既遂的观点,以及轮奸案件不区分主从犯的观点,我找了大量的案例提交给法院,予以反驳。还给法院提交了很多外地法院对类似案件适用缓刑的案例。

第四个方面是对同案家属和律师。前面已经介绍过当时的态势,家长担心太早暴露辩护方向的话,自己和孩子可能会有说不清的境遇。所以我虽然早早就与检察院、法院沟通,准备做罪轻辩护,但希望在开庭之前不要公开。

第五个方面是对被害人。主动赔偿被害人。

第六个方面是对媒体。当时各家律师几乎天天在媒体上打舆论战、心理战,李家请的发言人隔三差五就代表所有五个被告人表明态度。我的委托人有时候也跃跃欲试,想找媒体爆料,保护儿子,让我也对媒体发声。我说:"'你方唱罢我登场',没有意义,而且咱们跟媒体更要保密。如果后面有必要的话,我会告诉你们,再进行切割。"所以好多认识我的媒体朋友一直到开庭第一天,在法院门口围堵律师和家长的时候看见我,才知道我在代理这个案子。那时堵门的有几百家媒体,到晚上八点钟休庭时,还把大门堵得水泄不通，我都出不来。记者们大声要求我得说几句才放我走，那我也不说，后来是当过兵的司机把我从人群中救了出来。等到庭审后，我和委托人都觉得时机成熟了，各种条件都具备了，才由我第一次露面来公开说明，解释为什么开庭后出现了大家意想不到的有三个人当庭认罪表示道歉、愿意赔偿的情况。

对这六个方面关系的处理，直接决定了法庭内外的策略和方法，也决定了案件的结果。后来当庭宣判的时候，大家都站立听审判长宣读判决，公诉人又出现了掩饰不住的吃惊表情，因为他们没有预料到，我的当事人真的被适用缓刑了。

刑辩律师如何与当事人沟通

广义上的当事人，包括委托人（亲属）和犯罪嫌疑人、被告人。犯罪嫌疑人、被告人是有诉讼地位的参与者，是狭义上的、法律意义上的当事人，是最终有权决定委托律师的人。因此，要顺利建立委托关系，并从头到尾地把案件委托事项办好，既需要和委托人建立信任关系，也要和狭义上的当事人沟通顺畅，配合默契。两个环节中有一个缺失，委托人和当事人都可能解除委托关系。

跟当事人如何沟通，是律师们不断探讨的话题，也是让青年律师在执业中比较挠头的事。法律知识过硬的律师，不一定能取得当事人的信任、委托和认可；律师办理案件尽职尽责，花费很多心血，等案件裁判之后也未必让当事人满意。所以，研究如何从咨询、谈判开始，到建立委托关系，到跨越几个诉讼阶段的磨合，再到最后顺利完成委托事项中与当事人沟通的技巧，对律师来说就至关重要。

在服务宗旨上，顾客是上帝，律师作为服务提供者，应当全心全意保障当事人利益。但在做具体业务时，民事律师、刑事律师与客户的关系有所不同。对于非诉项目、民事诉讼，客户的需求是明确的、目标是单一的，所有的律师服务都是以客户需求或者目标为导向，律师服从客户的特点明显些。而刑事案件的目标，或者说争议的标的，与非诉、民事不一样。刑事当事人自己很难明确应该追求什么诉讼目标，只是简单地抱有洗冤、少判、早日与家人团圆的强烈愿望，在专业判断、诉讼经验、证据提供等方面，都没有能力指导律师办案，无法像民事当事人一样与律师平等对话。

从另一个角度看，民商事案件的裁判结果只影响经济因素，最多还有名誉，即便结果不利，也是可以通过再审等予以回转的。但刑事案件直接决定着当事人的自由与生命，人关押在那儿出不来，或者被执行死刑了，都不可回转，即便若干年后司法机关纠正错案了，也找不回失去的自由和生命了。

最后还有一个观察角度，就是民商事案件中，律师的立场和观点都必须与当事人完全一致，但刑事案件中，律师可以发表独立观点，并经常出现律师和当事人有意分工合作、在法庭上发表完全不同观点的情况。

所以，在刑事案件上，我从不主张与当事人有形式上的平等，更不主张把客户的意见当圣旨。真正想让当事人利益最大化，刑辩律师的定位就应当是专业主导型，而不能是雇工型、服从型。要保持专业性、责任心都"凌驾"于当事人意志之上，有自己的独立判断、独立战斗策略和方法，保持主导地位。有的律师担心丢掉委托，从一开始就跟着当事人思路走，尽其所能地满足客户的所有要求，不坚持自己的辩护思路，不拒绝无理甚至违法要求。这样表面上看很"尊重"当事人，服从当事人安排，实际上律师没有发挥自己的主观能动性，没有发挥专业优势。除了地位被动，更关键的是辩护偏离了专业判断，最后对当事人造成实质损害，当事人恐怕也照样不满。我在好多案件中，看到当事人主导律师、律师按照当事人的意见去辩护，最后都没有取得好结果，当事人对律师极不满意的情况。

在建立委托关系的初始阶段，这种专业主导型首先体现为要在律师的主场谈案，因为这涉及当事人心理问题，尤其是对于企业家客户、高官家属。如果当事人是民事、非诉身份，甚至持老板心态，就会要求你上门提供服务，其实他没有下功夫研究你是谁，值不值得委托，只是像以往招标一样坐在那儿等你来汇报思路方案，一天能见上十几拨律师，最后再决定委托给谁。你是普通的投标人，十之八九不中，中了也已经形成了服从型地位。如果是为了家人、企业安危的真正求救者，就会提前认真联系、研究哪个律师合适，选中了你做重点候选人，就会上你的门寻求服务。这是刑事案件不同于民事的特点之一。

接受家属、企业委托后，与当事人的沟通应当循序渐进，有耐心、有方法。比如初次会见时，可能面对律师有无作用的质疑、对辩护观点差异的怀疑。对此，律师首先要提前做好充分准备，包括涉案可能出现的几种情况，几种情况下可能分别涉及的罪名、法律和后果，本案的几种可能性出路，律师能起的独特作用，做到胸中有数；面对当事人的疑问和观点，对答如流，果断干脆，毫不犹豫。对于当事人要求频繁会见的，如果不是案件需要，可以建议增加聘请一个生活会见律师，交叉会见，不必在会见次数问题上发生争执而陷入被动。当事人要求传递物品，带话，也不要一棍子打死，啥都以违法违规为由拒绝，完全可以合法地变通处理：信件出示一下，但只宣读，不传递；可以带话，但以案外为主，不能超过底线，不能帮助做伪证。

当事人可能首先关心的就是办案思路是什么，可能的结果是什么，律师有什么工作方案、应对方案。律师要通过会见、访谈等方式尽力了解案情，把复杂问题剥茧抽丝，提炼出核心事实和主要法律，进而做出预判性的现有案情和发展方向分析，在此基础上合理引导当事人的心理预期，并留有余地。既要给当事人信心和勇气，又要引导其暂时放弃不切实际的幻想和要求，提醒案件过程中的各种可能和案件结果的各种可能。在目标上，可以做出保守、正常和乐观的三类估计，既不要过于悲观，在前途上打击当事人；也不要过于乐观，让当事人觉得肯定能有很好的结局，有意无意把最好结果当成律师的承诺。

在确定案件的辩护方案时，律师也要循循善诱，不能产生对抗冲突，而要运用经验和能力，逐步令当事人折服。对当事人不正确的辩护方向，要通过沟通和说服，进行纠正；也可以建议采用默契配合方法，在意思一致情况下，各自辩护，比如当事人不翻供，认罪，但律师从证据规则、事实认定、法律适用等角度做无罪辩护。这些沟通过程要在会见笔录中注明，让当事人签字。当事人坚持翻供，坚持律师无用，或者坚持自己的辩解角度，都可以先容忍，让当事人先保留这些不同观点，等待合适时机，再行说服。对当事人比较强势，倾向于坚持自己观点，甚至安排律师具体工作的，则要区别对待。有的可以配合，有的要善于拒绝。如果当事人不服从律师的专业主导，可以先让其尝试其他律师，失败了再回头；必要时，就需要提出解除委托，让其更换律师。总之就是，律师要善于引导，善于说服，保持主动地位；态度该硬就硬，获得尊重，越软越容易被认为无底气，令当事人不满意。

2015年的时候,我带着分所一名年轻律师,接手了一个政法委书记兼公安局长的贪腐案件。初次会见时,当事人仰坐在椅子上,眼睛下视,说:"我没要求家属请律师,更没要求请北京律师,你们律师能有什么用呢?我是先被抓到北京问了很久,又放到本省的,这都是上面定下的事情,什么专业什么对抗都是没有用的。"我就说:"上面也讲法律啊,至少要求下面讲法律啊,你过去不讲法律不重视律师,才出了问题,要改变思路了。你看这次会见就是我们和反贪局交涉了好几次,才在刚侦查不久就让律师会见你的,也算是法律起了作用。我们可能没法把你救出去,但如果办案程序有问题、事实和证据有问题,我们可以帮你反映和辩护,让你减轻处罚,或者围魏救赵,让你同样被关押在看守所的爱人能早点出来。"交流大半小时后,尤其听了一些正反案例,当事人的眼睛越来越放光,身体也逐渐从仰坐,变为了正坐,再变成了前倾,与我们距离越来越近,并顺利签署了委托书。后来,在我们的努力下,他达到了最主要的目标——被指控共同受贿400余万元的妻子被判了缓刑。直到现在,他和家属还在与我保持联系,交流后续申诉等事宜。而与我一同代理该案,当时面对"高官"不知如何应对的年轻律师,从此案后经验增长了很多,又和我一起或者自己单独代理了一些重大案件包括省部级官员案件,现在已成长为省级律协中最年轻的领导。

在取得当事人的委托确认后,如果当事人有案外要求,律师既要照顾他们的正常心理需求,妥善处理案外要求;又要注意法律界限,在介入方法上和程度上适当把握,不能出格。比如,对寻求社会资源找关系的,可以按照其要求指指路,要找就找哪个部门的领导才可能有用,别把管辖关系搞错了。这是国情,你要理解当事人，但不要介入，最后有用没用那是当事人的事。如果你一味反对，万一案件结果不好，当事人就会怪罪，说你辩护不行，还耽误了他们找关系解决。但在指路之前，一定要对当事人进行劝导和提醒，时代不同了，找关系很可能起不到正面作用而是起到反作用。对坚持走"人情案"路线，把工作重点放在找关系上，拒绝律师进行专业对抗、据理力争或者采取对司法机关施加压力等工作方法的，可以让其先行尝试，自己去做，等他们碰钉子之后，回过头来再跟着律师走；不宜在当时过于坚持自己的方法，导致矛盾加剧，损害信任感。同时，律师要充分告知当事人贻误时机的后果，并记录在案。现在微信成为日常交流的工具，可以及时把对话保留下来。

除了主导关系，律师还应该是优秀的心理抚慰师，对嫌疑人、被告人和家属进行心理辅导，做好情绪上、心态上的按摩。我每次出差，在会见前后、取证前后、开庭前后，都要跟家属们坐在一起，针对他们的疑惑进行解答，针对他们的建议进行甄别和落实，甚至帮助解决家里因为案件产生的诸多次生问题，包括公司危机、婚姻危机、孩子上学受到影响而弃学、老人病危、家属试图自杀等。家属们都是愿意主动拿最好的酒招待我，听我漫谈，因为我在对话中，给他们解决了很多案内案外的问题。这些貌似不是工作的工作，价值非常大，除了案件上的信心鼓励，更多是解决心理障碍等。这是对辩护工作的有益补充，也是取得充分信任的必要途径。一方面能让当事人和家属配合工作，别因为急躁、轻信司法掮客、耍小聪明串证、违法上访等干扰律师的辩护规划，对案件结果有好处；另一方面也是人道、救济的责任，通过深度交流让一家人解除压力，走出阴霾，迈向光明。有些律师不耐烦接听家属电话，不愿亲自会见当事人，开庭前后也不愿与当事人和家属多做交流，导致当事人一方云里雾里，既配合不好辩护工作，比如根据律师提示去寻找有利的线索和客观证据；也不知律师究竟做了什么，是否已尽力而为，对律师的工作产生怀疑；还导致不知道案件走向，十分迷茫，以致出现当事人和家属因为着急而自行决定做出一些错误决策。

另外还有很多与当事人沟通交流方面的重要问题，包括上述的心理按摩、当事人要求翻供、当事人与家属意见不一致、当事人要求舆论公开的问题，等等。总之，取得当事人信任是第一位的，但前提是律师要有专业经验，要坚持职业道德，要辛苦付出，真诚交流，把当事人利益而不是当事人意见作为追求目标。

如何对待当事人"翻供"

一些年轻律师经常问，遇到当事人提出"翻供"的情况怎么办？他们觉得很担心，不知如何应对。

在刑事案件中，犯罪嫌疑人、被告人翻供是经常发生的事。经验不太充足的律师，有的出于翻案需要，主动地、直接地鼓励当事人翻供，结果非但没有达到愿望，还带来执业风险。更多的是相反情况，律师出于自身法律风险或者影响案件结果方面的风险考虑，往往不能勇于面对当事人翻供问题，甚至产生恐慌心理。其实，只要准确把握了案情，妥善处理好翻供问题，事情就会比较简单，不会产生危及律师自身或者对案件不利的法律结果。

首先，律师要通过会见、阅卷、调查等基础工作，吃透案情，全面掌握证据情况。即便在侦查阶段，还不能阅卷，也可以通过会见和初步调查了解情况，做出对证据情况的合理分析。

其次，当当事人提出打算翻供，征求律师意见时，律师可以帮助当事人冷静剖析，最后得出劝阻翻供或鼓励翻供的两种处理建议。当然，要特别注意的是，虽然可以鼓励翻供，但律师绝对不能帮助当事人编造口供，犯下基本的执业错误。

那么，什么情况下劝阻翻供，什么情况下鼓励翻供？这需要律师做好以下三方面的审查工作。

审查当事人有无被非法取证、翻供有无合理解释

先看有无发生过非法取证的情况，也就是办案人员有无通过刑讯逼供、威胁、引诱、欺骗等行为取得口供。如果没有，只是当事人自己出于某种顾虑或者动机，在审讯时说了现在他不再继续认可的内容，那么一般情况下建议当事人不要考虑翻供。

在当事人有被非法取证的情形下，首先要看当事人能否说出非法取证的具体线索（何时、何地、何人、何种方式进行非法取证，取得了何种虚假内容），其次要看有无可能查清，或者有无可能在提出线索和合理怀疑后，办案机关无法证明取证合法性、无法排除合理怀疑的。比如有无违法的非办案场所提审、监所外提审，有无同步录音录像予以证实，同一个"号子"里的其他在押人员能否证实，身上有无伤情，羁押期间有没有到医院治疗过，有没有把家属抓来当面威胁，等等。

审查有无证据对翻供内容加以印证

只提出存在刑讯逼供等合理的翻供解释还远远不够，律师还要审查，即使翻供了，翻供后的事实有无其他证据印证，包括现有的控方收集的证据，以及律师根据当事人提供的线索可能取得的新的有利证据等。没有其他证据印证翻供内容，甚至现有证据足以证实

翻供之前的原供述内容的，那就要劝阻当事人翻供。因为即使翻供，也于事无补，反而因为认罪态度等问题带来量刑方面的不利。比如，山西某粮库主任，推翻了自己原来违心供述的以旧粮冒充新粮入库的事实，但在案的其手下几十个职工都一致证实是他指挥职工以旧粮冒充新粮，最后法院还是采信职工们的证言。法律上还是讲"众口铄金"的，这就是所谓的证据规则。

在共同犯罪中，律师要注意审查同案犯是否坚持原来供述，同案犯坚持不变的，一般要慎重对待自己当事人翻供的情况。即便同案犯翻供的，也要审查翻供的事实基础是否存在。比如李某等人强奸案，五个人在诉讼中都翻供，但后来有两三人又重新承认了犯罪事实。

另外一种常见情形是，在合理翻供后，即便没有其他证据来证实翻供后的事实，但因为控方现有的客观证据太弱，也无法在缺乏口供的情况下认定犯罪事实，那么合理的翻供就可以使控方指控的事实不清、证据不足，按照疑罪从无原则无法认定。这种情况下，充分利用了控方的举证不能，也是可以翻供的。

审查翻供后的结果对案件是否有利

在较为轻微的案件中，翻供不一定对当事人有利。翻供后导致事实不清，可能就会带来继续侦查、退回补充侦查、延期审理等长时间羁押问题，最后本来可以只判半年的，结果在看守所待了两年才判无罪，对多数人而言不太划算，当然公务员等特别重视身份和名誉，或者裁判结果影响生计的当事人除外。

在职务犯罪等案件中，律师审查全部案情并进行权衡利弊的必要性更大，不能单纯考虑翻供带来的减少犯罪数额等问题，要综合考虑对部分指控内容的翻供会否影响自首、立功情节的认定。有时即便翻供很合理，也足以推翻部分指控，能够打掉一部分事实，但却因此丢了自首、立功等情节，最后反而被判得更重。还有，要综合考虑是否会因为翻供，带来对同案的亲属等人法律上的不利后果，以及会否给本人带来更多的罪名指控等（比如职务犯罪中很容易增加的滥用职权、巨额财产来源不明等罪名）。更好的方案，也许是律师利用合理翻供和部分证据不足的情况，通过辩诉协商和与法院沟通，换来自首、立功或者其他从轻减轻处罚的结果。

以上三方面，既是循序渐进的，又是互相依托的，哪个都不可或缺。

刑辩律师如何阅卷

办理刑事案件都需要阅卷，阅卷可以说是律师的基本功。但是，有的案卷特别厚，头绪特别繁杂，阅卷半天不知所以然，甚至一看到有几十本上百本刑事案卷，有的律师就会头大，感觉无从下手。实际上，律师阅卷，除了要沉下心，多看几遍，还得注意方法，良好的方法可以事半功倍。

根据个人心得，具体的阅卷思路，可以参考以下几点：

从诉讼文书入手，提纲挈领法

刑事案件中，诉讼文书（法律文书）不仅包括起诉意见书、起诉书、抗诉书、判决书、裁定书，还包括指定管辖决定书、扣押清单、提请批准逮捕意见书、不予批准逮捕补充侦查提纲、退回补充侦查提纲等。诉讼文书既是程序性文件，又含有实体性内容，可能成为辩方利用和攻击的目标，阅卷中需要仔细审查。

审查范围包括：管辖是否合法，查扣冻是否合法，采取强制措施是否合法,第一次不予逮捕的理由是什么,退回补充侦查的核心点是什么,等等。尤为需要研究的焦点是起诉书,要关注其指控的基础事实是什么,证据是什么,与指控罪名是否在法律上对应,有无体现被告人的刑事责任年龄、刑事责任能力、具有特殊身份、有前科或系累犯、有自首、立功等从轻、减轻或者免除刑事处罚的情节,甚至属于不应追究刑事责任的情形,等等。对于起诉意见书,道理也是一样的。同时,如果起诉书在起诉意见书的基础上有变化,也需要着重对比变化的内容,并分析原因。

诉讼文书中所指向的事实,以及所依据的法律法规,往往是案件争执的焦点,甚至能反映办案机关之间的不同意见,也自然是律师阅卷的焦点。阅卷从诉讼文书入手,会使自己有的放矢,很快进入案件之中,不至于漫无目标。阅卷时应当围绕指控事实、证据和法律适用来进行,寻找可以辩驳的空间。有时候,尽管案件的证据看起来非常庞杂,但那可能是侦查机关从一开始全面收集证据所致,我们可以根据最后指控的事实,去繁就简,只抓案件要领,不走冤枉路。

从中心事实开始,由近及远法

所谓中心事实就是支撑案件的关键事实,是一个案件的中心,也是案件的重心。一切求证过程都是围绕案件的中心事实来进行。比如在一个杀人案件中,杀人情节就是案件的中心事实。我们阅卷中需要注意,被告人是否供认杀人,有没有目击证人,目击证人看到了什么,杀人现场在哪里,杀人现场是否留有凶器,凶器是否依法提取，是否对凶器上的血迹和指纹进行了技术鉴定……把这些关键问题搞清之后，我们再去关注案卷中的其他内容，如被告人是否有作案动机，是否有作案时间，被告人当天穿的什么衣服，等等。后面这一系列问题都是围绕有无杀人情节展开的。

在通常情况下，与中心事实越近的证据，对案件影响越大，越应当引起律师的高度重视。对被告人供述与辩解、被害人陈述、目击证人的证言等直接证据，应当多花时间阅读研究。对于涉及作案时间、平时表现、传来的证人证言等，一般可以视为间接证据，与案件中心事实较远，可以少投入时间。

以时间人物为纲，分类列表法

有些案件指控的犯罪事实较多，或者共同犯罪中多个被告人供述之间、同一个证人的前后多次证言之间、多个证人的证言之间存在明显矛盾的，就需要按照证据取得的时间、对象，对内容进行分类列表，做出比较。这不仅能让律师自己看清楚证据之间的差异，还可以提交给法官，让法官也能轻松地洞察案情。

比如，在一个系列式铁路特大盗窃案件中，起诉书指控徐某某参加盗窃多达五十次。我们经过仔细阅卷发现，由于是在铁路上盗窃，而且被告人不能一一记得盗窃的具体地点和时间，所以案件的证据中有的有被害人的失盗证明，有的则没有，有的有赃物评价证明，有的则没有。而被害人的失盗证明和赃物评价证明直接关系案件事实是否清楚、证据是否确实充分，其数额还关系到量刑问题。所以，我们便以此作为切入点，对每一次作案时间、有无失盗证明、有无评价证明、被告人是否供认、赃物是否被提取等逐一列表,让法官一目了然,最后打掉了大部分指控。又如,在非法集资类案件中,涉及投资者众多,投资款和返还本金利息等数字纷繁复杂,连侦查人员、公诉人都未必统计清楚,律师更需要仔细阅卷,拿出每一笔资金及返还情况对比表,标明证据出处,帮助法庭查明事实。

尽力抓住要害,择要索引法

好记性不如烂笔头。看到对案件有利的或者不利的证据,一定不要怕辛苦,尽量如实摘录原文,或概要总结主要内容,在阅卷笔录中或按照卷宗顺序,或分类排列组合,做好索引,备法庭内外使用,包括撰写材料、应对控方等,避免临时翻阅带来抗辩的延迟与不利。在全面阅卷的基础上,还应当针对与定罪量刑有关的关键事实重点摘录、分类摘录。例如,在黑社会性质案件中,因为涉及人数、犯罪事实众多,可以首先对起诉意见书、起诉书进行表格化处理,以便事后具体阅卷与分析所用。就认定黑社会性质组织尤为重要的组织性特征,可以对各犯罪嫌疑人、被告人的顺位、身份、加入时间、退出时间、涉嫌犯罪事实等列表汇总,从而一目了然地进行分析。同样的,对于经济特征,也可以对涉案财产进行分类汇总,从而重点分析是否属于应当罚没的财产。举一反三,在任何案件中都应当抓住重点、繁简结合地进行阅卷。

当然,阅卷也是个体力活,除了上述一些方法外,并没有一劳永逸的捷径可言。概言之,必须多次阅卷、反复阅卷,尤其是对于重点内容要有针对性地攻克与分析,才能从纷繁复杂的证据材料中分析出事实与辩点,为进一步的质证与辩护打好基础。

律师能否调查取证

整个刑诉法都围绕着证据这个核心在运行，大体上就是对证据的获得、防卫和攻击。可以说，刑事案件从侦查、审查起诉、审理到辩护，每个环节都是对证据的寻找和考察。根据刑诉法的规定，公安机关作为侦查机关当然可以调查取证，检察机关、法院作为司法机关，也可以调查取证。那么，律师是否可以调查取证呢？答案是肯定的。但是，很多律师却不敢也不愿调查取证。究其原因，是对律师调查取证程序存在误解。对这一正当程序，尚有许多问题需要厘清。

什么是律师调查取证

调查取证权是律师的一项基本诉讼权利，是指律师在承办刑事案件过程中，调取、收集、核实能够证明犯罪嫌疑人、被告人无罪、罪轻或者减轻、免除其刑事责任等证据材料的权利。我国《刑事诉讼法》第四十三条规定，辩护律师经证人或者其他有关单位和个人同意，可以向他们收集与本案有关的材料，也可以申请人民检察院、人民法院收集、调取证据，或者申请人民法院通知证人出庭作证。辩护律师经人民检察院或者人民法院许可，并且经被害人或者其近亲属、被害人提供的证人同意，可以向他们收集与本案有关的材料。

在我看来，律师调查取证有以下几个特点：

1. 律师的证据调查行为不具有法律强制性

公检法人员的调查取证以国家公权力为后盾，具有强制性。我国《刑事诉讼法》第五十四条第一款规定，人民法院、人民检察院和公安机关有权向有关单位和个人收集、调取证据。有关单位和个人应当如实提供证据。公检法"有权"取证与律师"可以"取证相比，被调查取证对象"应当"配合与律师的"须经同意"才能取证相比，有天壤之别。侦查人员拿着盖有公章的调查令，被调查的单位和个人就必须配合，否则会有不利后果。但是，律师的调查取证行为只是一种带有访问性质的活动，不具有强制性，甚至向被害人调查取证的，还需要取得法院或检察院的许可。因此，若得不到对方同意或许可，律师就无法顺利进行调查取证。同时，律师调查取证还可能存在风险，我国《刑法》第三百零六条规定的辩护人妨害作证罪，正像是悬挂在律师头上的一把达摩克利斯之剑，时刻束缚着律师调查取证的手脚。种种原因综合起来，导致了律师取证难的客观现象。

尽管如此，辩护律师的调查取证行为依然算是获得了授权，具有合法性。在符合规定的法律程序下，律师可以经过同意或许可向证人、被害人调查取证。被调查人若不同意，辩护律师依然可以向检察院、法院说明理由，请其收集、调取相关证据，或者申请法院通知证人出庭作证。

2. 侦查阶段的取证权和相对性

侦查阶段辩护人还没有机会阅卷，但有没有调查取证权？在这点上，法律没有像审查起诉阶段、审判阶段那样明确规定。我国《刑事诉讼法》第三十八条只规定，辩护律师在侦查期间可以为犯罪嫌疑人提供法律帮助，代理申诉、控告，申请变更强制措施；向侦查机关了解犯罪嫌疑人涉嫌的罪名和案件有关情况，提出意见等。

但从法律本意看，律师在侦查阶段是有取证权的。我国《刑事诉讼法》第四十二条规定，辩护人收集的有关犯罪嫌疑人不在犯罪现场、未达到刑事责任年龄、属于依法不负刑事责任的精神病人的证据，应当及时告知公安机关、人民检察院。"收集"就是调查取证，"及时告知公安机关"就是指侦查阶段及时告知。

那么，侦查阶段律师进行调查取证是否就可以完全放开手脚呢？我觉得还是跟审查起诉、审判阶段不太一样的，不然法律不会这样"遮遮掩掩"。侦查阶段，立法机关、司法机关还是担心律师的调查取证会影响公安机关的正常侦查活动，造成对侦查的干扰，所以并不鼓励律师的取证活动，但又不好直接否定律师的取证权，不然，律师从公司、家属那里拿到了无罪证据、不负刑事责任的证据，就不敢交给公安了，等着到法庭上出示就让他们尴尬了。可见，律师在侦查阶段的取证权是有的，但又是受局限的，有妨碍作证的法律风险。最佳方法，是在发现了有利于嫌疑人的证据后，根据证据种类的不同，区别处理。对于证人证言等言辞证据，可以作为线索申请公安机关进行核实和取证（坏处是侦查人员取证时一旦有威胁引诱，可能证人证明的事实就发生变化了）；对于书证、物证、电子数据等证据，可以直接取证，包括聘请公证部门、鉴定机构、网络证据保存机构协助取证。

另外，公安机关的调查取证是"广撒网"，收集一切与定罪量刑有关的证据，包括对嫌疑人有利或不利的证据。与此不同，律师的刑事调查取证行为则偏重对被告人有利证据的收集，这是因为，根据"维护当事人的合法权益"的法律职责与要求，律师进行证据调查时，必须着重收集能够证明犯罪嫌疑人、被告人无罪、罪轻或者减轻、免除其刑事责任的事实和理由，而不应当寻找和收集不利于犯罪嫌疑人、被告人的证据；否则，就混淆了律师的抗辩职责，使得律师充当"第二公诉人"角色，无法维护当事人的权益和法律的正确实施。在这个角度上，律师的专业性非常关键，高水平的专业素养可以避免错把对嫌疑人不利的证据当成有利证据进行收集并提交。

调查取证的证据种类

律师调查取证的对象，与诉讼法上的证据种类基本对应。

1. 物证书证

对于物证、书证等客观证据，除了委托人、当事人能直接提供的以外，需要其他部门、人员配合的，律师往往很难调取，而检法通常又不予支持。即使通过某些关系得到部分资料，如银行资料、税务资料、通话清单等，这些证据的来源合法性问题又会被质疑，难以成为刑事诉讼中有效的证据。解决办法只能是作为证据线索，不断地、强力地申请法庭予以有效取证。

2. 当事人陈述

当事人陈述是相对辩护律师而言的，对公检法而言则是供述。从广义上来说，当事人陈述也是律师调查取证的对象。在刑事案件中，辩护律师的每一次会见，实际上就是一次对当事人的调查取证行为。因此，律师在会见时要注意做好会见笔录，如实记录犯罪嫌疑人、被告人陈述内容，并请其对笔录内容签字确认，留作法庭举证之用。

3. 证人证言

刑诉法对辩护律师向证人取证问题做出了专门规定。律师经证人或者有关单位和个人同意，可以就案件相关问题向他们调查取证，也可以请证人出具书面证言。在如今刑事案件极少有证人出庭作证的情况下，律师直接向证人取证不失为一个重要的补充。取证时注意事项较多，后面将会谈到。

4. 现场勘查

律师可以根据被害人陈述、证人证言的矛盾性、虚假性，对案发地进行验证性的现场勘查。在哈尔滨一起涉恶案中，我们前往聚众斗殴行为的发生地，通过现场勘查发现，在证人所处的位置，根本不可能看到院外街上的情景，从而证明了证人证言的虚假性。

律师还可以针对公安机关的现场勘验、检查、辨认笔录等，进行反驳性的自行勘查，从到达现场的时间、行程路线、现场真实情况等角度，证明公安机关的笔录不具有客观性。

5. 鉴定意见

与侦查机关一样，律师也可以聘请有关鉴定单位对于案件涉及的专业问题进行鉴定、反向鉴定，即便有关鉴定单位不以鉴定意见形式而是以论证意见等形式出具文书，也是对法庭有较大影响的。如果加上专家证人出庭，对意见书进行说明，并与控方鉴定人当场进行抗辩，效果更佳。一般情况下，应当由所在律师事务所与鉴定单位签订合同并进行书面委托，尤其应当避免由当事人家属自行委托，否则可能影响证据的证明力。

6. 视听资料

与案件有关的照片、视频等，都可以成为视听资料证据，也可以由律师进行收集。近年来，这一证据类型在刑事案件中得到生动、广泛的应用。例如，在云南一起黑社会案件中，几位律师亲自走上街头，随机采访涉案区域群众，就被告人的社会危害性进行了调查，所拍摄的连续、完整、不间断的视频被作为视听资料证据提交给法庭，并当庭播放，取得了良好的效果。

对于公安机关的视听资料，律师同样可以进行反驳性的自行取证，从手机或电脑显示的到达现场的时间、行程路线、现场真实情况等角度，证明公安机关的视听资料不具有客观性。

7. 电子数据

电子数据是信息时代的证据之王，在大多数案件中均有出现，如电子邮件、微信聊天和转账记录等。在越来越多的网络犯罪中，电子数据已成为案件的核心证据,并在提取、审查等方面有严格的程序性规定和技术性要求。律师在电子数据提取、区块链存证等方面大有作为,可以借助技术部门及时取证。

调查取证的方法

律师依法具有调查取证权,但又存在着客观上的困难和法律上的风险,从而导致大多数刑事律师不愿意自行调查取证,只根据侦查机关移送的证据进行防守,这在一定程度上影响了辩护的效果。

律师要充分运用法律授权,勇于调查取证,同时注意防范风险。比如有的证人不可能出庭,但是其证言内容又非常重要,就只能由律师向其取证,无非是注意取证方法上的安全性。

例如,在向证人取证时,首先要注意始终不要与证人有任何提前联系,包括电话、见面等,更不能一起吃饭。取证时最好直接见面,或者通过短信联系,留下证据。同时,也要避免当事人家属和证人事先沟通,以防其教唆证人改变证言或作伪证。

在正式取证时,最好从一见面就开始录像或者录音。取证要由两名律师进行,出示证件和律师事务所证明,可以请一名无关的人员作为见证人在场,但是当事人或当事人亲友绝不能在场。调查过程中,不能涉及与案件无关的财物,避免诱导证人的嫌疑。最后,对于调查的内容应当如实制作调查笔录,并请证人核对后签字确认。

又如,在提取物证、书证时,要了解物证、物证的来源,确定其真实性。有条件的,要尽量提取原件;无法提取原件的,可以拍照、复制或者录像,并记录原件存放的地点和持有人的信息。

对于不适宜、不能调查取证的,也可以选择一些适当的变通方法。比如,向司法机关提供证据线索,申请检察院、法院依职权收集证据,律师也可以在场。另外,可以让委托人自行收集证据,律师不直接出面。比如请有关个人写情况说明,或者单位出具证明,等等。但是需要注意的是,这种形式取得的证据在证据来源、合法性和真实性方面并不完美,内容上也容易缺少针对性,证据效力可能大打折扣。

是否应当鼓励当事人学法律

这儿讲的当事人,是指刑事案件发生后,正处于侦查、审查起诉、审判阶段的犯罪嫌疑人、被告人;这儿讲的当事人学法律,也指的是当事人在这些诉讼阶段中学习法律。

刑辩律师在会见当事人时,往往会遇到当事人要求律师买法律书给送来学习,或者会听当事人说,自己已经拿到书籍开始学习刑法、刑诉法等,并用学到的知识同律师探讨,为自己辩护。那么,当事人在看守所开始学法律,用法律为自己辩护,这到底是不是一件好事?律师应当鼓励还是反对?

我认为,首先需要明确当事人学法是为了什么。如果是出事之前的平时学法,不管是什么目的,都应该鼓励。如果是被抓后开始突击学法,目的是反思、对照自己所为,进行反省,提高法治意识,用于指导自己今后的行为,回归法治,也应当鼓励。但实践中,我们遇到的多数补习法律知识的犯罪嫌疑人、被告人,目的仅仅是为了给自己辩解,给自己的行为找说法。可以说,这种情况下学法律,是一把双刃剑,我并不赞成这种功利性的学习。

之所以不鼓励当事人临时抱佛脚地学习法律,主要是从案件整体辩护效果出发,减少当事人因为对法律的一知半解和为自己辩解的迫切希望,而给辩护工作造成的负面影响。

一种常见情况是,当事人仅凭看几遍法条、读几本书,就认为掌握了法律乃至法理,会在与辩护律师的沟通中造成障碍和误解。法律绝不仅仅是落在纸面上的几句话这么简单,背后的逻辑才是其内核,实践运用才是其生命力。法学院的学生学了四年可能都还只停留在纸面上,需要长时间的实习才能真正初懂法律,当事人进看守所后短短几个月怎么就能掌握和熟练运用呢?所以,当事人一旦在这种状态下学习法律,经常会出现一个情形,就是专注于寻找对自己有利的法条,并且死抠,认为掌握了某个法条就掌握了出罪的法宝,不然要么就是律师有问题,要么就是公检法有问题。这会给辩护策略的制订与实施造成很大的障碍。

比如,有些案件的当事人在学习了刑诉法关于管辖的规定后,认为没有在其居住地、行为地的指定管辖错误,并坚持程序正义影响实体正义,坚持管辖错误就不能审理本案,要求律师不断提出管辖异议,仿佛改变了管辖就能改变案件结果。事实上,刑诉法虽然规定了管辖权归行为地或被告人居住地,但是司法解释正在不断扩张"行为地"的范围,很多与行为发生地、结果地的任一因素相关的地点,都可以成为管辖权的归属。另外,随着新刑诉法解释的出台,以"更为适宜"为理由,指定管辖在适用上变得更加普遍。因此,一方面,当事人所认为的管辖错误未必就真的是错误;另一方面,这种坚持可能对案件的影响微乎其微,比如有的案件是公安部、最高检、最高法先后指定管辖,甚至一审程序已经终结,再致力于提管辖异议,显然不会对案件结果产生影响,不如将精力放在其他根本程序违法或对定罪量刑有直接影响的实体问题上,集中火力，以实现最好的辩护效果。

另一种常见情况是，当事人虽然临时学习了法律知识，并生搬硬套地在讯问、审判中利用法律为自己辩解，不停地强调法律规定和自己行为的区别，反而让审讯者、裁判者觉得是诡辩，感觉当事人有试图滥用法律、规避责任的动机。与其如此，还不如当事人只负责说事实，不要讲法律；即便需要回答行为当时的思想认识，也只谈朴素的、真实的认识，甚至可以直接承认不懂法。千万不能因为在看守所里学了法律就"灵活"运用起来，大谈特谈什么非法证据、疑罪从无、排除合理怀疑、孤证不能定案之类的，给人的观感是被告人在利用法律，甚至挑衅法律，不免让人觉得他确实实施了犯罪行为，只是在为自己开脱。更重要的是，这样会导致当事人与辩护律师的角色冲突，二者的辩解很可能重复，而当事人先行的说法又是"夹生饭"，到了律师辩护时不太再好深入，效果就大打折扣了。

事实上，在刑事诉讼程序中，当事人和辩护律师应当各司其职、打好配合。当事人作为事件的亲身经历者，应当负责对事实进行如实陈述，对法庭所不了解、不掌握的细节进行阐述，这是事实辩护。辩护律师掌握了全部案卷材料和诉讼进程，可以从证据采信、法律适用等方面对该事实是否构成犯罪、构成什么犯罪、应当如何量刑等方面提出意见，这是法律辩护。所谓被告人自行辩护和律师辩护，其区别恰恰体现在这里，也是当事人需要寻求专业人员协助辩护的根由。因此，律师不可能在法庭上代替当事人陈述事实，回答法庭的讯问；当事人在开庭时也不能试图取代律师的角色，从事实到法律全盘为自己辩护。否则，就会导致庭审的效果是错位的，案件结果也自不待言。

比如，很多当事人在看守所学习法律后，就根据证据规则，在庭审质证中大谈作案工具遗失、直接目击证人不在场等等，根据疑罪从无原则，自己是无罪的。这种说辞给法庭的观感是，被告人可能从作案之前就具有充分的反侦查意识，做好了逃避法律追究的准备，才形成这么"完美"的证据局面。这不仅给律师的辩护造成了障碍，更重要的是直接影响了整体辩护效果。相反，如果当事人只谈案发当时的实际情况，仅对事实进行陈述，然后由律师运用法律，来对证据的薄弱处进行分析，从而将事实与法律互为印证，必然会取得更好的效果。

薄利多销还是精耕细作

刑辩律师因为经常跟热点案件打交道，比较引人注目，是司法圈子里热议不断的一个职业群体。过去刑辩界有这派那派之分，属于部分律师的自分或者他分之法，网上资料很多，在此不加以赘述。这里讨论一下跟门派无关的执业风格问题。这个问题之所以有探讨意义，不在于个人对哪一类风格的臧否，而在于帮助年轻人进行甄别和选择。

律师的风格可以体现在很多方面。在对案情分析方面，有粗犷型，也有细腻型；在专业对抗的方式上，有咄咄逼人型，也有温文尔雅型；在与当事人沟通上，有主动型，也有被动型；在作战力量上，有独来独往型，也有善于协作型；在辩护观点上，有面面俱到型，也有一招制敌型。应当说，每一种风格都有它的合理性，有其生存空间。

还有两种不同风格，就是在受案数量上，有喜欢多接案少收费的，我称之为"薄利多销型"；有少接案高收费、办精品案的，我称之为"精耕细作型"。本篇的主题，就是主要说说薄利多销和精细化辩护的问题。这个话题比较深沉，涉及面不像看起来那么简单。

首先，我们要注意到有很多律师，无论名气高低、执业长短、年龄大小，天天都非常辛勤地在外工作，除了会议等活动，主要忙碌的还是案件。这种忙碌有一个特点，就是手头上的案件永远不会少于几十个，每个案件都占据了一定时间精力，所以每个案件都只能匆匆而过，在会见次数、阅卷详细程度、思考深度、调查取证和与办案人员深入沟通交流等方面，下的功夫就不会多。经验多、水平高的律师，能一眼看出案件的症结所在，在开庭时尚可以铿锵有力地辩护，达到一剑封喉的效果。专业水平一般的律师，可能连焦点问题都没有看出来，或者看出来了也找不到有效对策，对案件细节又不熟悉，只能是像念八股文一样地发表一些言论，走个庭审过场。有时候，案件当地的公检法司人员赶到法庭，想在旁听席上见识一下大城市来的大律师的亮点，结果只能摇头而归，因为缺少案件事实和法律焦点问题的较量，只能在法理上、情理上泛泛而谈，就失去了专业对抗的可观摩性。

比较典型的例子是律师在刑事法律援助案件上的表现。对这个问题我曾专门做过调研。直到现在，我们在看守所里还能经常碰见一些法律援助律师，手里拿着好几份会见手续，在开庭前突击性地第一次会见被告人，一个上午能会见四五个人。法援有制度和财政上的具体困难，法援律师有热心善心和无奈，这里不细说了，单从案件数量和工作量上看，这是比较突出的薄利多销型，有不少律所主要依靠这个业务为生。但比较遗憾的是，有不少律师在对待社会委托的案件时，也采取了同样的处理手法，把辩护工作做得如同蜻蜓点水。委托人如果指望能经常性地跟律师见面沟通，那是比较困难的事情。至于看守所里的当事人，会见次数就更少，整个代理过程下来,能见个两三次,算是不错了。

为什么会出现这样的情况?根据我的观察,原因大致有四个。

第一种情况是出于青年律师的案源紧张,心理上撑不住,一二十天没有接手新案件,心里就发慌,慌了就干脆见了案件就收,多多益善,越忙越充实。时间一长,形成不好的循环,案件积累越来越多,办案也就变得囫囵吞枣。

第二种情况是出于律师的善意和自我心理平衡,故意为之。一些资历较深的专业律师,本身有一定知名度,案源较多,又不便拒绝朋友、同事之托,就接受委托。但因为认为刑事案件都具有不可预测性,多数情况下难以达到当事人的理想结果,为了从心理上没有负疚感,就在律师费上特别优惠。这样既不增加委托人负担,又能自己少花气力,两方面都讲得过去。时间一久,律师的价码也广为人知,就形成了固定风格,想改都不太好改。

第三种情况,是律师时间太少,不得已而为之。这种情况经常发生在一些有资历、有职务的律师身上,他们的时间有一半是用在开会上,或者用在去往各地开会的路上。开会主要是为了尽社会责任和行业责任,奉献为先,但确实也有扩大影响、增加案源的正常考虑。这种情况不太考虑"回头客",主要依靠不断产生的影响力以及新的朋友、粉丝合作,带来新的案源。

第四种情况,就是前文讲过的资源型律师,习惯了轻省的人情操作而不习惯于辛劳的专业辩护,案子不管有多少,都是功夫在案外,不会去研究那些让人眼花缭乱的证据材料,不会去琢磨让人头疼欲裂的法律适用。这一类情况,在这里就不加讨论了。

这样的风格对于老律师可能不好转变,对于年轻律师却要引起高度重视。商业领域里的薄利多销,大多是在商品质量降低,但又符合标准的前提下,通过降价减利扩大销量。律师服务产品跟商品不同,是没有明确固定的生产检测标准的。一个案件既可以会见两次,也可以会见十次;阅卷既可以浏览一次,也可以细看三次;判决结果可能是十年徒刑,也可能是三年缓刑。这种表面上看不出来的律师辩护作用,时间久了还是能像房屋质量、装修质量那样为人所洞察,无形的产品反映为有形的内心评价,最后归结于公道与人心,当事人能慢慢体会出来,身边介绍案件的朋友同事也能体会出来。

如果青年人从执业伊始就沉浸于海量的案件之中,因投入时间精力不足,带来的大概率结果就是粗制滥造的辩护,对当事人利益构成损害。对律师个人前途来说,也是有害无益,无论拼搏多少年,都无法成为让人高度认可的好律师。

近年来出现不少创新型律所,针对较为简易的某一类案件(如醉驾案、交通肇事案),运用人工智能技术和合理化的商业管理模式,把营销和后台运营作为重心,执业律师作为流水线的组成部分,只负责在前期加工资料的基础上出庭参与诉讼,每人每年的出庭次数可以达到几百次。这种新型的法律服务模式打破了过去传统的律师事务所运营机制,在成本控制、工作效率和盈利上都值得肯定,也给当事人带来了很大实惠。但更多刑事案件是需要个性化服务的,人工智能和流水线作业可以解决简易案件和速裁案件,这些案件结案快,具有共性的一面较多。但一方面,类似的分工方案解决不了更多个案殊异的一面,很难想象在一个历经侦查、审查、起诉和审判的普通程序案件中,有人专门负责跟委托人沟通、有人专门负责到看守所会见、有人专门负责收集材料和写作、有人专门负责出庭,他们之间如何沟通,又能寻找到什么样的辩护突破口,能取得什么样的辩护效果呢?另一方面,对于青年律师来说,如果从执业伊始就投身流水线作业的律所、团队，虽然一定程度上可能实现了对某类型案件、某个辩护阶段的相对熟稔，但在缺乏对案件的整体把控和对个案的充分主动思考的基础上，容易沦为彻头彻尾的"工具人"，久而久之便不再能找到当初选择律师行业的激情和愿景，也可能因过度分工而失去统筹、应变能力，从而丧失市场竞争力，不利于其职业的长远发展。

跟薄利多销型相反，也有很多律师选择了精耕细作的作业模式，崇尚精细化辩护风格。其精髓是，无论是在考察案件事实，还是在考量法律适用，以及与当事人和办案人员沟通等方面，均能做到细致入微。多会见几次当事人，详细了解当事人的辩解理由和依据，核对案件事实，对发现新线索至关重要；科学阅卷，重复阅卷，列表对比，能够找到程序瑕疵和证据缺陷；反复斟酌法律，换位思考控辩观点，能够在蓦然间闪耀智慧，穿透法律关系的迷雾；多和办案人员沟通交流，求同存异，有利于提高效率，抓住要害，避免无用功。

总之，每个环节都体现出深度的敬业精神，就必然有相应的惊喜收获。自然而然，这种模式的代价也是不菲的，在工作强度上，一个案件足以跟其他律师办理好几个案件等量，从而影响律师费收入。特别值得一提的是，案件周期的长短跟律师的付出程度成"正比"，律师越下功夫的案件，刑事诉讼程序越慢，因为律师的工作成果能引发司法人员的思考和重视，不会随意做出认定、裁决，而是反复研究、请示。所以案件周期常常是其他律师代理案件的好几倍，律师代理新案的"翻台率"也大大降低。

以接手一个马上开庭的案件为例。如果是普通的辩护，甚至是敷衍的经典"三段论式"辩护（没有前科劣迹、初犯、认罪态度好),法庭就会按部就班地开庭,然后宣判,一个月就结案了。如果投入较大时间精力寻找控方缺陷、收集新材料,及时提出调取证据和排非申请等,法庭就会注意到案件存在的问题,按照律师的合理申请召开庭前会议。第一次庭前会议解决不了的问题,在律师坚持下,还要开第二次、第三次。然后是商量正式开庭审理时间,案件审理速度改为慢节奏,还可能经常伴有延期审理、多次开庭、补充侦查,已经交完作业的侦查部门和审查起诉部门,重新开始穿插于案件审理之中,各方的专业较量可能持续半年、一年、两年以上。这就是为什么精耕细作的律师接手案件少,但工作负荷更大的原因。当然,在特例情况下,快速审判、快速结案对当事人更有利时,律师是另外一套工作方法,另当别论。

就像打造百年老店品牌一样,律师的精工细活能够获得客户的尊重,获得专业的成就感。因案件量减少而导致的收入减少是暂时的,千金难买的口碑却是恒久的,一旦形成良性循环,就能进入长远发展的轨道,也可能收获客户的加倍报偿。尤其是在出现前一个当事人介绍新一个当事人时,"回头客"一个又一个诞生了,律师的精细化辩护受到社会认可,个案收费也就自然而然地按照工作量提高,逐渐进入"高收费、少收案、做精品"的理想模式。

我刚做律师头几年,处于最初的学习锻炼期,面对的都是小案件、简单案件,每年能处理十几二十起,工作负荷不小。后来只做刑事辩护,面对的案件也越来越重大复杂,多数案件要历时半年到两年才能结案,为了保障案件品质,每年收案量减少至十个左右。再后来,从执业第十四五年的时候开始,接手的基本上是各地疑难大案,挑战性强,有不少案件仅仅是庭前会议,就要开上两三次,开庭审理时间从几天到几十天,每年案件数量在不知不觉中降到了五个以下，多了就无法承受，以保持精细辩护的本色。

前几年在河北有一个案件，我接受委托后，一直找不到有效的辩点，为此日思夜想、寝食不安，过了一段时间，才终于取得突破。案情大致是，被告人是一位由国有资产管理部门任命的供水公司董事长，供水公司有少量国家股份和大量个人股份，早些年为了分流人员，经公司董事会决定，由公司实物出资和董事长等三十多名职工个人现金出资，另外成立一家水业公司，注册资金50万元，主要承接供水公司的业务。案发前，水业公司注销，后检察院接到举报，查实水业公司在注销时隐匿了保留在其他单位的3000多万元资金，还有挪用数百万元的行为，遂以贪污罪、挪用公款罪等罪名起诉被告人和其他多名同案犯。当事人提供给我的辩解理由，主要是隐匿资金的事情他不知道，因为他不在水业公司管理层，不了解资金状况，也没有参加注销清算，现在的所有同案犯和不在案的公司人员都是在办案机关威逼下做了假证来指控他，所以律师要把这些假话戳破，就可以证明他的清白了。

我和石家庄的李永辉律师在介入案件后，发现只有这个被告人在押，其他几名被告人一直处于取保候审状态，而且这些同案犯和公司证人加起来有一二十人，均证实董事长参与了水业公司的财务管理，安排了隐匿资金事宜。我们通过当地律师了解到，同案犯都希望自己被判缓刑，不要被羁押，不可能配合我们做任何取证，开庭时也不太可能改变笔录上的既有说法。这样一来，当事人的思路就失去了价值，无论指控事实在历史上是否真实存在，这么多的证人证言都足以形成法院判定的法律事实。

我们先确立了董事长在水业公司是否属于国家工作人员身份、隐匿资金没有经过司法审计也没有被分配给个人等辩护思路，但总感觉有些不痛不痒，在职务犯罪这种特殊案件中，被法院采纳的概率不大。即便关于身份的观点被采纳了，也很可能从贪污改为职务侵占、从挪用公款改为挪用资金，3000多万元的金额在量刑上差不多，于事无补。

我们继续仔细阅卷和连续会见，寻找新途径。后来发现，卷宗材料里的水业公司工商注册材料只有一部分，不够齐全，于是立即去当地工商部门调取了全套的工商注册资料，拿回来继续分析。最后终于发现，供水公司虽然有董事会决议，但后来没有实际出资，工商登记的股东名单里只有三十多名职工个人。再去看守所会见当事人，询问真实的出资情况，当事人才回忆起来，供水公司准备用于实物出资的铁管，后来发现已经不符合水网管线的新标准，没有使用的价值了，只能做废铁处理，就没有按照计划入资水业公司了。水业公司的50万元注册资金，是董事长个人垫付的，再按照比例记载到三十多人名下，但直到公司注销，这三十多人也没有一人拿钱出资或者归还董事长垫付款。

从看守所回来后我继续思考，最终在一天深夜的似醒非醒、似睡非睡之间，明晰了辩护思路，即按照刑事司法解释，公司所有权应当根据谁出资谁享有的原则认定，水业公司的真正出资者和实际股东始终只有一人，就是被告人供水公司董事长。那么水业公司作为实质上的一人公司，既不是国有参股的供水公司的子公司，也不是多人投资的民营有限公司，不管董事长有无指控的行为，都不构成贪污罪或者职务侵占罪。我们把这个问题抛给法院后，合议庭非常重视，认为是最大的焦点问题，就让检察院多次补充取证，法官自己也去取证，后来断断续续开了三次庭，围绕的都是这个谁投资的事实和法律问题。一审判决下来，公司性质没有改变，但把认定金额给减少了一大半，量刑也是基础刑。之后到了二审，开庭审理还是主要围绕到底是谁投资的公司性质问题，至今仍未宣判。

算起来，这个案件从 2018 年 3 月进入法院一审时我接手，到现在已经四年了。当然，还有好几个更加典型的案例，包括某报社副总编常某涉嫌故意杀人、放火案，我从 2007 年接手，历经一审、二审、发回重审后宣告无罪把常某取保候审、检察院抗诉再二审，代理至今已经十四年多了，还是没有最后裁判。

总之，薄利多销或精耕细作，乍看上去只是律师执业风格上的不同选择，但内里却包含着具体而微的诸多差异。其一，从工作内容上看，精耕细作旨在反复咀嚼案件事实细节，透彻研究案件法律关系，花大量的时间和精力恨不得把案件翻一个底朝天，搜刮边边角角任何可能对当事人有利的信息，寻找最佳辩护点，让辩护摆脱流程化，与公检法进入更为实质性的对抗。其二，从发展周期讲，精耕细作属于垒雪球的类型，一开始费很大力气弯腰将小小的雪球滚起来，随着长年累月的积累，自然而然雪球就会越来越大、越滚越重；而薄利多销因其特性很难有积累的过程，也很难形成有口皆碑的协同效应，就像滚铁环一样，你不必弯腰费劲，但铁环也永远没机会变大。其三，从律师自身的成就感来说，也许有些案件无论是精耕细作还是薄利多销，都没有办法在辩点上有令人满意的突破，但一方面，努力思考、认真钻研的过程会带给人踏实而问心无愧的心理感受，另一方面，也许有时灵光一现的辩点可能推动整个案件进程，甚至影响到当事人的定罪、量刑，这种专业上的满足感和骄傲感，哪怕是零星偶尔的，亦足以抵消其他时间的纠结、彷徨或挫败感。

程序辩护辩什么

市面上有不少关于程序辩护的文章,论述的大多是具体操作方法,而非深究其中的原理。我认为,就程序辩护,有以下几点根本性的问题需要厘清,否则会在很大程度上影响辩护的效果。

程序辩护无处不在,伴随着辩护工作的全过程

很多人,包括年轻时候的我,认为程序辩护无足轻重,或者只是在开庭时才有意义。后来到了非法证据排除刚刚兴起的那几年,程序辩护兴起,大部分人又把程序辩护等同于排非。

但是,程序辩护显然不仅仅是非法证据排除。刑事诉讼法既然详细规定了诉讼程序,那么其中任何一个环节都对权利保障有意义,都可以作辩护之用。从接受委托、第一次会见开始,程序辩护就开始了。

例如,我国《刑事诉讼法》第三十九条明确了辩护律师的会见权,规定应当在四十八小时内安排会见,危害国家安全犯罪、恐怖

活动犯罪案件在侦查期间会见的，应当取得侦查机关的许可。但是，实务中存在许多违法限制律师会见的情况，如不安排律师会见被监视居住的犯罪嫌疑人、被告人，以涉嫌贿赂类犯罪为由要求获得侦查机关的许可，以设备损坏、办案单位提审等为由变相阻碍律师会见，等等。此时，律师开展辩护的第一道程序——会见就出现了障碍，辩护人必须要根据法律规定，通过口头阐述、向主管领导或部门反映、向有关单位投诉等方式，坚持要求看守所等单位保障律师的会见权。这可以说是程序辩护的第一步。

从会见开始，程序辩护工作将贯穿全程。在侦查阶段，辩护律师有权向办案人员了解案情，要求侦查机关告知提请逮捕时间和单位、告知侦查结束时间，有权申请面见审查批捕人员（"捕诉合一"改革后，一般是公诉人），申请检察院进行羁押必要性审查；在审查起诉阶段，辩护律师有权查阅卷宗，与公诉人交流意见、沟通观点、询问进展、申请调取证据等；直至审判阶段，辩护律师在法庭上可以提出回避或管辖异议，申请调取证据、证人出庭、重新鉴定，以及要求依法评判律师提供的证据、辩护意见，等等。

由此可见，程序辩护无处不在、贯穿全程，辩护律师要严格按照法律规定，维护律师和当事人的程序性权利。

程序辩护是实体辩护的必要基础

有些时候，律师可能出于不愿意跟公检法对抗的想法，认为程序上的问题不提也罢，反正最终还是要看实体辩护来定案。那么，程序辩护是不是可有可无的呢？当然不是。

比如，前文所说的看守所违法限制律师会见的情况，如果不努力争取，那么律师连基本的会见权都没法保障，如何向当事人了解案情？如何跟当事人做好沟通呢？尤其是，当事人在侦查阶段需要获得涉嫌犯罪罪名的指导和刑事诉讼程序的讲解，若会见权被剥夺，当事人甚至连笔录需要核实才能签字的权利都不知道。在这种情况下侦查终结的话，将直接影响到证据材料合法性、真实性以及之后的实体辩护。

又如，控方提出的证人证言系办案单位采用引诱、胁迫等非法方式取得的，而这份证言又对认定犯罪事实具有关键作用，若辩护律师不申请该证人出庭或法院不批准出庭申请，而该份证据被采信的话，哪里还有实体辩护的空间可言？

所以说，程序是实体的基石，程序正义是确保实体正义的基础。如果不进行程序辩护，正当程序得不到保障，那么实体辩护也就成了"无源之水"，只能产生"毒树之果"。

程序辩护要有正确的目标

话说回来，虽然程序正义甚为重要，但是对于律师而言，更需要明确辩护的根本目标是什么。概言之，程序正义是辩护策略，但不是辩护人的终极追求；最终追求的，仍然应当是实体上的结果。

尤其需要避免的是，为了打程序而打程序，全然不顾程序辩护的目的和价值，仅仅揪着某个无关紧要的程序瑕疵大费周章，既浪费了时间，又不会对案件结果产生任何影响。什么时候都不能忘了，争取程序性权利是要为实体辩护打好基础的。

比如，一旦违法限制会见的情况得到解决，那么律师就应当立即同当事人会见，了解基本情况，不必再向办案机关及其上级就会见程序违法、律师权利被妨碍等问题不断寻找说法，而要主动、真诚地与其交流案情，寻求对当事人有利的空间（如申请变更强制措施等），这样才能让对方听进去，并且对案件的实体进展有所帮助。

又如，作为程序辩护的重头戏，非法证据排除可以说举足轻重，若能通过该程序打掉非法证据，不失为辩护的成功之处。但是需要考虑的是，排掉的证据对于定罪量刑有无意义？重伤害案件中，造成重伤的行为和结果本身已然成立，有供述、被害人陈述、证人证言、鉴定意见等证据支持，即使能够通过排非程序排除掉关于事发原因的供述，印证了被害人有一定过错的观点，对量刑的影响也可能是微乎其微的，不会因此就判处三年以下有期徒刑，还不如把这个精力用在寻求被害人谅解等方面更有效果。巨大金额受贿案中，如果存在十多个受贿事实，通过排非程序排除其中两个受贿事实的供述，金额从250万元变成200万元，也依然不能改变量刑情节，还不如在与控审交流中，利用非法取证情节换取更多量刑优惠。

所以说，程序辩护并不是终极目标，而应当是实体辩护的手段。如上述举例，保障会见权是为了尽早了解案情、同办案单位沟通；提出排非也可以成为律师和检察机关、人民法院交涉的依据。当程序辩护对于实体辩护有作用时，律师应当坚持到底、捍卫程序；当程序辩护本身作用不大时，完全可以按兵不动，或者作为辩诉交易的筹码。

总而言之，辩护律师应当从案件整体效果出发，既要利用程序辩护，又要把握好抗辩和妥协的度。正所谓"不要忘了为什么而出发"，这也是我所倡导的"大辩护"之意义所在。

司法鉴定规则改革，路在何方

作为刑事诉讼法规定的八种法定证据类型之一，鉴定意见因其专门性、权威性、客观性，对解决讼争问题、查明案件事实、准确定罪量刑而言非常重要。但遗憾的是，即便是如此重要的证据类型，在证据规则上仍然存在很多问题，需要大力改革。

规则上的问题，可能与制度上的不健全有关。一方面，鉴定机构鱼龙混杂、良莠不齐。尽管司法部一直进行整顿、监督和抽查，清理了大量"四大类"以外的机构，全国鉴定机构的数量也从5000多家，到前几年4000多家，到目前为止还有2977家（司法部官网2021年9月26日数据），但治理力度仍然不够，鉴定机构的设立和退出机制还不是很完善，对鉴定机构、鉴定人资质的审查不够严格，导致司法鉴定规则在实践中落实得不尽如人意。另一方面，"鉴定腐败"问题仍然突出（可能是贪腐，也可能是人情鉴定），导致司法鉴定质量不尽如人意。实际上，鉴定腐败是司法腐败中非常严重的问题，金钱、人情、虚假鉴定引发群众强烈反映、巨大诉讼争议，针对司法鉴定机构的纠纷也越来越多，这会导致司法鉴定丧失其独立性、权威性。

就鉴定规则而言，司法鉴定的国家标准尚未完全建立，导致分析认定过程差异大、模糊地方多。同样的伤情，可能一个司法鉴定机构得出的鉴定结论是轻伤，另一个机构得出的结论是轻微伤，一字之差，就将影响故意伤害罪是否成立，不可谓不关键。尤其是在近几年的扫黑除恶案件中，每个案件都包含很多司法鉴定意见，相关证据规则制度不完善带来的问题愈发明显，更应引起高度重视。

鉴定程序启动权问题

司法鉴定程序的肇始，即鉴定程序的启动，存在规则不明确、不公正等方面的问题。

根据《司法鉴定程序通则》，司法鉴定机构应当统一受理办案机关的司法鉴定委托。因此，在刑事案件中，初次鉴定、重新鉴定、补充鉴定等，都完全取决于司法机关，律师和当事人无权启动，当然也拿不到办案机关掌握的鉴定材料（检材），鉴定机构自然也不会接受委托。这就导致嫌疑人、被告人是否可能不具有完全行为能力、是否造成轻伤结果等，都是由司法人员先行判断，再决定是否启动鉴定程序，事实上增加了一个"鉴定前的鉴定"，鉴定权紧紧握在司法机关手中，天然地导致了不公正。

从办案机关的角度而言，初次鉴定一般都是由侦查机关委托，但重新鉴定、补充鉴定等完全可以由检察院、法院委托，如果这样落实的话，或许还能在公检法之间形成制衡，促进公正鉴定。但实际情况是，大多数司法机关都不愿意给自己"找麻烦"，即便发现鉴定意见存在问题,也是通过补充侦查、延期审理等方式,把重新鉴定委托权放回给了公安机关,后者再去找自己系统里的同行,做出与初始鉴定同样的结论,这就形成了一个怪圈。

在我办理的一起山东德州涉恶案件中,尽管律师针对鉴定意见提交了申请,但法院既不按照申请通知控方鉴定人出庭,也不允许辩方的专家出庭,直到开庭后才让公安机关重新鉴定,结果可想而知,只能是照抄原始结论的"重复"鉴定。

那么,从辩方角度而言,如果不能启动鉴定程序,是否还有补救措施呢?办法也是有的。比如,辩方可以申请法庭通知鉴定人出庭接受质证,或者邀请有专门知识的人(专家证人如法医)出庭帮助说明意见,或者请专家证人出具专家咨询意见。但这些申请能否实现,完全取决于法庭的决定,多数时候法庭不同意辩方申请,导致这个微弱的补救措施也不能做到。

另外,即使法庭允许鉴定人、专家证人出庭,有时鉴定人、专家证人也不愿出庭。这是因为,司法鉴定的圈子很小,比如法医和公安人员都是一个学校毕业,甚至在一个大单位工作的,谁愿意得罪同行呢?我就经历过,当事人、律师、专家全都认为原鉴定有问题,但从北京、广州到南京,找了多名专家,没有一个愿意接手,不管是出庭,还是仅仅出具不同的书面意见,生怕得罪圈子里的人。这种资源不均等的问题,导致鉴定程序从一开始就失去了平衡。

鉴定主体选择权问题

既然司法鉴定是由办案机关委托,那么在鉴定主体的选择方面自然也不公正。

对比较简单的鉴定,如人体损伤程度鉴定,公安机关直接交给内部鉴定机构,立场自不待言;对相对复杂的,则由公安自己选择鉴定机构,并不会征求辩护人、当事人的意见。所以,哪个鉴定机构可以配合公安、满足其鉴定要求,公安就选择哪个机构,鉴定的中立性天然遭到破坏。

由谁选择鉴定主体重要吗?当然重要。鉴定机构本应是中立的,但如果仅由司法机关单方垄断业务权,鉴定机构的独立性难免大打折扣。一个现实的问题是,鉴定机构虽有公益属性,但仍然是营利机构,主要依靠本地公安司法机关承揽业务,肯定害怕得罪这些"甲方"。对鉴定机构而言,也许程序、结论错了都没关系,因为委托人基本上不会追究;但如果坚持原则,做出了与委托人期待的结论相反的鉴定,那就会得罪人,以后可能再也揽不到业务。在这样的利益驱动下,鉴定机构的中立性根本无法期待。

事实上,刑事案件完全可以参考民事案件,由双方当事人,也就是办案机关和辩方协商选择鉴定机构,存在单方利益或者无法协商一致的,采用随机方式选择。如此一来,既保障了律师、当事人与办案机关同等的诉讼权利,又能在一定程度上保障司法鉴定的中立、客观。这应当成为司法鉴定改革的一个方向。

鉴定意见的分析论证问题

除上述鉴定机构、鉴定人的中立性问题之外,鉴定意见本身也存在说理规则缺乏制裁性规定的问题。

实务中出现的大量鉴定意见，仅仅罗列了鉴定材料、鉴定对象、鉴定依据等基础内容，便匆匆得出了结论，根本没有怎么得出这一结论的具体分析和说理，简直充当了判决书的角色。对于这样的鉴定意见，当事人、辩护律师无法得知鉴定结论的原因与来源，更无法有针对性地进行反驳。对此提出异议的，法院又往往以不违反鉴定规则为由，不准许重新鉴定或者鉴定人出庭，直接作为定案依据。

鉴定意见既然是帮助解决诉讼涉及的专门性问题、帮助司法机关查明案件事实的证据，就应当客观、全面、毫无保留地展示其论证、分析的依据和逻辑，否则暂且不谈鉴定结论的中立性、客观性问题，仅仅根据一个结论，如何能使司法机关了解专门问题，进而查明事实呢？

对于裁判文书，最高人民法院尚且强调法院必须对证据采信、事实认定、罪与非罪的认定过程等进行阐明，不能不予回应地一概认可或不认可；那么是否也可以对鉴定意见做出同样的要求，即在鉴定规则中明确，不说理、不分析论证、不对辩方观点和证据做出具体详细评判的，鉴定意见不具有法律效力？

之所以应当做出如此明确的规定，是因为如果只有原则性要求没有制裁后果，就不可能产生实际效果，司法改革终将流于表面。作为专业人士，鉴定机构及鉴定人肯定知道应当对鉴定过程和结论进行说理；但恰恰是因为现实因素的制约，而不说理又没有任何不利后果，鉴定机构必然选择不说理，只给出委托人希望的结论即可。所以，有必要在鉴定规则中增加关于说理的制裁性规定，才能真正落实鉴定论证和分析，提高鉴定意见的权威性与公信力。

我们期待司法鉴定规则的大力改革，使其回归独立、客观、专业的本位。

如何在庭审中赢得主动权

目前律师在庭审中遇到的主要问题集中在辩护权没有得到充分保障,包括各类申请没有被批准、辩方证据没有被采信等程序权利,以及质证意见、辩护意见没有被采纳等实体权利。律师如何能够掌握主动权,有机会在法庭上表达得更充分,让各方诉讼参与人真正倾听并关注,让法庭重视并最后采纳辩护意见,就成为我们需要破解的难题。

我用四个关键词和三个过程来讲讲我的观点。

第一个关键词是"专业过硬"。专业过硬里包含对案件的基础事实和细节的扎实把握,对实体法、程序法的熟练运用,这样才能成为一个能与公诉人、审判长随时对话的人,知识水平、专业能力能够和他们相称的人,否则对方提出一个问题,无论是关于案件情节的,还是法律适用的,你回答不了,无法应对,就会很被动。如果案情不熟,法律不精,还在庭上抢话,还长篇累牍,文不对题,抓不住重点焦点,就容易被对方看不起,"权利"上也就得不到尊重了。所以专业过硬非常重要,是前提性基础。

第二个关键词是"交流为先"。法庭是各方正式亮相、角逐的场合，包含了律师与法官、公诉人、被害人的互动。但在进入法庭之前，律师的经验和态度实际上已经影响了后续的庭审氛围。检法都不愿意办错案，都不愿意因错案被追究责任，所以很多人都会把握住这一点，加以分析使用。遇到疑难案件、存在重大争议的案件，或者他们明知错了还被上级部门要求去办的案件，办案人员心理上是不稳定的，那么律师投诉也好，控告也好，向媒体透露也好，都可以要求追究他们的责任，让他们不要为错案背锅，勇于纠正。但在采取这些举动之前，我还是建议大家要先主动与检法交流，把观点、证据、工作计划都摆出来，坦诚交换看法，寻求各方都能接受的路线。即便交流效果一般，或者暂时没有结果，对于庭审也有积极作用，能使各方在心平气和的环境中理性审视律师的观点和要求。我们不要把新观点、新证据当作"杀手锏"，藏着掖着不说，搞突袭。突袭是所有人包括公诉人、法官都反感的，会打乱正常的诉讼节奏，浪费时间。而且突袭了也没啥明显效果，公诉人当庭反应不过来，还可以申请休庭，申请延期审理，找出充足的时间思考，甚至还可以让公安补充侦查。最后的结局就是各方情感交流不畅，专业对抗变成情感对立，法官也对律师"另眼相看"，不利于对辩护观点的吸纳。

第三个关键词是要"勇于坚持"。多数律师是在本地执业，心里会有顾虑，放不开，担心在庭前庭上对抗后会受制于人，不管是从本地关系处理上还是从事业发展、口碑上，会被当地公检法说得一无是处，被人家封杀等等，觉得到外地开庭就好办了。其实这里面有一种辩证关系，就是你靠着忍让、靠着给对方面子，而不是靠着你专业的抗争，是得不到尊重的，庭审中你的权利反而更容易被侵犯，意见更可能得不到重视。勇于坚持，时间久了在本地你就能树立起你的口碑。相关的经验分享我在前文中已有提及。

第四个关键词是"适度平衡"。本着抓大放小的原则，在事关定罪量刑的大事上要坚持，在不痛不痒的问题上要适度，不玩小技巧小聪明，也不宜抓住别人的小瑕疵、小毛病穷追不舍，要点到为止，见好就收，让大家都有台阶下，起到提醒、警示效果就行。庭审中不管是公诉人还是审判长，用错了程序、念错了法律、遗漏了材料、忽略了被告人权利，都应该及时提出和制止，该较真就较真，一旦达到纠正效果就适可而止，并继续表现出对法庭各方的尊重。这个度的把握是需要青年律师在执业中不断去摸索、尝试的。

我想分享的三个过程，一个是庭前准备，一个是庭审辩护，还有一个是庭后跟进。

先说庭前的准备工作。比如一个案子你是从一审阶段介入的，审查起诉阶段没有介入，那么你就要善于沟通，把你的观点，不管是无罪辩护的观点，还是罪轻辩护的观点，都要和公诉人主动联系一下，打个电话甚至约见面谈一下，不能认为只要精心准备法庭上的辩护就可以了。很多问题在庭前要和公诉人有效交流沟通，在庭前尽量达成较多共识，减少对抗，这个很重要。对法官也是要区别情况进行不同侧重的交流，搞清他是完全客观中立的，还是一定程度上戴着有色眼镜来看这个案子的，然后制订不同的交流策略。在开庭之前就要和法官进行有效的沟通，能说服的尽量说服，说服不了的也要在庭审中重点抓住他最搞不明白的那个点、最不认可的那个点加以强调。

这是庭前的交流，大家要树立主动的意识，通过庭前的准备让好多问题在法庭上变得更加突出，让庭审更加有效，能够让法庭集中时间、集中精力来对你认为的那个最核心的关键点展开调查。

庭前准备中最重要的一个环节是庭前会议。一般当律师提出需要开一个庭前会议时，多数情况下合议庭还是会同意的，目的就是为了保障庭审能够顺利进行。

庭前会议是一个各方亮底牌、谈条件的博弈过程，因为是闭门的、不开放的会议，很多话大家都可以敞开了去说，和公开的庭审是不一样的。会议上更多是证据交换、非法证据排除，是程序问题，但有的时候法官也会组织控辩双方进行观点交换，自己也顺便摸摸底，这就有点超出范围，实质化审理了。但是我们也要见机行事，不一定就一口回绝了，有些话在法庭上、正式的公开庭审中，是没法说的、不好说的，就要充分利用庭前会议来说。尤其是在一些重大敏感案件、一些控辩双方争议比较大的案件中，这是一个互相刺探对方心理、思路的机会，谈得好了有可能就在会议中完成了一些控辩双方的交易，甚至与法庭的交易，比如把部分非法证据给拿掉，把犯罪数额给减少。

但是永远要记住，这只是一个闭门会议，不是真实的庭审，哪怕再像庭审也不是真正的庭审，要注意其中的权利区别。比如说你的证人出庭申请被保留了，你的排非申请被法官否定了，那么正式开庭的时候就不能再提了吗？不是，还是要照样提。庭前会议只是大家的沟通而已，不是裁判，不要以为在庭前会议记录签字了，就必然发生法律效力了，刑诉法规定的庭审权利一个也不能少。

庭前会议也可以多次申请、多次召开。有时候开完一次，问题没有彻底解决，比方说申请调取侦查阶段的同步录音录像，但是只调取了一部分，关键的部分还没有调取，或者庭前会议上提出排非线索，需要等待公诉人核实，等等。这时就需要继续申请召开第二次庭前会议，把应该在庭前解决的问题解决掉。

有的案子刚到法院没多久，刚十来天，但受命于上级的指示，要快审快判，该怎么办？我们的准备工作还没做好，一些证据还没来得及调取，但法院就通知开庭了。这个时候，要尽可能沟通推迟开庭时间，实在沟通不了，那就在开庭时见机行事，把庭审进程给有效延缓。比如庭审中注意被告人的身体健康情况是否适合继续开庭，审判长是否应当回避，某个法定程序是否缺失，等等。

几年前我在太原开一个庭，正愁着如何延缓庭审呢，审判长在开庭前专门把我们律师和被告人叫到法庭旁边的小屋里聊，说被告人必须认罪，认罪的话就能轻判，但是又不说到底能轻判到什么程度；说如果不认罪，那就要从重判处。我就记下这一点，向法院提出回避申请，因为还没开庭呢，审判长怎么就要让我们认罪？明显有立场上的偏颇，完全无法公正审理案件。后来庭也不开了，过了很久才由新的审判长主持开庭。

再说庭审环节。庭审是大家最容易遇到困惑的一个场合，在庭审过程中，有来自方方面面的阻力，可能来自审判长不够尊重律师，或者至少在形式上没有充分地保障律师的辩护权；也可能来自于被害人，包括被害单位的诉讼代表人或者被害人本人；还可能是来自于同案被告人及其辩护律师，甚至是自己当事人的变化。

要想在庭审中保持主动权，先要解决审判长的问题。

审判长是指挥庭审活动的人，是应当有中立、客观立场的人，所以我们首先要把审判长当作一个盟友，把自己当作法官的助手，做好证据的梳理工作，把证据的门类，还有一些疑难、复杂的东西统计、分类、汇总起来，以最简洁明了的方式呈现给法官，让他能看明白。还要把复杂的法律条文、指导案例和参考案例，都尽可能提供给法官，让他能在审理中切中要害。当助手的过程，实际上就是一个传播你的观点的过程。

但审判长有时喜欢打断律师发言,这是非常普遍的问题。如何避免和应对呢?我们既要从审判长身上找原因,也要从自己身上找原因。我们要充分做好庭前准备,其中一个环节就是要做好发问提纲,这个发问提纲一定要列得很有必要,很有针对性,并且根据公诉人当庭讯问的情况及时做出调整,单刀直入,拾遗补阙,避免重复。最好提前告诉审判长大概有几个问题或者需要多长时间,让大家心里有数,保持期待性。如果你的问题想设置陷阱留给公诉人、做出对你当事人不利供述或证言的同案被告人或证人,可能这个时候会被审判长以与本案无关为由而打断,你也要有效应对,不能一打断就不问了,不能审判长认为无关就不解释了。比如,你可以说:"审判长,这个问题和本案有重要的关系,涉及定罪、量刑,请允许我继续发问。"实在不行,比如说法庭的氛围紧张,会导致冲突,就没必要一直坚持,可以先放着,在后面对相关证据发表质证意见的时候,还可以提出要求,说:"这个事实、情节涉及本证据的部分,其实跟我刚才那个发问有直接的关系,需要当事人做出有效的说明,现在请求补充发问。"这种情况下一般审判长也都会同意的。不要硬着来,要找机会,只要坚持不懈并灵活机动,总有机会能被你找到。

出示证据、质证的过程,也可以发挥律师的主导作用。你觉得不重要的问题,但公诉人念得很多、很详细,他觉得这些细枝末节能增加指控的感染力;但是对于我们觉得重要的问题,他可能就忽略过去,一组两组一块念,被告人也听不清、记不住,信息量太大。这怎么处理?我们就要立马提出来,按照庭前会议沟通的情况,哪些是焦点问题,需要一证一质,这就相当于你要来引导举证方式。但有时候也需要送人情，比方你可以说："本案中的书证是大量的合同，对于'三性'我们没有意见，可以成组出示，但是对于证人证言，特别是关于某个情节，有必要一证一质，这样可以节约庭审时间。"我们既要守住证据规则，也要让法官感觉到辩方的通情达理和大度体恤。

如果审判长觉得你发表质证意见太多了，通常会让你把证据是否合法、真实说一下就行了，更多的意见放到辩论环节。这个话也不要信，到辩论的时候他可能又会说，"你们简单说说观点，详细的意见提交书面的就可以了，我们会认真看"。所以这个权利不能往后面环节放，大多数证据可能没有合法性、真实性问题，但存在关联性问题，如果不说，就"三性"变成了"两性"，不合法了。所以发表质证意见必须完整，只是在表达的时候要先提到"三性"，把后面要说的意见用关联性这个帽子先给盖上，这样审判长就不好打断了。

还有一个问题很常见，律师发表质证意见后，审判长问公诉人是否有回应，公诉人回应后审判长就让继续举证。这不公平啊，公诉人等于发表两轮意见了，律师也应当发表两轮意见。我们要大胆提出来，这个时候审判长是不好拒绝的。此外，在回应的时候，不是仅仅说明一下观点就完了，还可以对公诉人的观点，包括他的证明目的、他的逻辑发表意见，这个叫质证辩论，是法律支持的。

然而适当的时候，在法庭秩序需要我们帮助维持的时候，我们应当放下对抗的姿态。比如说被告人，特别是一些重大敏感案件的被告人，在法庭上发言比较琐碎、重复或者情绪不稳定，审判长又引导和制止无效，庭审僵持，明显影响辩解效果的时候，我们律师可以主动请缨，请示审判长能否休庭两分钟，我们和当事人谈一谈,让他情绪平稳,让他言简意赅,挑重要的说,让庭审能够有序进行下去,也对各方有耐心听取被告人意见有利。如此,法庭也会觉得律师讲理、宽容、有大局观,是可以一起维护法庭秩序的朋友。所以我们在法庭上争取权益,一定要建立在讲情讲理的基础上,千万不能为了对抗而对抗。

在辩论的时候,可以提前预告一下大致时间,让大家心里有数。辩论时,该占上风就毫不客气,但也不要认为把公诉人驳得哑口无言效果就好,还是要抓大放小,点到为止,不怄气。法庭上即便到了辩论时,仍然和公诉人保持有效沟通、有效互动还是很重要的。

再说我们怎么对待各方诉讼参与人。

首先是公诉人。不论在庭前准备阶段还是庭审时候,我们需要尽量与公诉人达成一定程度的互敬互谅,发现控方有些不重要的瑕疵,点到为止;有些观点属于君子之争,尽量阐述清楚,不进行讥讽、嘲笑式的人身攻击;有些是程序上的硬伤,对案件有实质影响的,就要适当地加以利用。

比如前几年我代理某市长的案子,起诉书中发现了一处明显的错误,我在庭前会议指出这个错误后,公诉人不声不响又重新写了一份起诉书交给法院,但既不是变更,也不是补充,文号还是和之前一样的,所以我拒绝了法院让我换回起诉书的要求。公诉人对此很紧张,赶紧找我说怎么办?我说这事是小得不能再小的事儿,谁都可能犯这种错误,你放心,这不是实质性的错误,在法庭上我一个字都不会提的。公诉人特别感动。正式开庭时,对于我发表的意见和观点,该公诉人几乎不做任何回应,于是带队的第一公诉人急了,挺身而出,仓促应战,结果错误百出。所以争取公诉人默契的方法有很多种，不一定非得要短兵相接。

如果遇到不按常理出牌、不能理性指控的公诉人，我们就必须要严阵以待。我曾遇到过有的公诉人在几次提审中不是严格按照事实和法律进行审查，而是替侦查机关做工作，用虚假的承诺去逼迫当事人认罪，导致案件被错误地起诉到法院。在开庭时我看公诉人还拿"审查起诉阶段认罪"做支撑，就指出他的这个程序违法问题，公诉人立马就哑口无言了，因为职务犯罪案件提审是有录音录像的。后面他就基本能够回归理性，按规则讲法律、讲事实、讲证据，我也就不再提那个事情，过去就过去了，但是这个过程却展现了律师据理力争的姿态，具有象征性意义。所以说对抗一定要在有必要的情况下进行，对抗的代价一定是要对案件有利，如果没有利，纯粹吹毛求疵，显示挑错能力，不仅显示不出自己的专业水平，还会被对方轻视。不论在法庭内还是法庭外，我们不仅要以理服人，抓大放小，更要以胸怀去征服公诉人和合议庭。

对于同案的律师，也要有庭前的充分沟通，如此才能够在庭上做到相互配合，突出重点。2005年我曾在深圳代理了冠丰华集团陈毅锋涉黑案，庭审中同案的多个律师配合得很好，技术上软硬兼施，一个发言被打断了就另一个上，借用集体力量在庭审中赢得主动权。等到休庭时，审判长毫不避讳地当着公诉人的面、媒体记者的面就夸赞我们律师，说比公诉人厉害。由此也能够看出，律师在法庭上有理有据地辩护，抱成团辩护，即便有一些对抗色彩，即便是在影响较大的涉黑案中，也不会遭到合议庭的反对，合议庭也希望听到专业上的真正较量。从这个涉黑案之后，我就记住了辩护团队要团结，要配合，要一起勇敢作战。我的前同事徐平律师曾代理了一个诈骗案，案件共有八十多个辩护律师。在法庭辩论阶段，他征得所有辩护律师同意之后，就代表这八十多个辩护律师统一发表了第二轮辩护意见。此事虽然引起了一定争议，但我觉得这也不失为一个大家相互配合把握庭审节奏的好办法。

还有一些比较普遍的情况，为了给自己的当事人减轻罪责，律师之间互相攻击，这种做法我是不赞同的。想要澄清自己，有很多巧妙的、委婉的方法，比如直接说"我的当事人没有什么行为"就行了，不一定非得用攻击其他当事人的方式，说"这是某某被告人干的"。否则，只能是引发当事人之间的矛盾和冲突，在法庭上内讧，反而不利于查清案件事实，不利于自己的当事人。

对于被害人来说，有的案件是自然人作为被害人出庭或者委托了律师出庭，有的是被害单位派诉讼代表人出庭。我认为不管是在开庭之前，还是在整个庭审过程中，我们作为被告人的律师都需要向被害人表达真诚的同情和歉意——虽然被告人被指控的行为是他自己做的而不是律师做的，但我们有义务代为转达歉意。很多时候用这个方法，可以尽量减缓发表意见时对被害人的刺激，避免引起其强烈反感或者情绪激化。

同时，我们还要注意，在庭审中经常出现被害人和公诉人之间配合度不够的情况，他们本来是坐在一个桌旁，应该是一个立场、一个观点，但是在大多数时候实际情况并非如此。比如对于案件的定性，被害人认为是故意杀人，但公诉人认为是故意伤害，所以被害人对起诉书指控为故意伤害非常不满，另外在指控犯罪金额和量刑建议方面，他们双方也是有争议的，这些都是能在发言中展示出来的，我们律师要对此充分关注，并且要善于利用。如果能够把他们双方的争议点利用好，用被害人的观点去反驳公诉人，用公诉人的观点去反驳被害人，这就会让他们双方很难受，是我们赢得主动权的一个技巧。对于鉴定人、证人这类诉讼参与人，许多技巧和前面都是一样的，我就不赘述了。

最后是庭后的跟进工作。我们说如何在庭审中赢得主动权，是不是意味着开完庭所有工作就结束了？不是，很多情况下还有必要再制造下一次庭审，有必要跟进尚未解决的问题，包括部分事实没有查清、关键证人没有出庭、录音录像掐头去尾等等。这些问题在庭审后仍然需要律师去努力，需要我们继续寻找更多的理由，继续写相关申请，继续主动调查取证，继续向有关部门反映，争取再开第二次庭、第三次庭，把遗留的重要问题给弥补上。只要能够再次开庭，就意味着有了能影响定罪量刑的新事实或新证据，案件可能就有了转机。

有效辩护的实务标准

有效辩护理论始于美国，是判断刑事法律服务最低限度的普遍标准。只有做到有效辩护，才能在程序上保证平等司法的实现，遏制公权力对人权的侵犯，在实体上防止出现冤假错案，维护法律的正确适用。在开篇中，我提到大辩护与有效辩护的区别，提出"有效辩护是必须做到的基本职责，是单纯的法律范围内的辩护、法庭内的尽职辩护"的观点。本篇中，我将从全面的庭前准备、称职的法庭辩护以及死刑案件的辩护标准三个方面，从实务的角度谈谈有效辩护。

全面的庭前准备

对案件的全面准备是有效辩护的基础。律师辩护绝不是即兴演讲，辩护工作离不开大量的案情调查和对控方证据及意见的深入了解等内容。不管多么有经验的律师，如果缺乏充分的准备，他也无法提出充分的辩护理由，并为被告人赢得较轻的刑罚。

全面的庭前准备至少包括以下几个方面的内容：

1. 及时充分的会见

当事人的会见权在所有诉讼权利中尤为重要，尤其是处于羁押状态的犯罪嫌疑人、被告人，律师不仅是他了解外界的唯一窗口，和律师的会见还能够增强其对司法公正的信赖感。

为了迅速了解案件事实，获取有价值的证明线索，了解当事人对于案件的思想观点，律师接受委托后应在第一时间及时会见犯罪嫌疑人、被告人。一审案件中，会见次数一般不能低于三次。第一次会见可以在阅卷前，也可以在阅卷之后，两者各有利弊。前者可以避免先入为主，会见后根据当事人辩解和提供的线索，再有针对性地阅卷；后者可以提高效率，与当事人迅速深入地交流案情和观点。第二次会见应该安排在开庭之前几日内，以了解当事人有无最新的要求和观点，确定最后的辩护方向和具体思路，磨合与当事人关于案件事实、辩护观点等方面的一致性，帮助当事人熟悉庭审程序。第三次会见应安排在一审判决之后，作为回访性会见，了解当事人对于判决结果的态度，是否上诉等等。对于案情复杂或者有较多调查取证、较多事实核对以及观点交流等需求的，则在开庭前应多安排几次会见，不断与当事人沟通相关事宜。

除了次数上的要求，充分的会见还要求每次会见都要做到有效的交流，对于案件事实了解透彻，对于法律适用详尽解释，对于辩护思路耐心讲解，力求双方对辩护方向和策略的统一。要制作会见笔录，对当事人所讲的事实、线索、观点、要求等予以记录。关于会见的内容，可以参照中华全国律师协会制定的《律师办理刑事案件规范》第三节中的相关指引。

2. 全面仔细的阅卷

我国刑事诉讼中的案卷，主要是侦查机关制作的证明犯罪嫌疑人、被告人涉嫌犯罪，意在追究其刑事责任的文书材料。有时也包括公诉机关自行调查的部分证据材料。在辩护律师的调查取证权受到极大限制的大背景下，阅卷是辩护律师获取案件信息的最重要方式。案卷不仅有助于辩护律师了解控方手中掌握的不利于被告人的证据，而且也有助于获得有利于被告人的证据线索。只有在审前对案卷材料进行全面审阅，才能在审判中对控方提出的证据进行有效质证。否则，庭审质证就会流于形式。

律师在复制卷宗材料时应保证案卷的准确性、完整性，即便在当时认为没有价值的卷宗材料，也要复制回来加以研究，可能不经意间突然发现它的重要作用。阅卷时应针对起诉书或起诉意见书指控的罪名、依据的事实，全面阅读案卷材料，找出案件的症结，并制作详细的阅卷笔录，对有利于当事人的证据予以统计和列明。一些复杂的案件卷宗往往很多，在需要的时候只依靠记忆很难迅速查找，更有必要制作阅卷笔录。具体阅卷方式前文有专篇讲述。

在多数案件中，律师基于案件事实只能做量刑辩护。律师可以通过阅卷掌握案件的基本事实，并从中发现各种法定的和酌定的从轻、减轻量刑情节。一般来说，法定量刑情节会引起法庭的高度重视，对量刑裁决有着很大的影响。其中，刑法总则中所确立的从轻、减轻、免除处罚的情节主要有未成年人犯罪、精神病人犯罪、聋哑盲人犯罪、正当防卫、紧急避险、预备犯、未遂犯、中止犯、从犯、胁从犯、自首、立功等情节，而刑法分则中则确立了更多的从轻、减轻、免除处罚情节。这些关键的量刑情节，有时会被公诉方忽略，如果律师不在阅卷、调查中发现，就可能无法进入法庭视野。酌定量刑情节则属于法律和司法解释尚未确立的量刑情节，法院在是否采纳以及采纳后是否做出从轻处罚方面享有较大的自由裁量权。从刑事司法实践的经验来看，常见的酌定从轻量刑情节主要有如实供述犯罪事实、自愿认罪、退赃退赔、积极赔偿被害人、取得被害人或其近亲属谅解、被害人存在过错或者对矛盾激化负有责任、被告人的近亲属协助抓获被告人、被告人平常表现良好、被告人属于偶犯或激情犯、社会公众强烈请求法院从轻发落，等等。

另外，根据刑事诉讼法规定，自案件移送审查起诉之日起，律师可以向犯罪嫌疑人、被告人核实有关证据。这意味着不仅辩护律师有阅卷权，犯罪嫌疑人、被告人也有阅卷权。律师应当在自己阅卷的基础上，把具有专业性、技术性的内容或者需要辨认、核实的证据材料在会见时向被告人出示，由被告人进行确认、辨别或者解释，以便律师更准确地把握案卷材料的内容和性质。

3. 及时有效的调查

针对案件具体情况，经过会见和阅卷，发现证据有遗漏、有矛盾的，应当进行必要、及时、有效的调查取证。必要是指准备调取的证据对于证明案件事实确有帮助，在罪名是否成立、从轻减轻量刑上有一定的证明作用；及时是指应当在尽可能短的时间内迅速开展调查工作，防止证人失联、证据发生变化或灭失；有效是指调查取证要遵循法定的程序和形式，调查取证结果能够符合证据的关联性、可采性要求。对于自行调查困难的，应当以书面申请的方式依法申请人民法院依职权调查。

律师调查取证的对象，与诉讼法上的证据种类基本对应，具体内容可参阅前文。本篇针对实务中较为重要的三个方面展开叙述。

一是对证人进行调查。对证人进行调查可以帮助检验已知事实的准确性，获取新的事实或者线索。为了做到有效辩护，在对证人进行调查时，辩护律师应在被委托后，通过会见当事人、阅卷、向近亲属或者当事人所在单位了解等方式确认所有潜在的证人，并快速对可以寻找到的证人进行询问。询问需要不少于两名律师到场，并进行客观真实的书面记录，由证人核实后签字确认。调查笔录应当载明调查人、被调查人、记录人姓名，调查的时间、地点；笔录内容应当有律师身份的介绍、被调查人的基本情况、律师对证人作证的要求、作伪证或隐匿罪证要负法律责任的说明以及被调查事项的基本情况等。对需要出庭作证的证人，应及时向法院申请，由法院通知证人到庭。

二是调取物证书证。对当事人及其亲属、证人保管的物证书证，应当及时调取并提交法院，调取和提交时应注明证据来源和提取人姓名。需要到有关部门如市场监管、国土、建设、卫生、档案管理或银行等调取的，应持有关手续到有关单位调取。调取物证书证时应注意尽量调取原件，不能调取原件的，应当附有证据证明，如拍照、录像或由有关部门盖章确认与原件一致等。难以调取的，作为证据线索，应不断地、强力地申请法庭予以有效取证。

三是围绕当事人进行调查。在刑罚幅度问题上，除了要考虑被告人犯罪行为的社会危害性外，还应考虑被告人的人身危险性。因此，刑辩律师的调查不应仅限于对犯罪行为的调查，也应围绕当事人进行调查，以搜集反驳当事人人身危险性的控方证据，以及证明当事人人身危险性较轻或者根本没有人身危险性的证据。律师应视案件需要在开庭前对被告人进行充分的社会调查，以收集那些旨在证明被告人犯罪原因、有无前科、平常表现、社会评价、家庭环境、学校教育等的证据材料；在死刑案件中，对当事人人身危险性证据的调查更为重要。另外，针对可能判处管制、缓刑的案件，根据"两高三部"《关于规范量刑程序若干问题的意见》，律师还可以在不同阶段主动向侦查机关、检察院或法院提出申请，请求他们委托社区矫正机构对当事人进行社会调查评估。

4. 科学谨慎的专业鉴定

随着社会分工的细化、科学技术的进步以及科技在刑事侦查中的大量运用，在司法实践中，辩护律师不得不面对很多专业性、技术性的问题，不得不面对一些艰涩难懂的鉴定结论。在很多情况下，这些专业性、技术性的问题以及鉴定结论，不仅影响对当事人的量刑，甚至有时还影响犯罪是否成立。对于案件中那些专业性、技术性的问题，辩护律师应向专家请教，并结合我国现行的司法鉴定制度，既可以在必要时申请司法鉴定或重新鉴定，也可以自行委托社会机构进行鉴定，还可以申请专家证人出庭作证。就鉴定意见目前实务中亟待解决的重要问题，前文已有详述。下文将主要从比较法的角度考察我国司法鉴定制度的一隅。

无论是大陆法系国家还是英美法系国家，在司法鉴定制度中都存在一些普适性的价值观念。从本源上分析，专家证人模式与司法鉴定模式的差异仅仅是工具价值上的差异而非制度理念上的区分，即两种模式并非针锋相对，而是殊途同归。纯粹的专家证人模式或司法鉴定模式都有其制度运行难以克服的缺陷。英美法系、大陆法系在实践中都不约而同地通过借鉴和吸收对方的积极因素来解决这一难题。例如美国和英国等英美法系国家，近年来通过加强对鉴定程序的控制和监督来克服专家证人制度所带来的诉讼效率过低的问题；而大陆法系的代表国家德国和法国，也纷纷赋予控辩双方当事人一定的鉴定权利来参与到鉴定程序之中。这些改革的尝试在不同程度上减少了传统鉴定模式所带来的弊端。

我国在 1996 年的刑事诉讼改革中，已经做出了类似尝试，即在保障原有大陆法系职权主义诉讼模式的前提下，适当地引入了英美法系的对抗机制，在庭审中注重控辩双方的交叉询问制度。在 2012 年《刑事诉讼法》修改中，同样遵循了这样的思路，改变了过去只能申请鉴定或重新鉴定、只能由鉴定人出庭作证的规定，在保留原制度的同时，引入了专家证人制度，明确规定辩护人"可以申请法庭通知有专门知识的人出庭，就鉴定人作出的鉴定意见提出意见"。在这样的制度背景下，辩护律师如果对鉴定意见有疑问，可以充分利用好法律赋予的权利，申请法庭通知对当事人一方有利的专家证人出庭作证，质疑控方的鉴定意见。

5. 充分协商的辩护策略

在全面调查以及研究相关法律的基础上，辩护律师应当形成可供选择的辩护思路，并在与当事人协商的基础上形成最终的辩护思路以及具体的辩护策略。司法实践中，由于法律知识的欠缺或资讯的匮乏，绝大多数被告人没有能力独立做出辩护方向的决定，往往需要求助于专业律师的帮助。为此，辩护律师应当与当事人充分交流，客观分析案情，提供可供选择的不同辩护方案。在有需要时，辩护律师可以按照刑诉法关于"可以向犯罪嫌疑人、被告人核实有关证据"的规定，把复制的案卷材料以及律师自行调查的证据材料展示给被告人，听取被告人对其中具有专业性特征或者需要确认的材料的意见，以弥补律师对部分证据材料认识的不足。如果当事人的意见过于脱离案情实际，可能带来不利的判决结果，律师应当基于当事人的利益进行必要和耐心的说服规劝。对于不合法的、违背律师职业伦理的要求，律师可以在解释后断然拒绝。但若少数当事人在听取解释后仍然坚持己见，在无法达成一致意见的情况下，律师可以选择主动退出代理关系。

6. 庭前会议的积极参与

为了提高庭审效率，保证庭审顺利进行，我国《刑事诉讼法》第一百八十七条第二款规定："在开庭以前，审判人员可以召集公诉人、当事人和辩护人、诉讼代理人，对回避、出庭证人名单、非法证据排除等与审判相关的问题，了解情况，听取意见。"最高法也于 2017 年颁布了《人民法院办理刑事案件庭前会议规程（试行）》，作为推进以审判为中心的刑事诉讼制度改革"三项规程"之一，细化、落实了刑诉法规定的庭前会议制度。庭前会议制度的确立和逐渐完善，为辩护律师提供了更多有效辩护的机会。辩护律师应当积极参加庭前会议，甚至可以通过书面形式主动建议法官召集庭前会议，对可能引起控辩双方激烈冲突或者需要引起法庭提前重视的程序性问题，在开庭前通过沟通和协商解决，以取得法庭最大限度的理解和支持。其最大的好处，在于与法官建立有效的沟通和信任关系，避免开庭后突然提出回避、证人出庭、非法证据排除等申请，使法庭在毫无准备的情况下难下决断，影响诉讼的顺利进行，甚至影响法庭的判断，最终拒绝辩护律师的合理要求。

称职的法庭辩护

在现代社会,被告人受无罪推定的保护,控方承担证明被告人有罪的责任。在庭审中,辩护律师的首要任务是对控方证据和主张进行实质性审查。在庭审中,辩护律师承担着两个不同但又经常交织的角色。一个角色是控方案件的监督者,这一角色的主要任务是确保判决建立在充分的、可采的证据之上。作为控方案件的监督者,辩护律师要运用排除证据动议、交叉询问等手段减少控方提交不利于被告人的证据或者降低不利证据的证明力。律师的另一角色是被告人的辩护者,这一角色的主要任务是对控方主张提出合理怀疑,或者提出一个与控方相竞争的事实主张。通过履行这两个角色,辩护律师便可以达到对案件进行实质性审查的目的。如果控方案件无法经受住辩护律师如此严密的审查,那么被告人便可以被无罪释放。

质证,特别是对控方证人的质证是庭审辩护的重中之重,律师在庭审中应当高度重视质证权利的运用。美国联邦最高法院在 1970 年的达顿诉埃文斯案(Dutton v. Evans, 400 U.S. 74, 89)中指出:"对质的主要目的在于确保发现案件真实。对质使质问者能够揭露证人在知觉、记忆、表达能力方面的缺陷以及证人在真诚方面存在的问题。"充分利用好质证权,有利于保护被追诉方的辩护权,揭露控方证言中的虚假或不实之处,从而帮助法庭查清事实,实现审判的公平与正义。然而在我国,《刑事诉讼法》虽然规定了"证人证言必须在法庭上经过公诉人、被害人和被告人、辩护人双方质证并且查实以后，才能作为定案的根据"，但并未明确将质证作为被追诉方的法定诉讼权利之一。直到 2020 年 12 月，最高法颁布的《关于适用〈中华人民共和国刑事诉讼法〉的解释》第二百二十条明确规定"分案审理不得影响当事人质证权等诉讼权利的行使"，才在一定程度上承认了当事人质证权属于其诉讼权利的一部分。有鉴于此，律师更应该抓住每一个质证的机会，在熟悉掌握案情的基础上，充分利用交叉询问方式，在质证中寻找证言中的破绽和矛盾，有效削弱控方证据。

对控诉方的出庭证人，辩护律师应注意从以下方面进行质证：证人与案件事实的关系；证人与被告人、被害人的关系；证言与其他证据的关系；证言的内容及其来源；证人感知案件事实时的环境、条件和精神状态；证人的感知力、记忆力和表达力；证人作证是否受到外界的干扰或影响；证人的年龄以及生理上、精神上是否有缺陷；证言前后是否矛盾。辩护律师应综合以上方面，对证人证言的可信性及时发表意见并阐明理由，如有异议，应与控方展开辩论。对于公诉机关提出让证人名单以外的证人出庭出证的，辩护律师有权建议法庭不予采信或要求法庭延期审理。

对出庭的鉴定人和鉴定结论，应注意从以下方面质证：鉴定人与案件的关系；鉴定人与被告人、被害人的关系；鉴定人的资格；鉴定人是否受到外界的干扰和影响；鉴定的依据和材料；鉴定的设备和方法；鉴定结论与其他证据的关系；鉴定结论是否有科学依据。

对控诉方出示的物证书证，应注意从以下方面质证：物证书证的真伪；书证是否原件；物证书证与本案的联系；物证书证与其他证据的联系；物证书证要证明的问题；取得物证书证的程序是否合法。公诉方出示证据目录以外的物证书证的,辩护律师有权建议法庭不予采信或要求法庭延期审理。

如果控方案件经受住了辩护律师的审查,那么辩护律师还应提出对被告人有利的证据、事实以及法律主张,以最大限度地减轻被告人的刑罚。如果犯罪事实无可辩驳,那么辩护的重点则相应移转至量刑,包括但不限于量刑情节、刑种及刑期。为了论证被告人罪行较轻,辩护律师应紧紧围绕犯罪行为对被害人、社区、社会造成的危害性,被告人的人身危险性以及被害人的过错等,通过翔实的证据证明对被告人应减轻或免予处罚。在符合缓刑条件的情况下,辩护律师还应积极协调有关部门或者社区,努力为被告人的缓刑创造社会条件。

总体上,律师的辩护发言应观点明确、论据充分、论证有力、逻辑严谨、用词准确、语言简洁。辩护意见应针对控诉方的指控,从事实是否清楚、证据是否确实充分、适用法律是否准确无误、诉讼程序是否合法等不同方面进行分析论证,并提出关于案件定罪量刑的意见和理由。

为当事人做无罪辩护,应主要从以下方面进行:其一,控诉方指控的证据不足,不能认定当事人有罪。其二,控诉方或辩护方提供的证据,能证明属于下述情况,依据法律应当认定当事人无罪:当事人行为情节显著轻微,危害不大,不认为是犯罪的;当事人行为系合法行为的;当事人没有实施控诉方指控的犯罪行为的;其他依法认定当事人无罪的情况。

为当事人做有罪辩护,应着重从案件定性和对当事人从轻、减轻或者免予处罚等方面进行。此时的重点是量刑辩护。在我国,量刑辩护是一种较为崭新的辩护形态,律师界对这一辩护形态尚未给予应有的重视，加上原有的法庭审理程序没有给予律师充分的量刑辩护空间，结果造成这一辩护形态的不发达。为促使律师为被告人提供有效的量刑辩护，在缺乏外部评判标准的情况下，经验丰富的律师应当以身作则，向青年律师做出良好示范，规范自身量刑辩护行为，使之成为有效辩护的重要组成部分。

量刑辩护作为一种独立的辩护形态，其基本目标在于说服法院接受辩护方有关从轻、减轻、免予刑事处罚的意见。要达到这一效果，辩护律师在庭审阶段至少应做出以下防御工作：向法庭提出所有有利于被告人的量刑情节，并对公诉方提出的不利于被告人的量刑情节加以反驳和辩论；针对可能出现的量刑建议做出必要的辩驳，同时向法庭明确提出本方量刑意见及对此的必要论证；对法院判决书所作的不适当量刑裁决提出上诉，争取通过继续说服上级法院争取更有利于被告人的量刑裁决。

从 2016 年开始，认罪认罚从宽制度试点工作在全国展开；2018 年修改的《刑事诉讼法》新增条款，"犯罪嫌疑人、被告人自愿如实供述自己的罪行，承认指控的犯罪事实，愿意接受处罚的，可以依法从宽处理"；"两高三部"《关于适用认罪认罚从宽制度的指导意见》也于 2019 年起施行。我国在司法实务中逐步探索并确立的认罪认罚从宽制度，是律师在新形势下为当事人做有罪辩护、量刑辩护的重要途径。实践中各地对认罪认罚从宽制度在细节上存在较为差异化的规定，因此律师在当事人选择适用认罪认罚从宽制度时，应仔细研究案件管辖当地的制度细节，向当事人提示认罪认罚从宽制度适用的法律后果，并制订行之有效的辩护策略，避免出现当事人认罪认罚后反而无法得到适当量刑裁决的情况。

死刑案件的辩护标准

被追诉人有权获得律师辩护是现代法治国家宪法人权保障不可或缺的内容，而给予面临死刑判决的人更多的律师辩护保障是联合国刑事司法准则的基本要求，亦成为保留死刑国家死刑司法实践的普遍做法。死刑是最严厉的刑罚，为面临死刑判决的人提供更多的辩护权保障体现了国家对生命权的尊重，是一个国家法治文明进步的重要标志。在刑事辩护中，案件的复杂严重程度不同，刑事辩护的质量标准也应当有所差异。在所有刑事案件中，死刑案件因为可能会发生剥夺被告人生命的最严重判决，因而其辩护的质量标准也理所当然应该最高。如果说其他案件可以适用同一个质量标准的话，对于可能判处被告人死刑的案件，则应当设立更为严格的更高质量标准。某些时期，人们普遍认为只要面临死刑追诉的人得到了律师的帮助就已经符合了程序正义的要求，至于帮助是否有效在所不问。这种情况下，我们应遵循法治国家的规律，在已经解决死刑案件"有律师辩护"的形式正义的前提下，致力于追求有效辩护的实质正义，为死刑案件的法律帮助设立明确的高质量标准，以实现法治的实质正义，确保国家死刑刑罚权的谦抑性和准确性。

为了确保死刑案件中律师有效辩护的实现，美国律师协会于1989年制定并通过了《死刑案件辩护律师的指派与职责纲要》，2003年2月又进行了修订。该纲要第1.1之A条规定："本纲要的目标旨在提出一个死刑案件辩护的全国标准，以保证给所有面临可能被任何司法机构判处或执行死刑的人进行高质量的法律代理。"

该纲要的适用范围涵盖自委托人被拘留至任一司法机关有权处理死刑案件的所有阶段，包括最初的和持续的调查、审前程序、审判、宣告、有疑问的复核、宽恕程序以及任何相关诉讼。它要求为死刑案件被告人辩护的律师应该显示出为死刑案件提供热情的辩护以及高质量法律代理的理念，满足死刑案件为被告人辩护所必须接受的培训要求。它全面规定了律师接受委托或指定后，应该提供的有效辩护。对死刑辩护质量的评价方面，它规定了死刑案件中有效律师帮助的立场，并列举了律师尽职的最低标准，如律师应当为当事人利益全力以赴并保持热忱，帮助当事人了解案件重要进展，并就重要决策与其商议，等等。它要求在案件进行的任何阶段，对于所有在合理预期中可能对案件有实质影响的事务，律师应与委托人进行持续的沟通对话；律师在每一个阶段有义务对有关罪行与刑罚的问题进行深入的、独立的调查。

我国在死刑案件律师辩护中，也应当确立辩护律师的准入资质，并制定最低的辩护标准，为死刑案件提供比普通案件更高质量的法律服务。应当针对死刑辩护的特点，对律师在各诉讼阶段的职责加以明确规定，为律师开展执业活动与被告人评价辩护行为提供参考的尺度。此外，死刑案件量刑阶段的辩护质量尤其应当得到关注。在我国死刑案件审理中，法官将对被告人的人身危险性进行个别化考察以决定是否适用死刑，被告人的心理和社会经历、情感和心理健康对于形成判决结果是至关重要的，因此需要律师通过具有专业知识的人向法官展示被告人背景经历以及被告人的情绪和精神问题。在我国尚未建立由社会工作者对死刑案件被告人情况进行调查制度的情况下，辩护律师应当收集和出示被告人的社会记录和医疗记录，包括教育经历、工作和培训经历、家庭和社会经历、成年前和青少年时期的矫正经历、宗教和文化影响,结合个案情况与我国死刑政策,说服法官不应当判处被告人死刑。

死刑案件中,量刑辩护尤其重要。与一般案件不同,如果对死刑案件尤其是处于二审或死刑复核阶段的死刑案件只做无罪辩护,则很可能丧失量刑辩护的机会,给被告人带来被剥夺生命的危险。由陈瑞华教授作为主要起草人、山东省律师协会于 2010 年 6 月发布的《山东省律师协会死刑案件辩护指导意见(试行)》,是我国第一部专门针对死刑案件设立的最低辩护工作标准。其中,对应当进行量刑辩护的情况做了重点强调和详细规定,比较切合我国的实际司法状况。我在参考该意见的基础上,认为我国律师对死刑案件的辩护,除了应当做到前述普通案件的有效辩护标准外,还应当符合以下标准:

第一,会见。辩护律师应当详细询问当事人的基本情况,重点了解当事人是否已满十八周岁以及实施犯罪时是否已达到法定刑事责任年龄;当事人实施多起犯罪行为的,在实施每个犯罪行为时的年龄;当事人是妇女的,其是否怀孕以及在刑事诉讼期间是否有人工流产或自然流产的情况,等等。律师还应当向当事人告知自首、积极赔偿被害人或其家属以及退赃的法律意义。

第二,阅卷。辩护律师应当审查当事人供述、被害人陈述、证人证言等言辞证据的变化过程及矛盾之处;审查各个证据之间是否存在矛盾以及矛盾能否得到合理解释。在形成辩护思路后,律师应有针对性地重新阅卷,以发现对当事人有利的证据线索及情节。

第三,调查取证。辩护律师发现当事人及其近亲属有协助侦破案件、调查证据等行为的,应当及时收集并固定相关证据,或申请人民法院调取。当事人及其近亲属积极赔偿、安抚被害人一方而取得谅解的,辩护律师应当劝说被害人一方签署和解协议。对于收集的有关被告人无罪、从轻、减轻处罚的所有证据材料，辩护律师应当及时向法院提交。

第四，法庭辩护。开庭前辩护律师与当事人应尽量达成一致的辩护意见。除明显可以做无罪辩护或应当做无罪辩护的情形外，应重点考虑量刑辩护。对于当事人实施犯罪时的年龄是否已满十八周岁无法查证的，在审判时怀孕或者在羁押期间流产的，应当向法庭提出不得适用死刑的辩护意见；对于因恋爱、婚姻家庭、邻里纠纷等民间矛盾激化以及因劳动纠纷、管理失当等原因引发的刑事案件，存在犯意引诱、双套引诱、数量引诱的毒品犯罪案件，应当提出不适用死刑立即执行的辩护意见；对当事人具有法定从轻、减轻处罚情节或酌定从轻情节的，应当根据具体情况，提出不适用死刑或减轻处罚的意见。

辩护律师应当制作一份有利于当事人的量刑意见书，提交法院作为从轻、减轻量刑的依据。量刑意见应主要围绕当事人的家庭情况、教育状况、成长经历、一贯表现、犯罪原因、悔罪表现、被害人有无过错及过错程度、被害人有无谅解、犯罪行为对被害人造成的影响、社会对当事人的评价等问题进行。

在死刑复核期间，辩护律师应当更加特别注重量刑辩护。律师应当向合议庭提交书面辩护意见。发现有新的或遗漏的法定或酌定从轻、减轻、免除处罚情节的，应及时形成书面材料向最高人民法院提供，并申请最高人民法院调查核实。

有效辩护也许可以被拆分为多个阶段的工作，且存在不一而足的评判标准，但一以贯之的，便是律师清晰策略的方向感、不卑不亢的正义感，以及最重要的，对当事人不遗余力的责任感。

辩护中的心理战

一切社会活动，都以心理分析为基础。生活中我们能见到的利用心理攻防的例子不胜枚举，常见的如饥饿销售、空城计故事之类。合理利用心理活动支配社会活动的原理在于，决策是由心理来影响和决定的，心理上自信甚至恃才傲物的人，其行事风格常常会不受或少受拘束；相反，心理上保守或设防的人，行为表现就是小心谨慎。心理学的运用体现在生活工作的各个方面，我们不需要去刻意学习心理学，只需要反观内心、将心比心。

辩护中的心理战也是，当你找准了命门，让对方感觉可能面临不能承受的压力或责任时，对方就会做出相应的调整。心理上的博弈决定了之后的思维方向和抗辩方法，但博弈的前提永远是立足于专业，立足于精细化辩护。刑辩律师在办理案件的过程中，如果能够学会并善于分析、利用各方心理，则会提高解决问题的综合素质，更容易在博弈中获得成功。

俗话说，知彼知己，百战不殆。要先了解对方，包括对方的职务职责、性格特点以及所忌惮的事情，才能搭建心理战的基础。

在辩护过程中，根据具体案内案外情况，常常可以归纳出公诉人或法官在办案心态上可能存在的下述三类情形：

一是通过先期介入或后期沟通，形成诉讼联盟，前后阶段的办案人相互配合、共同进退。

对于重大复杂案件，检察院是可以提前介入案件的，指导公安机关收集证据、侦办案件，法官也是经常被请到一起讨论案情的。由于立功心切，容易出现疏漏而没能及时发现和补救。前面的程序完结后，案件被移送、分配到了后面阶段的办案人手里，如此前后阶段的办案人就形成了利益同盟。这种情况在"捕诉合一"后，出现的概率更大。公诉人因为提前介入侦查，到了审查批捕环节已经多少有了先入为主的主观意识，就比较轻易地批准了逮捕。但是，随着证据材料的增多和律师的介入，到审查起诉时，可能才发现在事实认定和法律适用上出现了问题。法官也一样，在开庭时可能才发现案件不是被公安机关引导的那样，比如非法证据较多、证据链断裂等等。这会导致办案人处理案件时非常被动，但又不愿意正视前面的错误或瑕疵，怕影响成绩考核，影响已经在联席会议时发表意见的权威性，只好回避律师提出的问题，故意掩饰、坚持错误或者强词夺理，寄希望于把错误的行为或处理方式继续坚持下去，不被领导发现，不被批评处罚。

二是对于交办案件，要么不听律师意见，要么悉数向上级转达意见，自己不出独立意见，也不行使独立权力。

现在交办案件满天飞，专案组比比皆是。司法机关平时的办案压力本来就很大，有的办案人只希望能够尽快完成交办任务，并不愿意发挥主观能动性去追究公平正义，反正任何重大决策都需要汇报，需要领导决策，自己动脑子花功夫没有必要。对于这种情况，办案人会觉得律师提出各类申请、意见和新证据就是找麻烦，不仅需要自己去思考、研究、甄别，还需要层层汇报，耗时费力，影响结案时间。但是正是由于这类办案人不愿或不敢自己决策，如果律师真的坚持，他就会担心因为他没有如实汇报转达而导致案件出现问题，反而会把律师意见及时转达给上级。

在职务犯罪案件中，因为监察委的强势地位，公诉人和法官都不愿意像对公安机关那样要求补充材料、重新鉴定、办案人员出庭，更增加了内部沟通难度，也增加了接纳律师意见的难度。

当然，即便不是交办的案件，也常有人担心给自己带来潜在风险。比如对于应当做出不起诉的案件，公诉人因为怕将来有不可预料的"倒查"带来说不清的责任，就不拿不起诉的意见了。对于认罪认罚案件，公诉人怕过于从轻的量刑带来非议，只提出幅度刑或者没有明显从轻的确定刑。

三是对案件有正确认识和判断但又不便于自行表达意见的办案人，对于律师的抗辩意见，表面上态度消极，实则内心接受，积极促成。

随着科班出身、法律底蕴较好的司法人员增多，以及终身责任制和类似教育整顿活动的严厉化，相当一部分办案人员能准确识别出案件性质，找到案件是否成立的焦点，并有意将案件正确处理。但有些时候，办案人受岗位、职级限制，受内部立场猜疑限制，不便直接向上级或者强势的监察委提出自己的不同意见，只能借律师之口来婉转表达，借律师对辩护权利的坚持而走合理的程序。在变相支持律师意见时，实际是希望案件得到公正处理，也希望自己不为错案背黑锅。

总结了上述三种心态，我们再针对性地寻求博弈的方法。

对于第一种心态，要设法打破联盟，分而治之，以追究前者责任来影响后者,以后者可能被追究责任来影响其心理。对于侦查阶段、调查阶段有明显程序错误,有刑讯逼供、炮制假证据、私扣物品不入账甚至向家属索要好处的,要坚决举报控告,举报的级别越高越好,动静越大越好,以补救程序错误,排除非法证据,纠正办案方向,并以此震慑联盟中的后者,让正在办案的后者尽快与违法的前者进行切割,避免被连带。一般来说,检法都是比较重视程序合法性的,能够辨别是非,不会对带有硬伤的非法问题视而不见,留下隐患。但一旦遇到雷打不动的错误监守者,就要针对其个人开展责任追究程序,在控告举报中不提办案机关,只提个人,从而促其权衡利弊,回到法律轨道上来,谁让他是应当承担责任的承办者呢?

几年前我在山东遇到过一个公诉人,每次找其交流她都替公安辩护半天,说案子不会错的。我说:"这个敲诈勒索案,稀里糊涂就批捕了,快起诉到法院了,公安连被害单位的材料都没有收集到,万一哪天被害单位给律师出具材料说是自愿给钱的,没有被敲诈,你作为责任人怎么办?"公诉人说公诉案件谁都可以举报,有举报人就行了,不需要被害人。我看多次交流也没法讲理,只好往上级部门反映该检察院不负责任。但再次见面时,公诉人说即使反映了也不行,这案子是一把手检察长直接给她交办的,反映了最后还是她处理。我就第二次反映,这次只告这位公诉人,说她不懂法律搞错案件了还打着检察长旗号蒙人。不久,她说不要告她了,上级检察院过问了,马上就做出不起诉决定。

有的时候,侦控审联盟的力量确实较大,甚至夹杂对当事人家属和律师的威胁强制,一时难以突破,那就要在心理上比强度,意志上比韧性,通过持续不懈的抗辩,一点一点往前推进。即便一审他们坚持错误，也要相信必有未来，把二审继续当成一审打，直到压倒对方的最后那根稻草出现。

　　对于第二种不敢独立行使检察权、审判权的心态，我们要加以理解，多沟通、多坚持，促其一方面能全面客观地向上级反映我们的诉求，另一方面能自己理清案情和思路，形成观点，不然连汇报时都说不清律师的观点和依据，也说不出自己的主张。在涉黑涉恶案件和职务犯罪案件中，有时公诉人、法官答复我们，说案子不由其做主，对律师的意见没办法处理之类。我们就要晓之以理，让其分清内部无权决定与法律上外在的个人责任之间的关系，并不断地用书面文件形式提交申请和意见，请其及时汇报上去。类似事情，不宜只进行口头交流，而要注重书面材料的运用，既能留下痕迹，也能方便承办人汇报转交。有时，在开庭时间上，法院按照上级统一安排，直接确定了日期，然后通知律师必须参加。这个时候，如果开庭条件不成熟，很多问题还需要庭前解决，或者开庭时间与律师冲突，那么只电话交涉是很难有效果的，因为这不是承办法官能说了算的。那就需要向法院邮寄一份正式的书面延期开庭申请，说清理由或者附上时间冲突证明材料，法官大多都会往上汇报，争取变更时间，不愿在这种小事上涉嫌侵犯律师辩护权。

　　对于应当不起诉而不敢做决定的，律师可以配合公诉人，及时给检察长写信或者向上级检察机关反映该案情况，要求做出不起诉处理，减轻公诉人压力。对于认罪认罚案件，律师在罪名和量刑上沟通协商困难的，可以不再交涉，与当事人沟通后进行无罪抗辩或者罪轻辩护，在审判阶段取得上风后，再重新与公诉人寻求协商谈判机会。

　　对于第三种心态，我们要积极"迎合"，善于使用宝贵机会，在多沟通的基础上及时地、坚定地提出意见，说服检察官、法官坚守程序正义和实体正确，并为其抵挡上级干预提供方便，包括前述的对违法行为举报、控告、反映，以及多提交书面材料等。在开庭时，要敏锐观察各方思想动向，把控方和法官关注的"点"抓住不放，直到搞清楚说明白能够被接纳为止。对于控方以势压人的，要用多种方式给法官撑腰，让法官在心理上倾向于我们一边。对法官有公正之心，又有畏难情绪的，要灵活机动地适当予以刺激、鼓励。

在江苏一个职务犯罪案件中，针对法官的正直与犹豫并存的心态，我就让被告人在庭审时重点强调被非法取证的一个情节，即办案人员为了压服当事人，使其彻底"配合"，在提审时说过"不要指望法院能帮你申冤，法官在我们面前就是××，得听我们的"，云云。我趁热打铁，当庭要求调取和播放这一段同步录音录像，虽然控方不愿拿出录像，但效果已至，法官态度变得坚定，最后迫使公诉人在征得上级同意后，口头变更起诉内容，把指控金额拿掉了三分之二。

实践中，在以上大类下，还有很多很多需要分析和较量的具体心理情形，包括司法人员的阅历、年龄、性别、家庭状况、仕途状况也会给其办案带来各种影响，先入为主、敷衍了事、从严从重的心理等。这都需要我们在应对中调查研究，深入剖析，洞察对方心理，并努力寻求到对应的有效解决方案。

大股东抛售套现会否构成利用信息优势操纵证券市场

近年来，在证券领域中，操纵证券市场、内幕交易行为一直都是持续的打击重点。特别是2021年5月发生私募大佬叶飞举报上市公司事件以来，"伪市值管理"一词频繁出现，成为操纵证券市场、内幕交易的代名词，引发了更大强度的行政监管和刑事追诉，成为社会关注的焦点。

本篇讲一种与市值管理有关的操纵证券市场中的特殊情形——利用信息优势操纵证券市场。

根据我国《刑法》第一百八十二条和"两高"2019年6月28日公布的《关于办理操纵证券、期货市场刑事案件适用法律若干问题的解释》，目前入罪的操纵证券市场行为有九种。这九种里，绝大多数都比较容易理解和适用，像利用资金优势操纵、自买自卖、蛊惑交易操纵、抢帽子交易操纵、重大事件操纵、虚假申报操纵等。其中最难以琢磨的，是利用信息优势操纵证券市场。

什么是"利用信息优势操纵"？上述司法解释是这么说的，"通过控制发行人、上市公司信息的生成或者控制信息披露的内容、时点、节奏，误导投资者作出投资决策，影响证券交易价格或者证券交易量，并进行相关交易或者谋取相关利益"。翻译成大白话就是，上市公司或者大股东发布了真实的信息，这些信息误导了股民，影响了股票价格，大股东恰好又套现了，可能就触犯了操纵证券市场罪。

很多人看不懂这条，包括做市值管理的人，也包括我自己，一直为如何理解这个条文而头疼。披露的信息除了要求真实，对内容还得怎么控制呢？披露的时点、节奏又怎么控制好才算合适呢？如果就是连续碰上了好几个应该及时披露的利好消息，不披露违规，披露了导致股票上涨，是否属于"误导"股民呢？

这个司法解释出台前几年，还没有人能说清什么是利用信息优势操纵证券市场行为，也没有任何案例，直到 2017 年"股神"徐某及十三家上市公司系列案陆续判决，为后来的司法解释提前做了诠释。

在徐某系列案中，我从头至尾代理了"套现大王"徐某江案件，下面来看看一个优秀企业家在市值管理后是如何被认定操纵市场，以及"利用信息优势"是如何先有判例，后有司法解释的。

徐某江是一位七十多岁的老人，善于经商，业绩突出，曾当选过两届全国人大代表，其主导的文峰集团是一家以商贸业、酒店业、汽车服务业、房地产开发和产业投资为发展主体的综合型企业，连续多年名列中国民营企业五百强。

文峰集团的主要资产在文峰股份，文峰股份于 2011 年上市。从现在网上能查到的"个股日历"可以发现，文峰经营业绩比较优秀，每季度、每年的净利润较为可观，并连续分红。但奇怪的是，几年下来，文峰股价一直在发行价上下徘徊，每股只有 3、4 元，处于破发边缘，与文峰在地域经济中的龙头地位很不匹配，严重制约了公司发展。而同期的很多同类型上市公司，其业绩远不如文峰，股价却是文峰的好几倍。

这让经商二十余年的徐某江和文峰管理层很困惑，但他们只懂商业，不懂金融，也不懂证券市场。到了 2014 年 5 月，国务院颁布《关于进一步促进资本市场健康发展的若干意见》，明确提出"鼓励上市公司建立市值管理制度"，市值管理概念大热。文峰管理层经向多名专家咨询后，把目光投向了市值管理。

徐某江和管理层开始对外寻找合作伙伴，希望通过引入精通市值管理的战略投资者，改善目前的平庸局面。但忙乎了大半年，谈了本地的几批意向者，都因为各种原因而搁浅。到了 2014 年年底，集团转让旗下的房地产经纪公司时，宁波"股神"徐某出现了，徐某江便抓住机会，同徐某一番深谈后，确立了战略合作关系。

2014 年 12 月下旬，文峰股份停牌一日，发布公告，文峰集团与自然人郑某（徐某之母，代表"泽熙系"）、陆某（文峰职工，实际为文峰集团代持）签署协议，将其持有的公司 2.2 亿无限售流通股转让给二人，每人 1.1 亿股。文峰集团减持后，仍为公司第一大股东，徐某江持有文峰集团 40％股权，仍为公司实际控制人。

徐某和文峰管理层同时约定，徐某除了投资，还负责提供市值管理意见。对于该部分报酬，约定在陆某半年解禁期满后，如果减持则由徐某接盘，减持股数为 1.1 亿股，减持底价是 14 元，超过 14 元部分由徐某和陆某五五分成。因文峰集团不缺现金流，没有减持计划，当时双方也未谈及文峰集团的减持问题。

第一次公告后，因为引入了著名的投资人，有了"泽熙系"概念，文峰股价有了一些改善，但升幅并不太大。之后，徐某提出了一些提升市值的建议，包括吸纳新医学、高科技等，但文峰限于条件未能采纳。

2015年2月底,文峰股份发布《2014年年度报告》,披露向全体股东每10股转增15股派现金红利3.6元的利润分配预案,同时披露与郑某签署股权转让协议和过户登记事项的信息。2015年4月初,文峰股份发布《2014年年度利润分配及公积金转增股本实施公告》。这两次信息,一是建立在年度经营业绩和利润是历年最好的基础上,二是高送转等方案既采纳了徐某的部分建议,也参考了当时同类型公司公布的方案,属于普遍的做法,转赠幅度居中。

这两次公告后,文峰股价从接近4元逐渐攀升,到3月底已经翻了将近两番,到4月中旬达到最高值21元。后来判决中认定这是人为操纵的结果,但实际上还真不是徐某的功劳,也不是总共三次公告的信息优势所致,而是主要由于2015年上半年碰上了罕见的牛市,从3月到6月中旬,股市大盘就是这样疯狂。

2015年上半年,整个股票市场处于牛市阶段,上市公司减持现象十分普遍,沪市深市近1300家上市公司大股东及高管减持股票市值近5000亿元,约相当于2014年全年减持金额2512亿元的2倍,成为史上最大规模减持潮。

到了4月,面对股价飙涨和市场上大股东们套现的诱惑,原本没有减持想法的文峰管理层,在副董事长多次提议下,也临时决定减持股票,把套现的钱放在文峰集团,用于培育新的项目。对这个决策过程,证据显示徐某并不知情,文峰集团等到四五月份具体操作减持的时候,才告诉第二大股东徐某。

文峰集团通过几次操作,一共减持了25%股份,套现67亿元。与徐某约定分利的由陆某代持的那1.1亿股,还没到解禁期,反而没有抛售。

6月中旬后，股市开始暴跌，文峰的股价也一落千丈。不久，徐某被抓。又不久，徐某江和其他十几家上市公司实控人被采取强制措施。

对徐某和其他公司老板的指控，这里就不讲了，有很多公开资料可查。单就对徐某江的指控来看，其没有利用资金操纵（对别人有无操纵并不知情），也没有发布过虚假信息，唯一的过错就是发布了三次信息，并在发布后高位套现。

这儿再划一下重点：文峰发布的信息，一是内容没有任何虚假，且与公司业绩相符；二是生成过程是自然的，没有什么刻意的痕迹；三是发布时间均符合证监会规定，且在该时间必须依法披露。

那么，按说徐某江是不构成犯罪的，我当时也准备做无罪辩护。但徐某江受到各方压力太大，其他十多家公司的被告人也都认罪了，故要求我做罪轻辩护。其实我们都清楚，不管做什么辩护，都会定罪，时局使然。就像起诉书中说徐某江是为了减持股票才引入徐某，没有任何证据，以及指控所有这些老板是个人犯罪，事实上全是单位犯罪，有理没理的反正判决书都照搬了。

最后，徐某江被判缓刑（其他十多个老板也都是缓刑），没收违法所得34亿元，罚金12亿元。尴尬的是，按照个人犯罪没收的这些钱都是文峰集团的，并不是徐某江的。

经此一灾，文峰集团被打得七零八落，昔日一起奋战的小股东纷纷退出，徐某江为了缴纳个人巨额罚金，也只能在黯然神伤中把亲手经营了二十多年的集团拱手让出，另觅他路。

现在，回到本篇一开始提出的问题上来，正常发布信息，正常套现，会不会涉嫌犯罪呢？答案是，很可能。

从 2016 年年初接触徐某江案件开始,到一审、二审,再到帮助申诉,我多次向青岛市中院、山东省高院和最高法的法官们请教,在法律上没有只言片语的情况下,如何认定利用信息优势的操纵,如何把它与合法的市值管理、信息披露和套现区分开?结果,没有哪个法官说得清楚,只解答了两个信息,一是案子不是他们决定,二是司法解释正在研究中,山东省也正在借助徐某系列案,协助最高法起草司法解释。

后来我就一直等啊等,盼着司法解释早些出来,想着到时候一对照,徐某江的案子肯定不符合犯罪构成,申诉就能成功了。

直到 2019 年 7 月司法解释终于出台,我才明白自己想得太单纯。根据判例做出来的解释,怎么可能推翻判例本身呢?

从解释条文看,前面的大部分规制是没有意义的,因为任何上市公司的重大信息生成、披露的内容、时点、节奏,都是由大股东控制的;至于是否误导了投资者,是否影响了交易价格或交易量,又是不可预测、不可控制的。谁知道对于一个真实的利好消息,股民是激动还是冷淡呢?激动了是否就属于被误导呢?

条文的关键在于最后一句话,"并进行相关交易或者谋取相关利益的"。"相关交易"就是指自己买卖股票,"相关利益"就是指市值管理者通过分成等方式获取佣金等。

这样,从逻辑上分析,就比较简单了。就是市值管理当然是要正面影响证券交易价格和交易量,市值管理也自然包括生成信息、发布信息等行为,这些都没关系,但大股东、高管不能在股价上涨后套现;非要套现也没关系,但要保证套现后股价短期内不能跌回去。如果套现后不久股价又跌回去了,自己已获利了,那就是误导股民,就是操纵。

听起来有以结果论犯罪的嫌疑，属于典型的客观归罪。但这个解读应该是准确的，大股东和市值管理者要加倍谨慎。

安全的做法是，如果一不小心股价上涨了，不能急于抛售，而是要么稳定股价，让它降一降，要么任凭它涨上几个月，在高位上稳定了再说。一旦耐不住性子，就有了"割韭菜"的嫌疑，股价随时可能受大盘因素、意外因素影响而下跌，你就是要被调查的利用信息优势操纵者了，因为你之前肯定参与过信息的制订和发布。

无意中惹上了内幕交易罪

这些年我代理了不少涉嫌内幕交易罪案件，有的在侦查阶段就辩护成功，取保放人，有的则历尽艰辛，判决时才争取到缓刑。总结起来，这些案件都不是必然发生的，很大程度上与当事人大大咧咧，平时不注意法律规定有关。而有的案件发生后，又与是否选择了正确的辩护策略有关。

案例一：不注意与"知情人员"的关系

西安某男士刚要与妻子去台湾探亲，在海关被拦了下来，他们两人都被边控了。经过询问，得知是北京某公安部门正在立案侦查公安部转下来的一批内幕交易案件，其中就有这对夫妻。好在案件刚刚批转到办案单位，还没有对他俩采取强制措施。

我接受委托后，先按照程序到办案单位递交手续，了解案情。事情很简单，该男士最近炒了一个不该炒的股，就是杭州某"中国电视剧第一股"。不该炒的原因，是他妻子任高管的西安某公司刚被该影视公司收购，影视公司新近又收购了一个项目，该男士这次炒股的时间段与收购期间重合，赚了几十万元。监管部门怀疑该男士是通过妻子利用了内幕信息，就把案件移交给了公安。

经向两名当事人详细了解，得知该男士平时就爱炒股，而且对该影视公司很是青睐，几年来一直在研究该公司的信息，并经常买进卖出。在这次并购前后，他还是一如既往，继续买卖该公司股票，导致案发。他对并购事宜并不知情，而其妻子在影视公司虽是高管，但对新项目也不知情。

过了几天，该男士就被刑事拘留了。妻子因是台湾居民，暂时取保在外。

后来，通过对案件的不断跟踪，律师多次向公安机关、检察机关提交书面意见，该男士终于被释放，妻子也洗脱了涉嫌罪名。

主要理由就是妻子虽然属于证券法规定的知情人员范围，但在本案中没有证据表明她对并购项目的决策、执行等知情，而男士作为其配偶，更是谈不上知情，何况男士经常买卖该影视公司股票，这次交易只是多次交易中的普通的一次，并非异常交易，与内幕信息无关。

但回过头来看，身边有很多例子，并没有西安这位男士这么幸运。如果他没有平时连续几年买卖该影视公司股票的记录，这次就很难走出看守所了。

以下几个关联的重要规定，值得一看。根据我国《刑法》的规定，证券的知情人员只要在内幕信息尚未公开前，买入或者卖出该证券的，就可能构成犯罪。哪些人属于"知情人员"呢？我国《证券法》对此做了规定，不但包括发行人及其董事、监事、高管人员，持有公司百分之五以上股份的股东及其董事、监事、高管人员，公司的实际控制人及其董事、监事、高管人员，还包括容易被大家忽视的一类人员，即发行人控股或者实际控制的公司及其董事、监事、高管人员。换句话说，上市公司的子公司的高管，也是知情人员。上述案例中，男士的妻子并非影视公司高管，只是西安一家小公司的高管，在公司被上市公司收购后，不知不觉中也成了知情人员。在《证券法》授权之下，证监会《证券市场内幕交易行为认定指引（试行）》又加了一码，把"证券交易内幕信息的知情人中自然人的配偶"也算作知情人员。上述案例中，该男士便也成了知情人员。

要知道，法律上的知情人员，未必真的知道内幕信息，上市公司的很多重大决策，都是在实控人和极少数核心管理层范围内进行的。但只要属于法律上的知情人员，不管是否知道内幕信息，只要碰巧在信息敏感期内买进股票，就会被推定为内幕交易，没法辩驳。

当然，是法律就有口子，只是口子往往很小。"两高"《关于办理内幕交易、泄露内幕信息刑事案件具体应用法律若干问题的解释》规定，内幕信息知情人员的近亲属或者其他与内幕信息知情人员关系密切的人员，在内幕信息敏感期内，从事与该内幕信息有关的证券、期货交易，相关交易行为明显异常，且无正当理由或者正当信息来源的，认定为非法获取证券、期货交易内幕信息。也就是说，对这类人是直接认定内幕交易的，但如果存在上述案例中男士的情况，能够证明并非异常交易，也可以脱罪。

案例二：不了解获取内幕信息的非法性

某上市公司人员在上班时偶然路过一个会议室，听到里面有董秘的声音，就下意识地停顿了一下，听见是在安排一个停牌和公告事宜。回家后琢磨了一下，认为公司可能有利好举动，就在原来已购公司股票的基础上，又追加了一些股票。过了几天，公司果然有并购事宜披露，复牌后该员工就分几次卖出了一部分股票。万万没有想到，这么个小举动，在大数据检测下很快暴露，监管部门找其调查，他赶紧找律师咨询。好在虽然连续买卖多次，但都是小打小闹，最后计算下来不够刑事追诉标准，罚款了事。

一些人以为要取得内幕信息，就得专门地、悄悄地跟特定人进行，忽视了日常生活中无意间听到信息也可能属于法律上的窃取、刺探行为，常见的有司机在车内听到老板电话内容、近亲属在家里听到内幕人员电话内容、朋友聚会听到内幕人员无意中泄露的内容，等等。在获取信息后，即便信息不完整，有连猜带蒙的成分，只要开始异常交易，并在短期内有明显获利，就很容易被监管部门监测到，带来不必要的法律责任。

案例三：不懂得在刑罚上的从轻辩解

有一位北京上市公司的总经理，同时兼任该上市公司大股东公司的总经理，且是实控人。某天，她发现大股东公司账上有一笔闲钱，就指示财务人员买股票保值升值。财务人员问她买哪只股票，她想了想，对哪只股票都不放心，最放心的是自己家的股票，就买它了！财务人员说这么做违规，买不了，她就安排了几个外聘的保洁工，以这些人的名义买了3000万元的自家股票，后来获利600多万元，获利资金继续用于两个公司的经营。

不久，案发，总经理被抓，由公安部指定到外省一个很偏僻的城市办理。原因是买股票的时间正好是公司决策要高送转的内幕信息敏感期。

我接受委托后，首先否定了当事人提出的无罪辩护方案，认为其本人不知道内幕信息，高送转决策是由董事长、董秘、财务总监三人商量的辩解理由无法成立，因为其本人就属于法定的内幕人员，而且与董事长是夫妻关系，是否知道内幕信息已经不影响内幕交易的认定了。

然后，根据当事人平时实际主持两个公司日常工作的情况，我提出要充分利用内幕交易罪的法律空间，把个人犯罪改为单位犯罪，刑期从五年以上有期徒刑降到五年以下，然后主动缴纳违法所得和罚金，争取取保候审。我把这个方案跟办案人员交流后，办案人员认为有可行性，可以向上级汇报、实施。

但当事人经过思考后，不同意这个方案，董事长老公更是反对，担心会牵连到上市公司，坚持按照无罪思路推进。我解释单位犯罪是指大股东公司，不是指上市公司，但依然无效。

后来检察院批捕了，第一阶段的无罪辩护失败，两人方才后悔，同意按照单位犯罪处理。问题是，批捕后公安就没有话语权了，我只能去跟捕诉合一的公诉人交流，没想到公诉人说这是该地区第一个证券犯罪案，以前没有处理经验，对单位犯罪的说法也不认可，认为只有单位管理层集体开会决策的事情才称得上单位行为。

在公诉人的专业态度下，案件被起诉到了法院，我仍然坚持单位犯罪的观点，希望法庭通知检察院变更起诉，追加大股东公司作为被告人。法庭采纳了我的意见，最后按照单位犯罪判处当事人缓刑。但因为各种程序反复，时间已经过去了一年半。

这个案子的启发是，内幕交易罪是我国刑法中少有的几个既有单位犯罪情形，又对单位犯罪的主管人员处罚比个人犯罪明显轻的罪名，对此要大加运用。大多数单位犯罪的处罚，除了对单位判处罚金，对直接负责人员的量刑与个人犯罪相同，包括之前讲过的操纵证券市场罪。只有行贿、高利转贷、内幕交易等少数罪名才有这个巨大区别，能提供扭转人生的机会。本案中，当事人的交易金额特别巨大，按照指控的个人犯罪是五年有期徒刑起步，变为单位犯罪后，则最高刑期是五年，回旋空间较大。

按单位犯罪处理带来的一个问题是对公司的冲击，包括一定时期内进入黑名单，影响业务资质等。但在国情之下，民营企业大多是家族类型，一个人往往是好几个关联公司的实控人或高管，甚至经营管理团队都是好几个公司共用，资金也很难分清到底是大股东的，还是上市公司的，律师可以按照利弊选择由哪家公司承担起被告人的责任，做到既救人又对企业经营影响最小。

银行董事长贪腐案的几个离奇事件

从我的执业经历来感受，从 2015 年以来，国家为了防范金融风险，对金融系统的整顿即已开始变得严厉，之后不断加码各种行政监管和刑事政策，刑辩律师接受金融界咨询和委托代理的案件越来越多，包括证券业、保险业、互联网金融业、银行业等。到最近几年，各类大案还不断出现，整顿的范围和层次渐入深处。

这篇要讲的，是在上述整顿风潮中，一个全国性股份制银行董事长的案件。这名董事长很不幸，被判处了比死缓还严重的终身监禁刑，而且他的前任董事长，也在其之前被判处了终身监禁刑。一个银行，前后两任董事长都被处以"准极刑"，而这种刑罚，目前在我国适用总数还不到几十例，也算是一种离奇吧。

案子的发生比较曲折，与前后两任董事长的矛盾公开化、舆论化有关。2016 年，北京一家报纸在前任董事长的操作下，连续报道了该银行高管层私分公款、内部职工低价购股等消息，引发大批媒体跟进。在任董事长为了灭火，请一位商人同学联系报纸负责人，负责人在以入股名义索要商人 1000 万元后，予以撤稿，使得事件更加升级，1000 万元也成了后来指控在任董事长受贿的金额之一。后来，前后任董事长都陆续案发，成为金融界的一个热点事件。

离奇一：公安侦查十二个月，卷宗中却没有材料

该案先由公安机关以涉嫌违法发放贷款罪，于 2017 年 11 月对董事长和几十名同案嫌疑人、证人和家属进行羁押，董事长被当作非国家工作人员。在历经指定居所监视居住、刑事拘留、逮捕等程序，形成一千余本卷宗后，公安机关于 2018 年 12 月将所有人释放，同时将案件移送给监察委，监察委以董事长具有国家工作人员身份重新调查。

我在一审阶段介入时，发现检察机关的起诉书直接从监察委调查开始描述，没有提及公安侦查一年多的诉讼经过。但卷宗中又有公安机关的诉讼材料（拘留证、逮捕决定书等）和提取的书证，只是没有任何一份言辞证据，包括董事长在公安机关的供述和大量证人证言，在案所有言辞证据都是监察委调查阶段形成的。从这个情况可以初步判断，侦查阶段的大量言辞证据对指控并不利，后来到监察委调查时发生了重大变化，所以公诉人对案件材料做了选择性移送。

在召开庭前会议时，我们辩护人提出了这个疑惑，侦查、调查、起诉等诉讼程序是连续的，针对的是同样的当事人和同样的事实，应当把公安侦查程序反映出来。一是因为先行羁押时间需要算入以后的刑期，起诉书不提十二个月的羁押是不对的；二是侦查机关收集的所有证据材料都应当移送过来，不能只挑选对指控有利的

部分。公诉人的回应是，侦查材料没有必要移送，因为这些材料对监察委来说只是线索，监察委经过转化后形成的材料才是应当移送的证据。

我们对"转化说"很诧异，认为公诉人很有创造性，把侦查材料说得跟举报信似的，是有意无意地混淆了法律概念。公安机关在侦查阶段收集的材料，是诉讼法意义上的证据，即便后来发生了管辖变更，其性质也不会改变。公诉人提交给法院的书证，大部分也是公安收集的，并没有经过监察委重新取证的转化，道理相同。

为什么会出现"转化说"？这应该跟我国《监察法》实施之前的习惯意识有关。过去职务犯罪大多是纪委先调查，然后移送给反贪局，反贪局需要对纪委的调查材料进行证据转化，因为纪委不属于司法机关，其材料不具有刑诉法上的证据效力，反贪局作为侦查机关，需要重新讯问嫌疑人、询问证人，形成的新笔录才可以作为指控证据。在这个意义上，可以说纪委的材料是反贪局侦查的线索。而监察委成立后，调查材料可以直接作为刑事诉讼证据，反贪局消失，也就不存在"证据转化"的说法了。

说到这儿，我想起现在很多职务犯罪案件中，监察委留置人大代表有不同做法，有的地方严格遵守我国《全国人民代表大会和地方各级人民代表大会代表法》，限制人身自由前先取得人大常委会的许可，但大多数地方是直接留置。我在反映这类问题时，得到的来自监察委和公诉机关的说法都一样，是《监察法》没有规定要先取得许可。其实这也是前述习惯意识造成的，以前纪委"双规"人大代表不需要经过许可，那么由纪委"演化"来的监察委自然也不需要。他们忘了纪委的措施属于纪律范畴，监察委的措施却属于法律范畴，是法律上的限制人身自由，当然要遵循特别法的规定。以前反贪局抓捕代表，肯定都要先取得许可，刑诉法也没有单独的规定，依据的都是《全国人民代表大会和地方各级人民代表大会代表法》。

虽然我们据理力争多次，但公诉机关始终没有移送侦查材料，给该案留下了一个巨大的"疮疤"，无法观察全面的证据和质证前后的变化，又没有监察委调查的同步录音录像和证人出庭来证实，从而影响了裁判依据的客观性。如果哪天案件复查有问题，恐怕这种疑似隐匿证据材料的做法是第一个突破口。

离奇二：受贿的别墅价值高达 5.6 亿港元，却是行贿人和案外人共有产权

这个案子指控的贪污、受贿金额很大，加起来将近 12 亿元，但其中认定未遂的有 11 亿元。指控事实太多，争议也不小，我只挑其中一个香港别墅的例子说一说。

这个别墅的购买者是某省一位富商，曾在涉案银行贷过款。富商购买后，又跟一位香港籍的商业合作者签订了协议，约定双方共同为别墅所有权人，产权比例为 6∶4，并在登记部门做了备案。后者与本案无关，并在监察委调查中做了证，坚持自己真实拥有别墅的部分产权。

恰逢董事长的密友到香港居住，董事长就给富商打了招呼，要借别墅一用。别墅还是毛坯房，密友就请人做了规划，打算装修好了再住。后因时间拖得太长，等不及了，密友就自己租了房屋居住，不用别墅了。

在董事长和富商的供述中，均未出现一方有意索要或者接受别墅，一方有意赠与的内容，没有体现出行受贿的意思表示。

富商在缴纳别墅折价5亿元人民币之后，获得自由，回老家继续经商去了。董事长被起诉收受别墅未遂。

我们在辩护中提出，董事长和富商谁都没说过送别墅的话，董事长也没有实际占有别墅，而且别墅有其他不知情的产权人，富商无权一人处置，想送给董事长都客观不能，怎么就算是受贿了呢？另外，案件还没定性，别墅还摆在那儿，却先收了折算的退赃款，是否符合法律规定的追缴程序，是否影响对案件的最后判决呢？

最后法院判决认为，富商是否拥有别墅完全的产权，董事长能否达到索贿目的，均不影响董事长索要别墅事实的认定；同时判决又认为，因装修未完成，也未实际居住，故认定为未遂。言下之意，法院一方面承认没有受贿的现实可能，另一方面又认为如果居住了就是实际占有了，就是既遂了。不知道这种评判，是说理，还是搅理。

离奇三：完全合规的贷款，变成了违法发放贷款罪

违法发放贷款罪是一开始公安立案侦查的罪名，监察委调查后，可能认为不构成犯罪，就没有以这个罪名起诉。但在庭前会议之后，公诉机关以补充起诉的方式，使得这个罪名又冒了出来。

大致情节是，某集团申请开发贷，找了董事长，董事长安排银行走程序。证据显示，董事长在此过程前后没有收受任何好处，只作为正常业务。银行经审查，认为有风险，不符合开发贷规定，没

有通过审批。汇报后，董事长指示要用投行的眼光和辩证思维看待项目，要求调整方案继续推进。后来贷款方把开发贷变更为并购贷，由另一家公司作为项目收购方申请贷款。银行贷审会经过严格审查，认为在贷款主体、担保能力、风险等方面，均符合并购贷规定，遂通过审批。在后来的监察委调查中，所有参与审贷的十九名银行工作人员，均作证认为贷款符合规定，没有违法发放贷款。

法院判决认为，形式上符合了，实质上还是不符合，还是有风险，所以构成犯罪。只是这样的判决是否会苦了银行系统，以后如何进行贷审，如何火眼金睛看透"实质"，成了一个问题。

这个案子因为涉及某省的金融生态，又被媒体炒得沸沸扬扬，其间发生的离奇情节还是不少的，内部争议也较大，包括一审庭前会议时连公诉人都觉得指控的挪用公款罪有问题，该事实是指董事长安排两家公司从银行贷款，然后两家公司作为有限合伙人，把贷款投入到董事长控制的一家合伙企业，后贷款按时归还，最后判决书还是采用实质论，认定两家公司的贷款不是贷款，是银行的公款。但无论争议多大，我们只能说，在从严治理金融行业的氛围里，刑事政策和司法是为治理目标服务的，刑法的实质论又宽阔无边，金融从业者必须小心谨慎，从形式合规到杜绝风险，每一步都要考虑齐全。

一个借刀杀人的商战故事

2019 年的最后一天，我和团队成员正在越南的游船上欣赏风光，准备迎接新年，手机接到了北京某中级法院的一份刑事判决书。一起侵犯商业秘密罪案件经过二审，宣告上诉单位和上诉人无罪。

这是一个光怪陆离的商战故事，历时五年，终于谢幕，给我们律师团队带来了最好的新年礼物。

商战要从 2014 年讲起。那一年，青岛 A 公司在北京某区人民法院知识产权庭起诉北京 A 公司（两个公司在字号上相同），认为被告侵犯了其商业秘密。经过漫长的鉴定程序和庭审拉锯战，一审判决青岛 A 公司胜诉，被告应赔偿其 100 万元。

被告不服，提起上诉。2017 年 5 月，北京知识产权法院做出二审民事判决，维持了原审判决。

至此，该案本应就此了结了，谁知故事才刚刚开始。

过了一阵子，2017 年 8 月，该区公安机关又根据青岛 A 公司的报案，立案抓捕了北京 A 公司的技术员小郭，北京 A 公司也同时成为单位犯罪嫌疑人。

事还是那个事，人还是那些人，跟民事诉讼的内容都一样。那么，为什么青岛 A 公司要穷追不舍，在赢了民事官司后，又拿同样的理由把对方送进牢狱？

一个普通的商业秘密案

先来回顾一下基本案情。青岛 A 公司拥有一套用于高速铁路建设的轨枕技术，其中包括自行研发的模具技术，用来生产轨枕产品，供应一些高铁项目的轨道工程。后来，该公司在北京设立了全资子公司，就是后来自己的诉讼对手北京 A 公司。

因为经营不善，公司难以为继，2011 年年底，青岛 A 公司的实控人鲁总以北京 A 公司为平台，开始引入资本，和商总、尹总签订了三方合作协议，三方同意将轨枕技术及与之相关的所有技术资源和项目资源，都统一整合到新平台（即北京 A 公司）进行运作，尽快将技术成果转化为经济价值。协议签订后，青岛 A 公司将持有的技术项目等各项权属变更至北京 A 公司名下，其他任何一方包括青岛 A 公司不得从事有关纵向轨枕技术经营活动。协议还特别约定，由于青岛 A 公司的全部技术和业务已转归新平台，因此其去留由三方共同商议决定。

根据三方协议，北京 A 公司的法定代表人变更为商某，注册资本增至 1000 万元，股东由青岛 A 公司变更为合作协议的三个签署人。鲁总除了是股东，还是负责北京 A 公司技术指导工作的高管；原在青岛 A 公司工作的部分员工包括小郭，也陆续转至北京 A 公司工作。

时间快进到 2013 年,为了完成青岛 A 公司在北京科委的一个课题,技术员小郭向已接替该课题的北京 A 公司管理层提议用改进后的模具技术申请专利。北京 A 公司在未征求原模具技术的主要研发人鲁某等青岛 A 公司原员工的意见的情况下,向国家知识产权局申请了模具的实用新型专利,后专利局将该专利授权公告公开。

时间又过了一年,2014 年青岛 A 公司启动了前述的民事维权诉讼,2017 年胜诉后又启动刑事诉讼,认为北京 A 公司涉嫌单位犯罪,抄袭了模具技术并公开,侵犯了其商业秘密,法定代表人商总作为知情的主管人员,技术员小郭作为曾经参与研发后来又提议申报专利的人员,都应承担刑事责任。

因为商总是外地的人大代表,暂时抓捕不了,公安就先抓捕了小郭。当然,如果法院最后判决单位犯罪成立,那么对法定代表人商总的处罚也无可避免。

原来是借刀杀人

在签订三方协议后,青岛 A 公司已成为空壳,无人无物无项目,是否能保留下来都掌握在三方协议签署人手里。这么一个已经偃旗息鼓、不再营业的公司,为什么突然打起了官司,而且民刑并用,不遗余力地要把原来的合作者置于死地呢?

2018 年 7 月,北京 A 公司在刑事案件进入一审程序后聘请了我,言明虽然名义上是为公司辩护,实际上聘请目的最终是为了法人代表的安全,因此需要律师全局考量,打掉整个指控,才能实现辩护目标。

这之前已经有几个律师，分别是公司的辩护人和小郭的辩护人，专业实力和敬业态度都很不错。我们这个临时团队开始开会讨论。

讨论的成果大致是，既然民事判决已经认定我方侵权并生效，那就不要再在模具技术的密点重合和是否为公众知悉上多费功夫，否则将引导刑事庭审进入民事诉讼的不利点；辩护重点放在三方合作协议的理解和有无侵权的主观故意方面；查清对方为何花费巨大代价连年打一个表面上没有多大经济价值的官司，特别是民事诉讼赢了还不罢休，又打刑事诉讼，把明显不应该刑事立案的案件顺利推进到了法院，并公开地突出强调要把法人代表商总逮捕判刑；调查可以从原告（被害）单位的公司登记变更情况入手，看看青岛 A 公司有什么变动，再调查涉及本案的主要人物。

很快，通过天眼查等工具，律师团队有了重大发现：已经不应再营业的青岛 A 公司，股东和高管前几年都出现了变更，里面有两人是以前我方不知晓的一家北京公司（以下简称为"北京 B 公司"）的高管。另通过社保信息查询到，被害单位在本次刑事案件中的报案人、诉讼代表人小陈，名义上是青岛 A 公司的副总，但劳动关系却在北京 B 公司。

再查北京 B 公司的经营范围，发现其主要业务就是生产与北京 A 公司完全相同的轨枕产品。国内能做这种纵向轨枕项目的企业，也只有这两家——北京 A 公司和北京 B 公司。

再经过仔细查询公开信息发现，在多个高铁轨道项目的招标中，北京 B 公司都有投标，但屡有失败，败给了也是投标者的北京 A 公司。

至此，北京 B 公司通过神一样的操作，把只剩下一个挂名者鲁总的青岛 A 公司（其实鲁总身份主要还是北京 A 公司股东和高管）作为工具，打压北京 A 公司，以实现国内业务垄断的行业竞争意图，已跃然纸上。

但仍有一些谜团还没有解开。

司法为不正当竞争护航？

很快，八月份召开了刑事案件的庭前会议，各路人马开始登场。

庭前会议当天早上，我们律师团队早到了一些时间，法庭大门还没打开，就在门外一直站着等待上班时间。终于，等到法警开门，逐个登记进入。我们第一批进入了法庭。

但进入法庭后，让人愕然的是，我们发现法庭内已经端坐了孤零零的一人。不是公诉人，不是法官，不是书记员。他坐在被害人席上，是被害单位的诉讼代表人小陈。这有点闹鬼，门都没开过，他是怎么进来的呢？

庭前会议开始，我们先是指出了小陈的身份问题。他不是被害单位的职工，而是案外的北京 B 公司的人，依法不能作为被害单位的诉讼代表人。后来，法官斡旋，让小陈从诉讼代表人，变更为诉讼代理人。

开完会，大家意识到小陈身份非同一般，又到网上查询，发现他在去北京 B 公司任职之前，是北京一家中级法院的书记员。这个中院，就是正在审理本案的区法院的上一级法院，管辖上正好分管这个基层法院的二审。怪不得小陈能从后门进入法庭！

接着查，为什么一个学法律的书记员去了公司？结果显示，这个公司的一个主要股东兼高管，也是从这个中级法院出来的；而且，出来之前，还是庭长。小陈和这位前庭长当时在同一个庭，两人的名字同时出现在一份份判决书中。

我们律师团队成员中有从司法系统刚辞职出来的人，听到这个前庭长名字，略一沉思，说其配偶好像就是负责本案的这个区公安局的领导，是否立案，抓人放人，都是这位领导管。团队有人核实后，确实是！

同仁们都面面相觑，还有这样的事？在场的北京 A 公司法务总监一拍大腿："怪不得调查我们的警察不是经侦的，是平时不负责侦查的那个审批案件部门的！我们公司得马上举报！"

民事上侵权，刑事上未必侵权

后来几经波折，风雨飘摇，小案子背后的故事惊动了不少人，影响了不少人。又过了小半年，2019 年年初，区法院终于把一审判下来了。判决结果：单位犯罪成立，罚金十万元，小郭定罪免予处罚，当天就释放了。判得很轻。

但问题还没有解决，法人代表商总还属于被追诉对象，小郭对自己成了有罪之身不服气。被害公司更是不甘心，认为主要目的没达到，要求检察院抗诉，说没抓到法人代表商总，绝不算完，一定要把他绳之以法。

二审案件到了小陈供职过的那个中院。团队一合计，在这儿审理肯定没戏，就上书，要求改变管辖。高院同意了，另行指定了一家中院。

其间，双方互不相让，沸沸扬扬地又闹了一阵，互相写信告状，引发波澜不断。法院延期了一次，半年以后，开庭审理。

最后，法院在二审判决中认可民事生效判决，但对有无侵权的犯罪故意，因为三方协议中有转让"轨枕技术以及与之相关的所有技术资源"的内容，可以做各种理解，认为无法确定被告人的犯意，故判决北京 A 公司无罪，上诉人小郭无罪。

值得一说的是，商总在老家有企业，为当地做了不少贡献，是当地人大代表。在北京公安要去带人时，当地人大常委会坚持实质审查，要求给出犯罪证据，因此一直相持不下，商总也始终没有被关进北京看守所。直到两年半后，法院做出无罪判决，商总才彻底自由。我们无法评判人大常委会是否适合在公安申请拘留、逮捕许可时进行实质审查，但在明显有问题的案件上，能够如此坚持，避免错案，也不失为可取之处。毕竟，最后拯救的不仅是一个企业和一位企业家，也捎带着拯救了想随意抓人的办案机关，避免了国家赔偿和责任追究。

之后过了很久，据当事人讲，对方还在申诉和做一些动作。但他们这边已经心生厌倦，不愿再应招，又担心以后还有如此的遭遇，就赶紧把轨枕业务放弃了，把北京 A 公司关了，没有再做一个项目。

商场，堪比战场乎！

一个女演员逃税引发的故事

几年前的一个夏天,有一位媒体人在网上公开举报了一位女演员签订阴阳合同涉嫌逃税的事情,成了"吃瓜群众"的看点。

随着媒体人的不断晒图举报,舆论也不断发酵。很快,就有消息传出来,有关部门成立了专门针对演艺界的税务调查组,开始赴各地调查。

一时间,导演们、演员们、歌手们,不约而同,纷纷出国,在境外拍片或者演出,出现几个月内一、二线演员大面积出境的奇景。同时,一些作品迅速被下架、被停映。

但能够出去的人,是暂时还没有跟网上举报有太大瓜葛的。处于事件漩涡中心的女主,也想出去,无奈闯关不成,只好把父母送出去,自己躲了起来。

躲得过初一,躲不过十五。没多久,调查组发现联系不到女演员,一动手段,就知道刻意关机换地了,也知道具体位置了。在媒体人举报一个月后,女演员被抓捕。

宁信小神仙，不信律师

出国后的父母心急如焚，对自己一手拉扯大的女儿牵肠挂肚，开始寻求国内律师的帮助。在找好律师之后，他们听从有关部门的电话劝解，果断回国。

已联系好的律师就是我和同事。我们在委托人回国第一天，就马上签署了委托协议，还顺便签署了女演员父母对其他律师的委托书，因为当时不知道第二天会发生什么，尤其是女演员的母亲，过去参与的事情很多，有可能被专案组扣押。

还好，后面几天，做父母的每天都被叫去问话，但没有被采取措施。到后来，母亲被当做犯罪嫌疑人取保候审，罪名跟女儿一样，都是隐匿、销毁会计凭证罪，这是后话。

在与委托人和他们的朋友多次接触中，我了解了女演员被抓捕，调查组变成了专案组的原委。

当年的夏天很热，但比不过媒体人举报女演员的热度。女演员很慌张，除了向举报人道歉，也开始向各路大拿求助。其中一路大拿，是南方的一个大老板，大老板很信玄学，手下有一个"小神仙"，据说从三岁开始就能掐会算，现在二十多岁了，平时有许多演艺娱乐圈人士前来拜访，寻求好运之道。小神仙端坐大老板提供的庙堂之中，每次算命收费200万元。

女演员听从大老板建议，让小神仙给算算出路。小神仙碍于大老板情面，对女演员打了五折，只收费100万元。

小神仙的建议是："你有牢狱之灾，得马上躲起来。"

女演员唯命是从，立即就地躲避，断绝了与外界往来。

调查组本来没想抓人，就是个涉税案件嘛，真有逃税问题，那就狠狠罚一笔，再公布一下，以儆效尤，就可以了。再说了，过去的偷税罪是可以直接抓人的，按刑事案件处理，后来刑法都修改十几年了，变成了逃税罪，查实了有逃税行为，需要先由税务部门处理，逃税人只要补缴了税款和罚金，就不会按犯罪处理，所以在初查阶段，想抓人也做不到，没有法律依据。

但女演员的躲避和父母迅速出国的做法，让调查组感觉除了涉税，可能还有其他更大的"瓜"。为了防止女演员偷偷出境，急匆匆抓人的决定就这么形成了。

后来的事实证明，抓人的决定过于仓促，深查之后，女演员没有哪个行为构成犯罪。因为这个缘故，局面有些被动，女演员被抓的消息从没有公布过，外界还以为她是深居简出、低调不语。

回到"小神仙"，可以发现他确实够神，一个建议简短有力，"有牢狱之灾"，"躲起来"消灾。只不过没把两个关键词的顺序搞好，本来没有牢狱之灾的，因为躲起来，反而有了。

过了两个月，"小神仙"因为算命收钱，也被专案组抓了，涉嫌诈骗罪。不知道他当初算计出自己的未来没有。这是女演员逃税案扯出的第一案。

女演员和父母，没有在事发之初咨询过刑事律师，没有听取律师的专业意见，唐突间寻求法外帮助，令人唏嘘。根据我多年从业的经验看，演艺圈的有些人确实如此，基本没有法律和专业概念。这可能与从小就出来混世界，或者演艺圈的独特风气规则有关吧。

宁信关系，不信法律

在接手案件后，我开始研究案情。刑辩律师的第一要务，就是运用专业知识救人。

案情有三个实体和程序上的要点：

一个是，女演员用自己或者母亲的名字，在北京、无锡、霍尔果斯等地注册了十多家公司，但女演员基本不参与任何公司的管理，公司都是由经纪人和母亲打理。女演员只是按照经纪人的安排，负责具体演出。

顺便介绍下，一般来说在演员和经纪人的关系中，主导与被动关系比较复杂，并不是说演员有名气，就占据主导地位，有时候经纪人更加强势，更能左右局面，包括安排演员的职业生涯。本案中反映出的事实就是，女演员是在经纪人提携下才逐渐放出事业光芒的，经纪人资历很深，能力和财富均不在女演员之下，演出的谈判、签约乃至公司管理包括纳税等都是经纪人说了算。

再一个是，涉税事宜，女演员并不知情，即便在网络举报后，发生了一些规避调查的行为，如隐匿财务资料、销毁凭证等，也大都是平时负责管理公司的经纪人自作主张，少许则是其母亲做的。

案发后，经纪人也被抓入狱，罪名是隐匿、故意销毁会计凭证罪，以及虚开增值税专用发票罪等。据了解，经纪人有可能确实做了涉嫌罪名所指的事情。

女演员被抓后，办案单位二十多天都没有给家属送达法律文书方面的通知，搞得既不知道羁押地点，也不知道涉嫌罪名。在我们的追问下，过了几天办案人员才给了女演员母亲一张文书，但不让细看，责令签字后又收回去了，家属手里还是没有任何文书。根据记忆，家属看过的文书上写的是指定居所监视居住，涉嫌罪名是隐匿、故意销毁会计凭证罪。推测这是匆忙抓人后，根据经纪人涉嫌的罪名，给女演员类推的临时罪名。

最后一个是程序方面，公安指定居所监视居住是违反法律规定的。女演员涉嫌的罪名不属于危害国家安全或者恐怖活动类犯罪，且在北京本地有自住房屋，不符合法定的指定居所监视居住。

根据以上分析，一方面我加强与家属的沟通交流，经常见面进行疏导，缓解家属因为女儿案情和本人也面临被刑事追诉而产生的压力。通过多次鼓励，家属顶住了办案人员多次要求辞退律师的耐心"劝说"，对他们说是女儿的对象委托的律师，他还在国外拍片、大家联系不畅等。

另一方面，我多次要求会见女演员，并以羁押不当、案情轻微为由，提交取保候审申请书，提交情况反映信。在办案机关没有回应的情况下，又发表了一篇不点名、无案情的专业评论文章《涉税类刑事案件是否可以适用指定居所监视居住》。文章发表后第二天，即神秘消失，但从此以后，办案人员对待家属的态度一百八十度大转弯，从声色俱厉变得客气平和。

但是这中间还是出现了问题，导致了第二个案中案。女演员的几个热心朋友救人心切，又坚信必须通过关系才能摆平案件，在律师不知情时，朋友自己出资和通过女演员家属筹集，把数千万元现金送给了两位公职人员，意图救人。但不久事发，女演员还没出来，又进去了一连串人。我后来知晓此事时，是家属被要求到专案组做笔录，证实自己被骗巨款，看来又是一个诈骗案。在交流中，家属当然也痛定思痛，总结从"小神仙"到现在，一步错步步错，不是迷信就是花钱找关系，就是没重视法律途径。

宁信委曲求全，不信权利

时间进入到 9 月底，女演员已被羁押两个多月了，查无实据的案情和当时的形势，使得办案机关准备放人。放人前，女演员抄写了道歉信，在微博发布，并承诺对税务机关的处罚不持异议。

女演员回家后几天，媒体公布了税务机关的处理结果，认定了逃税本金，加上数倍的滞纳金和罚金，总数基本涵盖了女演员在境内外的全部资产。

面对行政部门的处罚，当事人完全可以要求遵循依法、公平原则，行使法定权利。我不是税务律师，但根据当时了解的情况，以下几点有待商榷：一是在对逃税漏税的金额认定上，可能存在程序性问题和准确度问题；二是在对罚金倍数的确定上，有没有依据；三是对圈子里的同类行为处以不同处罚，是否违背了法律面前人人平等的原则，能否在仅仅要求同行业其他人自行补缴税款、不加处罚的情形下，对其中一个人进行较重处罚。

我向女演员和家属讲明了道理，也推荐了专业的税务律师，税务律师提出了一些切实可行的观点。但他们几经思考，还是一边哭哭啼啼，一边彻底选择了接受处罚。原因有二：一是母女二人都处于取保候审之中，涉嫌同一个罪名，身不由己；二是她们想以此换得复出的机会。我对这种放弃权利又看不透局势的抉择，只能表示遗憾。

后来他们基本就是卖房、借款，不断筹钱上交，用了两三年时间才搞定。其间，演艺界跌宕起伏，又出现了一些艺人巨额逃税和男女关系方面的事情，政府对娱乐圈制定了越来越严格的规则。包括女演员在内，很多艺人想复出的愿望，一直没有实现。

在代理案件前后的几个月里，经常有跟当事人身处两个世界的感觉，思维模式和处世之道相距甚大。有时候，当事人楚楚可怜，有时候，又高高在上，但都是生活在自己的思想里，很难听进去现代法治的语言。即便对自己求助的律师，也是等同于对自己员工和助理的态度，对律师冒险奋力提供帮助的行为，连声谢谢都很难说出口，远不如对待能算命的"大师"和能找关系的大老板。或许，真的有一些角落，里面有自己的生态，是法治的阳光很难照射进去的。

幽灵抗辩还是合理怀疑

几年前,我接手了一起故意杀人案的二审辩护。当时一审已经宣判,以故意杀人罪判处被告人死刑立即执行。被告人及其家属对判决不满,认为办案程序违法,事实不清、证据不足,委托我在二审强力抗辩,把事实说清楚,把权利保障好,"死也要死个明白"。

离奇的案情

先说控方和一审判决认定的故事情节。

有一天深夜,某省警方证实,一位前官员涉嫌故意杀人罪被公安机关羁押。后检方指控,被告人和被害人在交往中产生矛盾,被告人为摆脱被害人纠缠而起杀意,并为此准备了两把手枪及子弹等工具。在某天下午,被告人驾驶黑色奥迪车从省城出发,次日凌晨到达被害人所在的另一城市。晚上9时许,被告人和被害人约定在一个立交桥附近见面,争吵中被告人用一把手枪向被害人射击未能打出子弹,又用枪身击打被害人头部。被害人挣脱后跑到立交桥东侧桥面上，拦停一辆白色车，并向车内三人求救，称被告人持枪要杀她。被告人开车赶到后，持枪威胁白色车内人士不要管其家事，车内人下车询问情况，被害人趁机钻入白色车驾车逃离，被告人驾驶奥迪车追赶。逃离过程中，被害人用手机拨打 110 报警，并给母亲打电话称被告人持枪要杀她。

此后，被害人驾车进入某一小区，因无路可走被逼停，被告人持另一把手枪朝其射击，致其死亡。被告人将尸体拖到奥迪车内，驾车开出小区，到达郊区农村一个在建停车场内。被告人将尸体放在停车场南侧土坡下，又朝尸体头部射击两枪，后泼洒汽油焚烧尸体，并用建筑垃圾掩埋。之后，被告人将作案手枪等物品丢弃，更换奥迪车车牌，驾车逃跑。第二天 7 时许，被告人在高速路一处收费站处被截获。经鉴定，被害人系因枪弹致胸部贯通创、双肺破裂急性大出血死亡。

过了一年半，一审法院宣判，认定被告人持枪追杀并在居民区开枪杀死被害人，抛尸时又开枪射击，并用汽油焚尸灭迹，杀人性质、情节特别恶劣，手段特别残忍，罪行极其严重，社会危害性大，影响极其恶劣，且拒不认罪，应当依法严惩，以犯故意杀人罪判处死刑，剥夺政治权利终身。

控方的证据

一是 110 报警记录。显示案发当晚 9 时许，公安局指挥中心接到证人于某电话报案称，在高速路收费站附近，有一名女子头面部有血、披头散发，该女子将其乘坐的汽车拦下，向其求助，称有人要杀她,后该女子乘人不备将其汽车开走。约二十分钟后,该指挥中心又接到一名女子电话报警称,被告人持枪要杀她,让快点儿救她。随后自称女子的母亲、姐姐再次重复报警。侦查人员到事发小区后,发现地面有血迹,疑为枪击现场。

公安机关布控后,第二天凌晨7时许,特警队员发现黑色奥迪车疑似嫌疑车辆,拦截盘问后,发现车体多处出现剐蹭痕迹,车身有碰撞后留下的痕迹,车门处有零星血迹,驾驶员即是被告人。

二是物证和现场勘验、检查笔录。显示枪杀现场地面上和白色汽车内有多处可疑血迹,焚尸现场有可疑血迹,抛物现场提取的一个汽车脚踏垫、一个汽车灰色座垫、两个汽车灰色靠背垫上有可疑血迹,被告人右手拇指、无名指甲末端擦拭物上有可疑血迹及DNA,这些血迹均来自被害人。

在焚尸现场,侦查人员还发现在土坡下尸体上覆盖大量土和砖块,尸体及周围土壤散发汽油味。在土坡下发现一枚弹头和两枚弹壳,在尸体附近提取一个白色尼龙袋。

在抛物现场,侦查人员提取有红色血迹附着的迷彩服上衣、迷彩胶鞋、汽车后排座垫、绿色胶面手套,手套内的物品有被害人身份证、姓名为被告人的火车票一张等。

三是鉴定意见。显示抛物现场提取的两个红牛饮料瓶表面附着物、奥迪汽车内侧提取的口罩内侧表面附着物,以及三星黑色手机表面附着物的DNA均来源于被告人。抛物现场提取的包裹枪弹的白色塑料薄膜上,有一枚手印为被告人所留。

四是证人证言。乘坐白色车的证人于某、李某、宋某的书面证言称,案发当晚,被害人在高速路上求救时,追来的奥迪车男子拿着手枪指着证人李某说这是其家属,不要管。由于当时天黑,那个男子戴着帽子，三位证人无法辨认出该男子。于某和李某均证明，被害人说要杀她的人是被告人。被害人的母亲也证实了女儿让其打电话报警的过程。

枪杀现场的目击证人王某当时正在小区玩耍，他称一辆白色车从小区北门过来，开到死胡同里车停下，又从小区北门进来一辆黑色奥迪车，停在白车后面。从黑车上下来一个穿迷彩服的男子，手里拿着枪，跑到白车驾驶位旁边，从窗户的位置对着驾驶位开了一枪，但王某当时没听到玻璃碎的声音。另有枪杀现场目击证人称，他听到"咣"的一声撞车的声音，紧接着又听见"砰"一声疑似枪响，他跑下楼，看到一名男子从白色越野车驾驶室位置拎下一个人，"被拎的人没看清楚是男的还是女的，就看见那个人一动不动"。

五是侦查试验笔录。为确定证人王某能否在当时环境和位置看清作案人下车后掏手枪向白色车驾驶员位置开枪射击的动作，侦查人员进行了侦查实验，结果是可以看清。

六是辨认笔录。被告人对所有案发现场均进行了辨认。

七是视听资料和电子数据。侦查人员从被害人手机中发现她与被告人有暧昧内容的通信和通话录音文件。在三个月前的几次通话记录中，被害人称发现被告人与另一女子交往并赠与房产等，被告人否认，二人激烈争吵，被害人表示要向纪委举报，并向被告人索要财物，二人矛盾激化。案发前，两人有多次通话记录。

八是被告人供述。被告人在侦查阶段有十三次对自己不利的供述。在前期供述中，他承认与被害人有男女关系，案发前，两人关系紧张，因为被害人总是向其借钱且数目很大，还拿一些事情要挟他，并录下两人的通话，把他折磨得"什么也不是"，等他看清的时候已经来不及了。案发当晚，两人在约好的地点见面，被害人上车后就向他借 400 万元，并称会在网上炒作，给其制造负面影响，由此激化两人之间的矛盾。后双方车辆停在小区后，他下车把被害人驾驶室那侧的车门拽开，拽她下车，被害人突然从被告人衣兜里掏出手枪，在两人抢枪过程中，枪走火了，打到了被害人身上。之后，被告人从被害人手里把枪拿过来，把她拖放到奥迪车后座上，开车拉着她，想送她去医院。出小区后，驾车到市区一个不认识的地方，看见被害人没动静，感觉她应该死了，就到一个村子附近，把她抱到路边土坡下，自己爬到路边土坡上抽烟，越想越气，恨自己没有能力把两人之间的矛盾摆平，还恨被害人贪得无厌，为了泄愤，才抛尸、焚尸。

控方认为上述证据确实、充分，能够锁定被告人是唯一的杀害凶手。一审判决支持了控方观点。

律师的抗辩

我和搭档在仔细阅卷和多次会见被告人后，针对故意杀人罪制订了辩护方案。考虑到被告人确实持有枪支，在枪杀现场出现过，在有作案痕迹的车辆里被抓获，以及做过有罪供述等情况，做无罪辩护很难，只能把目标定为改变死刑判决结果，刀下留人。策略上，以现有证据存在重大瑕疵，有的涉嫌非法取证，有的存在较大矛盾，加起来难以形成闭合的证据链，无法得出唯一结论为由，使合议庭产生合理怀疑，不能排除是第三人作案或者被告人与第三人共同作案的可能。路径上，则针对非法证据、证据不能、证据关联性不足等方面，分别击破，削弱主要证据的证明力。

1. 被告人有没有杀人动机

一审判决书认定被告人起意杀人，是根据被害人手机中的录音材料推理出来的。录音材料是被害人与被告人的电话通话内容，只记录了两人产生矛盾的争吵，没有反映出任何你死我活的威胁语言。被告人的口供也从来没有承认过两人矛盾达到白热化程度，其有置对方于死地的想法。

证据显示，电话吵架后，两人依然有正常的通讯往来。到案发前，被告人告诉被害人要来看她，被害人还帮他预订了宾馆，并按照约定单独出来见面。

可能警方意识到在犯罪动机上缺乏证据，难以证明预谋杀人，就在有录音资料的手机上打主意。这个手机是被害人放在家里的，案发后其两个姐姐去收拾被害人房间，发现有手机、笔记本电脑等物品，就联系警方上交了，希望对侦破案件有帮助。上交给警方时，两个姐姐在笔录里做了明确说明，这是她们整理妹妹住房时无意中看见的手机和电脑，不知道里面有什么内容。侦查人员正苦于找不到被告人杀人动机，打开手机检查，幸运地找到了录音资料。

但鉴于录音资料里也只是争争吵吵，离杀人犯意还远，警方就希望能找到被害人已明显感受到对方充满杀意、自己临出门前故意留下证据线索的材料。接下来的时间里，警方就三番五次把两个姐姐叫来做笔录，不断引导。在对一个姐姐的第四次询问中，问："你妹妹在案发当天放在你家一部手机，是她特意放你那的吗？"姐姐回答："不是，那手机是她落在她自己家的。"在对另一个姐姐第三次询问中，问："你妹妹为什么把手机和电脑放在你那？"姐姐回答:"她没有把手机和电脑放在我这。"其他证据里,也显示出被害人是正常出门去见被告人,没有特意提前给任何家人朋友留话。

我们在二审庭前会议和庭审中强调了上述证据情况,认为一审判决书认定被告人"遂产生了杀害被害人的想法"属于法官臆想。合议庭对此也比较重视,毕竟一审认定的是因为矛盾激化导致预谋杀人,但"矛盾激化"和杀人犯意却不好证实,反而证实了两人关系正常,女方毫无提防,有点尴尬。当然,最后二审裁定书仍沿用了一审判决的这一部分。

2. 是不是预谋作案

一审判决书认定,被告人产生杀人想法后,携带了两把手枪、子弹、多个车牌、汽油、衣帽等物,驾驶奥迪车从省城出发。

但经过二审质证,两把手枪上、子弹上、现场衣服上,均未检测到被告人DNA;其中一把手枪能查清来源,是被告人曾经持有的,但另一把手枪始终未查清来源,没有人见过这把枪,也没有证据能证明是被告人持有,而且,一个熟练使用枪支的人同时携带两把枪去杀人,似乎也多此一举。在抛物现场的车牌,查不清来源,无法证明是被告人曾经占有或使用。焚尸的汽油属于管制商品,警方从案发地沿途查到几百公里外的省城,也始终搞不清来源,在抓获现场的奥迪车上,也没有检测到曾经存放汽油的蛛丝马迹。

尤为可疑的是,在抛物现场的手枪和子弹的包裹物塑料薄膜上、胶带纸上、两件上衣和一只鞋子上、塑料桶上、奥迪车方向盘上,除了部分物品上有被告人DNA,均还有数量更多的神秘第三人的指纹和DNA,特别是在胶带纸上,只有被告人一个指纹,但有第三人的34个指纹。结合被告人多次供述其被一男性用手枪绑架,警方调查了多名与被害人有过接触的男性,除了查出一些似是而非的花边故事外,没有人在指纹和 DNA 上能与现场提取物匹配。

最后,二审裁定书显示出为难,没法再像一审那样写被告人从省城出发时携带了这么多物品,只写了其"准备了两把手枪及子弹"三样东西。但对于其中一把手枪怎么来的这个关键问题,为什么是被告人持有而不是他人,有哪一个证据能与被告人关联上,裁定书并未提及。

3. 现场有无第三人

除了抛物现场出现的大量可疑第三人指纹和 DNA,再来看看证人证言对有无第三人是如何描述的。

首先看在高速路上乘坐白色车的三个现场目击证人于某、李某、宋某。这三人在案发当晚配合警方所做的证言笔录中,均一致证实,他们在一两米距离内看见的作案人 40 岁到 45 岁左右、身高一米六到一米六五、本地口音等。而被告人已经 64 岁,身高一米七一,说普通话。显然,三名证人分别描述的体貌特征与被告人相去甚远,无法吻合。案发第二天,警方又组织这三名证人进行辨认,面对被告人,三个人均未辨认出是头天晚上的作案人。

但警方不会接受有另外一个作案人的可能性。怎么办呢?只能改变这三个非常重要的证人的说法,因为全案只有这三个人近距离目击过作案人。于是,从辨认失败后开始,警方连续把三人叫到公安机关,就同样的事实,不断问,不断做新的笔录。从 3 月到 7 月底,于某被叫去做了六次笔录,宋某被叫去做了八次笔录,李某被叫去做了五次笔录。渐渐的,在提示之下,三个人的证言对作案人的描述,一点一点向被告人的体貌特征靠拢,先改说不清楚那个人的年龄是多大，下次再改说身高一米六五到一米七，再下次改说不是本地口音，是普通话。终于，三个人的证言内容与被告人特征基本相符了。在完成任务后，疲惫的证人宋某说，"我希望公安机关以后别再找我了"。高兴的办案人员把这句话也给记录了下来。

被告人辩称，他从省城出发时，坐进车里即被人挟持，后来知道该人是被害人前男友，气氛缓和之后，改为他坐在后面，挟持者开车。那么，无论是谁开车，谁坐在后面，在案发现场，车上除了被告人，是否还有另一个人呢？

上述三位目击证人中，于某和宋某均证实其没有看到车内还有没有其他人，李某则证实其在作案人打开车门下车的一刹那，看见奥迪车内包括后座并没有另外一个人，并且，作案人下车后，走到白色车门外，拿枪对着坐在后座的李某头部进行威胁，让他们不要管闲事。李某的证言说明了其本人还没来得及下车，是坐在白色车的后座时，看见奥迪车里没有其他人的。

针对李某证言的疑点，我们决定去案发地城市寻找李某进行核实。为了取证安全，我们没有提前联系李某，而是直接打车到达他所在的村镇，在大街上打听李某的住址。很巧的是，正打听时李某从街道另一头走过来了，我们迎上去用手机马上开始录制采访视频，询问他在案发当晚看见的情况。李某在采访视频中答复，他从来没有对警方说过看见奥迪车里没有人的话，不知笔录怎么来的，案发当晚天比较黑，根本无法看见在高速路上距离自己两个车道之外的奥迪车内是否有别人。为了更好地说明现场情况，李某带领我们律师坐车来到高速路现场，指明两车位置，当时奥迪车停在白色车左前方，两车错位相距十余米远。

我们把视频提交法庭后，检察机关感觉较为被动，研究后提出让李某出庭作证。到二审开庭时，李某果然出庭，但说法上做了相反改变，说他当时不是坐在车里，是站在车外，看到奥迪车上除了下车男子以外没有其他人。至于为什么跟以前的笔录也不一样了，他就不解释了。

再来看看警察的证言。奥迪车从枪杀现场逃离后，有三名警察开着警车追捕，路上遇到红灯，两车接近并一度相抵，警车碰到了奥迪车尾部。但即便这么近的距离，又是在城市道路有路灯、警车开着前大灯的情况下，三名警察证实依然看不清奥迪车后座上有没有另外一人。

最后还有两个人的证言。一个是被害人的母亲，在案发第二天的笔录中证实，被害人给她打电话说被告人"派人要杀我"，让她报警；做笔录的侦查人员也在笔录中重复和强调了一遍被害人说的是"派人要杀我"。但后来在被告人提出是第三人作案后，警方对证人如法炮制，后又找被害人母亲重新做笔录，把"派人"两个字弄没了。另一个是枪杀现场远距离目击者王某——一个十一岁的儿童，除了证实作案人朝车窗里打了一枪，还证实其看见奥迪车里没有其他人。警察在近距离都看不到奥迪车后座有没有人，一个小孩距离较远是怎么看清的？因为争取不到面见儿童或者儿童出庭作证的机会，我们就前往枪杀现场实地观察，测量了小区内儿童当晚所在的亭子位置和奥迪车停放位置，其间距离为十多米远，又观察了小区灯光较暗等情况，认为在晚上9点左右的黑暗环境下，小孩子根本不可能看见远处的奥迪车里有没有人。我们把现场画图和文字说明都提交了法庭。

对于以上多组证据都既无法证实也无法排除有第三人作案的情况，二审法院在后来裁定时认为，"证人由于认知、记忆、表达等因素，多次作证内容不完全相同，存在补充、修正等情形，符合言辞证据的特点"。

4. 被告人真的辨认了现场吗

案卷中有被告人的多份辨认笔录和同步录音录像，意图证明是被告人引领侦查人员前往枪杀现场、焚尸现场和抛物现场，进行了现场辨认。

但被告人对所谓的现场辨认做了否认，说他并不知道前往各现场的路线，更不知道抛物地点，不是他引路前往现场，而是反过来，由侦查人员开车带他到的现场。在辨认笔录上，也能看到被告人在签字处写下了是侦查人员带其到达现场的文字。

我们仔细查看同步录音录像后，发现侦查人员没有录制从羁押地点出发，然后一路到达现场的不间断录音录像，无法证实是被告人带路。所有的录音录像都是到达现场之后的情景，并且反映出很大的问题。被告人在极度寒冷的情况下进行了"指认"，但指认是否准确，是否与实际的尸体位置、枪支位置、衣物等位置相吻合，从录像上又无法体现出来。

悬疑的话题

被告人关于被一男性挟持的供述、抛物现场出现的大量案外人指纹和DNA，说明本案中可能存在第三人；神秘的手枪、汽车牌照、汽油桶,都不知道源头和持有人;奥迪车所经过的高速路、加油站等地点的监控镜头,既看不清开车人是谁,也看不清车内还有没有其他人;大部分证人包括追捕奥迪车的警察的证言,也无法证实奥迪车里有没有另外一人;三名曾与作案人面对面的目击证人,在作案人没有戴墨镜口罩的情况下,描述的年龄和体貌与被告人相差较大,警方组织辨认时三人面对被告人也没有指认;还有,前面提过,被害人的母亲曾证实说被害人电话中说的是被告人派人要杀她,并不是说被告人本人要杀她。

由以上证据产生的疑问,促使我们在庭审中一直主张,第三人作案或者被告人与第三人共同作案的可能性没有得到排除,根据死刑案件的证据证明标准,死刑案件必须查明有无共同犯罪,以及共同犯罪人的各自地位、作用。在没有查明情况下,把被告人当作唯一作案人,并执行死刑,万一哪天跳出来一个人,说被害人是他杀的,怎么办?

二审法院裁定认为,公安机关对提取的可能与案件有关的物证均按规定送检、鉴定,相关证据已附卷并随案移送,"对不能提取、无条件提取、不具备鉴定条件、无鉴定结果的证据已作相关说明",因此可以定案,不存在第三人作案的可能。但实际上,庭审刚结束时,参与开庭的人在外面议论,有多人觉得案情比较复杂,难说一定是一人作案。毕竟,判决中出现那么多的不能提取、无条件提取、不具备鉴定条件、无鉴定结果的说法,还是很少见的,等于从侧面证实了还存在不少解释不清的东西。

在北京与几名教授讨论本案时,一位教授认为我们的辩护是幽灵抗辩,是自己没有举证、控方又无法举证的辩解。

"幽灵抗辩"的名称来源于我国台湾地区的一起走私案件,被告人声称其不是走私,而是在海上遇上海盗,海盗将其捕获的鱼抢走,并丢到其船上一千盒香烟,并非自己走私香烟。法院认为检察机关无法证明被告人的抗辩理由不存在,因此判被告人无罪。由于被告人提出的辩解往往虚无缥缈,类似幽灵,难以查证,常使得审判人员左右为难。

在本案中,被告人提出的第三人作案,更像是幽灵抗辩,把举证责任推到了控方。但辩护人提出的观点,则是基于现有证据出现的疑点,使证据链无法闭合,不能排除合理怀疑而得出唯一的结论,这与幽灵抗辩又有着很大的不同。

换句话说,幽灵抗辩只需要提出一个说法,讲出一个故事,让控方寻找证据去否定。这个说法不一定是"狡辩",如果符合情理,控方无法查否,就会陷入被动;如果不符合情理,法官则会运用经验法则,要么让被告人自己举证,要么直接否定辩解。而合理怀疑则是指,现有证据不能完全涵盖案件事实,有现象表明某种影响案件真实性的情况可能存在,且不能排除。从律师角度来说,就是不需要编排新故事,只看合理怀疑有没有被排除。无论被告人是否提出有第三人、第三人具体是谁,从全案证据上看,都没有排除两人以上作案的可能性。至于第三人是被害人前男友还是被告人同伙,是挟持与被挟持还是共同故意犯罪,在所不问。

或许这就是本案留下的思考。

中国版辛普森杀妻案

这是一起前后经历了十四年,在本书成稿期间刚刚做出生效裁判的故意杀人、放火案。这十四年里,我国的非法证据排除规则从几乎没有任何规定,到开始试行,到正式写入刑事诉讼法,再到出台更细致的规程,经历了逐步发展的过程。

基本案情

2007年5月16日凌晨,位于北京市海淀区的某大学家属院一栋楼的一楼楼梯后的麻将室,莫名发生火灾。消防人员灭火过程中,发现家住该单元四楼的该校教师马某葬身其中,因过火已经完全变形的尸体蜷缩在麻将室拐角处。当晚,其丈夫常某也被消防人员从五楼一家住户的外置空调挂机座上救下,当时其肢体有严重烧伤,遂被送往医院急救治疗。

正在人们对火灾原因议论纷纷时,消防部门出具的火灾原因认定书认定,该次火灾系人为纵火。不久,公安机关从医院里抓走了常某，认定其涉嫌故意杀人、放火罪，案件进入刑事诉讼程序。

2010年5月5日，北京市第一中级人民法院经过审理，认为被告人常某于2007年5月16日凌晨，在家中因琐事与其妻子发生口角，常某用手扼压妻子的颈部，致其机械性窒息死亡。后常某为掩盖罪行，将尸体运至一层楼道内纵火焚尸，危害公共安全，其行为分别构成故意杀人罪和放火罪，事实清楚，证据确凿，依法数罪并罚判处被告人死刑，缓期两年执行，剥夺政治权利终身。

常某提起上诉，2011年4月14日，北京市高级人民法院经过开庭审理，认为原审判决认定的部分事实不清，裁定撤销原审判决，发回重审。

2013年3月20日，北京市第一中级人民法院经过重审后公开宣判，因证据未达到确实、充分的证明标准，判决被告人常某无罪，当庭释放。随后，检察机关抗诉，二审法院在当年再次开庭后，放置了八年没有判决，常某也重新回归了正常生活。直到2021年年底，二审法院宣判，采纳了检察机关的抗诉意见，再次判决常某构成故意杀人罪、放火罪，常某被重新收监。

由于被告人常某系报社副总编，涉嫌的是杀妻，案情又迂回曲折，从律师强力辩护、排非规则的复杂运用，到履次出人意料的判决结果等，都让人联想到著名的美国辛普森杀妻案，故被跟踪报道本案的多家媒体称为"中国版辛普森杀妻案"。

辩护思路

鉴于被告人坚决否认杀人，跟对待所有故意杀人的类案一样，辩护律师做无罪辩护时，都是从有无作案动机、证据是否存在缺陷、能否得出唯一结论的角度出发，寻找有利线索，制订抗辩计划。

1. 反驳检方指控的杀人动机

检方认定，常某与被害人感情不和，"素有矛盾，在事实上分居"，并在婚外有女朋友，故起杀机。但经律师调查，事实并非如此。

常某与妻子于1988年结婚，两人因为忙于各自的工作，直到2001年才生育孩子，孩子自幼患有自闭症，无生活自理能力。为了给孩子治病，两人齐心协力，多次到外地寻找医院。虽然偶尔有言语不合，但属夫妻间正常现象，在案发前，两人也从来没有提及分手、离婚等严重影响感情的问题。这一重要事实，在公安机关收集的证据中，也得到了被害人亲属、单位同事、邻居等多数人的佐证，证人均在证词中证实两人夫妻关系正常，没听说过有异常的情况发生。

常某因为工作原因与某异性朋友产生过亲密关系，但未发展到想要结婚的程度，两人从未谈及过这个话题。既然未曾有过离婚打算，更谈不上被害人设置离婚障碍，由此可确定排除常某蓄意杀人的犯罪动机。至于"分居"的说法，则属概念曲解，两人一直是在家中共同居住、生活，只是因为需要照顾自闭症的孩子分床而睡，并不是真正的分居。

那么，常某是否可能在一时矛盾之下发生激情杀人呢？如果是临时起意杀人，则必有引起临时犯意的激烈冲突。公诉人在不能证实有预谋的情况下，也正是按照这一思维调整了指控方向，并以常某庭前有罪供述为依据，指控在事发当天夜里，常某因琐事与被害人马某发生争吵，继而两人互扔化妆品盒子、水杯、杂物等东西并进行厮打，最后导致杀人结果发生。但除了常某在侦查阶段的有罪供述外，再没有其他证据如现场勘查笔录等来佐证发生过争吵和厮打的事实，对居室的现场勘验检查笔录中缺乏对损坏的或凌乱的盒子、水杯、杂物等的描述，也没有找到这些物品提取指纹。相反，公安机关收集的四十多名邻居的证言均一致证实，当天夜深人静，在隔音不好的旧式居民楼中，没有听见争吵或者摔东西的声音。

2. 寻找检方证据的缺陷

对于影响定罪的几个关键证据，我们经逐个分析后作为辩护重点进行反驳。

首先是质疑尸检报告。该报告的结论是"不排除被害人被扼压或掐勒颈部致机械性窒息死亡"。经我们请教法医专家，认为该结论缺乏有力分析，没有论证过程，得出的结论并不是唯一的。检验报告未对舌骨大角骨折的具体情况做出检验和描述，无法确认是否存在死后外力导致的可能；鉴定人未对尸体做必要的病理切片分析和论证，死亡原因中不能合理排除急病猝死或者部分毒物中毒的可能性。何况，该报告本身采用了"不排除"的词语，也说明这是一种不确定的结论，不能印证案件事实。

其次是质疑现场勘验检查笔录。杀人案件中的尸体原始位置非常重要，能够还原凶杀现场的部分事实。但本案勘验笔录对于案发现场麻将室中尸体位置的描述，难以证明是原始位置。消防队员的证词证实，他们到达火灾现场时，因现场浓烟滚滚无法看清内部情况，其持水枪从门口开始灭火，逐步向内推进，对现场的地面和墙壁进行喷水，水枪使用了 5 分的水压，足以在 4—5 米范围内将人冲倒。而本案被害人身体弱小，尸体在火灾中已被大部分烧焦，体重远小于正常人体。巨大的水压很有可能造成了尸体位置的移动，冲进了楼梯边没有门槛的已经烧毁的麻将室内，导致勘验报告所描述的尸体位置已经不是原始位置，因此勘验报告对案件的事实真相不具证明力。

最后是质疑火灾原因认定书。该认定书在没有任何证据材料支持，也没有任何分析论证的情况下，便直接得出本案具有放火嫌疑的结论，显然违背了科学认定的原则，不能令人信服。

从侦查机关收集的证据（消防部门并未收集材料）来看，到底是放火还是失火，材料杂乱，无法得出明确结论，无法排除失火的可能。比如，根据被告人有罪供述，其用于点火的木板、纸壳等杂物是从二楼楼梯拐角处取得，但多名邻居在证言中证实，二楼拐角处平时并没有这些杂物；控方证据能证实，麻将室是邻居利用楼梯下的空间私搭乱建的违章建筑，电线较乱，没有电灯开关，开灯关灯都是通过直接插拔电线进行，毫无安全性可言；在案发当夜有四人在麻将室里打麻将，其中有两人是吸烟的，而麻将室内并没有烟灰缸之类的物品，烟头扔在地上；等等。这些证据都表明，私搭的电线或者随意抛弃的烟头，都有可能引发火灾，消防部门的火灾原因认定书却没有对此进行调查，也没有排除这种可能性。

3. 构建合理怀疑的逻辑

检方指控，被告人为了焚尸灭迹，把被害人尸体从四楼住处沿着楼梯背到一楼，放入邻居在楼梯旁私搭乱建的简易麻将室内，然后堆上杂物焚烧。

但据常某在摆脱刑讯逼供环境后的稳定供述，出现火灾后，两人都是顺着楼梯往楼下跑的，常某跑到二楼楼梯时被浓烟与气浪严重灼伤，遂退了回去，改为往上逃跑到五楼，而被害人在跑下楼的过程中失去了联系。

那么，被告人的供述是否具有合理性，本案是否可能存在与指控完全不一样的情节呢？

我们通过对全案证据的考察，认为现有证据无法排除以下可能性：麻将室内四人半夜玩过麻将后，因乱扔烟头或者电线隐患引发火灾，被害人在往楼下逃跑过程中，因浓烟刺眼和高度慌张，可能因看不清楼梯而跌倒，摔下台阶到一楼地面并休克，继而在火灾中失去生命。后来消防队员灭火时，已被烧得半焦的尸体被水枪冲刷，向内移动，到了后来被发现的位置。消防队员在进入楼内后，为尽快灭火，曾使用消防铁钩清理地面，但当时仍看不清地面情况，可能无意中触及被害人面部，造成包括舌骨外伤性骨折在内的尸体变化，该骨折并非在生前被压扼形成。

支持以上合理怀疑的证据情况如下：麻将室系借用楼梯下的空间私搭乱建的简陋场所，存在极大火灾隐患，且当晚有人在室内打麻将和抽烟直到半夜；被告人无罪供述；被告人有罪供述中关于在家中吵架和摔打物品、尸体摆放位置、从二楼楼梯拐角处取得大量易燃杂物等内容，与现场勘验报告和证人证言矛盾；消防队员关于视线不清条件下使用水枪且压力足以使人体移动和使用铁钩足以损伤人体的证言；尸体检验报告关于舌骨骨折无法确定是否系外力所致，亦无法确定系生前被他人扼压所致；被告人可能因不知火源而先往楼下逃命被烧伤严重；等等。

如果检方不能通过补充新的证据来充分解释以上疑点，则不能排除辩方对案情的根本性合理怀疑。

控辩争锋

在一审、二审和发回重审的一审、二审共四次开庭审理中，控辩双方围绕上述争议展开了激烈的抗辩。

我们认为，除了前述的控方证据缺陷，更需要打掉的是被告人有罪供述。因为一旦失去了有罪供述，控方的所有其他证据都成了无源之水，拼凑不起指控逻辑。所以首先面临的就是如何转守为攻，排除非法证据的问题。

关注美国橄榄球明星辛普森杀妻案的人应该都知道，警察富尔曼的证词以及一副带血的手套，受到了辛普森重金聘请的庞大律师团的攻击，从而导致警察采集证据的失效，最终瓦解了控方的有罪证据。

同样在常某杀妻案中，因为没有对于杀人、纵火行为的目击证人，也没有现场视频、物证等可以直接证实犯罪行为的证据，被告人供述成了直接证明案情的有力证据。在我们多年沿袭的侦查模式中，采取各种方法拿下被告人认可犯罪事实的口供，就成了定案的尚方宝剑。本案中，虽然有多次认罪口供，经过辩护律师的缜密分析，结合申请侦查人员出庭等，有罪供述变得不再真实可信。

我们提出，被告人常某的庭前有罪供述系侦查人员非法取得，不能作为定案依据。常某在大火中被严重烧伤，被送入积水潭医院治疗，到2007年6月底被抓捕时已符合出院条件，出院记录中载明已"基本痊愈"，符合看守所收押条件。但他被抓一天后，刑警人员又将其先后三次送往不同医院进行急救和包扎，然后送往看守所，但看守所以有伤为由拒收，证明常某到案后确实遭受新的暴力创伤，与其当庭供述吻合。

常某被抓时，双手外形完好，十指能够自由活动。巧合的是，北京电视台"法治进行时"栏目在常某被抓后，在审讯室进行了案件采访，并公开播放了现场视频，视频显示常某十指正常，律师无意中从网上发现视频后，翻录下来提交给了法庭。但常某被羁押几年后，双手已经严重畸形，形似扭曲的鸡爪，失去了基本功能。这个事实充分说明，常某被羁押期间双手完全残废，是遭受暴力和故意不给予必要治疗的结果，并不是烧伤后自然发展的结果，与常某供述的侦查人员扔掉医院配给的治疗手套，以不给治疗相威胁，要求常某做违心供述的事实一致。

根据常某当庭供述，结合十多份常某有罪供述的笔录时间（绝大多数为夜间审讯）、侦查人员的当庭证言等，可以证实，常某被抓后三个月一直做无罪供述，但从 2007 年 10 月 1 日前后开始，连续十多天时间内，侦查人员共六人分为三组，不分昼夜，轮番对常某进行车轮战，并施以殴打、死亡威胁等，致使其得不到正常休息，精神恍惚，最终被迫按照指定内容做出虚假供述，编造出夫妻间因琐事发生争吵、互殴的情节，以圆"杀人动机"之说。在这十多天车轮战之后，审讯恢复正常，常某又恢复无罪供述。

为了证明殴打情节和疲劳审讯，我们申请本案的侦查人员出庭，法庭先后通知了包括刑警、预审人员在内的五名警察出庭，接受了辩护人和法庭的询问，证实了抓获常某后又送医院急诊和疲劳审讯的情节。这在 2010 年"两高三部"《关于办理刑事案件排除非法证据若干问题的规定》出台前，显得尤其可贵。

检方在排非程序中奋力抵抗，采取了让侦查机关出具说明、积水潭医院医生出具说明、调取看守所体检表等方法，证明取证合法性。

原审判决中，对有罪供述均认定有效，后在重审判决中，则是委婉地未予以采纳："经查，公诉机关当庭出示的破案报告中据以确定常某具有重大作案嫌疑的依据不足，被告人常某在侦查阶段所作的有罪供述与其他证据没有达到供证一致，不能形成完整的证据链。"

然后是围绕尸检报告、现场勘验笔录进行的专业较量。

由于尸检报告对于死因的认定涉及大量法医学、生理学的专业知识，为达到最佳辩护效果，尽可能地还原真相，我们一方面寻找社会鉴定机构的帮助，以书面意见进行破解，另一方面又申请侦查机关的鉴定人和辩方的专家证人出庭，就专业知识由双方在法庭上进行对抗。法庭再次给力，前后几次庭审中，共计通知专家证人和北京市两级公安机关多名鉴定人出庭多达六七人次，双方各自运用专门知识，站在相反立场，进行唇枪舌剑的辩论。

对于现场勘验笔录，我们多次实地走访了火灾现场，仔细丈量了从门口到楼梯最后一个台阶的距离、台阶下面到麻将室原址的路线和位置图，并形成照片和说明文字等提交法庭，以证明尸体有可能在水枪压力下移动。检方则再次录制多名消防人员的证言，改变了前面的证言内容，努力反驳辩方的主张。

最后，重审判决认定，"公诉机关当庭出示的尸体检验鉴定书及鉴定人的出庭意见与法医会诊意见、专家鉴定人的出庭意见及北京华夏物证鉴定中心出具的司法鉴定意见书、鉴定人就被害人舌骨大角骨折是否系外力作用所致等问题的出庭意见存在矛盾；此外关于常某双手、手臂被烧原因及放火过程中是否使用助燃剂、助燃物等证据存在矛盾。"

疑罪从无

《孟子·离娄上》有言,"徒善不足以为政,徒法不能以自行"。良好的法律秩序的确立,不但需要良性的法律规则,更需要与之相配套的法律人的存在。法律人的产生是法治社会的必然要求和产物。目前而言,法庭上律师的地位可能还不如检察官、法官,但律师仍应不畏困难,全力争取,就现行法律条文所赋予的权利,予以充分行使与发挥。

在本案中,为申请专家证人、鉴定人、侦查人员出庭作证,我们不惜"顶撞"持反对意见的合议庭成员,与强烈反对的公诉人激烈争论,发生善意的"法庭冲突",坚持不懈,无所畏惧,以此争取律师的辩护权利,借以维护被告人的合法权益。好在专业对抗不是立场对立,加上在漫长的诉讼过程中,立法恰如其时地确立了排非规则,律师的诸多合理诉求,还是得到了法院的支持。

重审判决认为:"公诉机关指控常某犯故意杀人罪、放火罪的证据未达到确实、充分的证明标准,指控常某故意杀人罪、放火罪不能成立。"此处所谓的"证据未达到确实、充分的证明标准",核心就是疑罪从无。这与辩护律师坚持要求侦查人员就刑讯逼供存在与否出庭作证,坚持调取被告人常某在羁押场所的体检报告、出监所记录以及调查常某双手、双臂烧伤原因等,是分不开的。

这一点与美国辛普森杀妻案有着异曲同工之处,都是遵循了疑罪从无原则。当然，辛普森案中，所谓的合理怀疑，可能表述更加严谨。伊藤法官如此定义"合理的怀疑"：这不仅只是可能的怀疑，因为任何与人相关的事物都存在某种可能或想象的怀疑。合理的怀疑是指整个论控，在经过对所有证据全盘的比较与考量之后，陪审团仍然觉得没办法一直全然确信检方论控的事实。

虽然，犹如美国的陪审团虽然裁定辛普森无罪，但却难以说服美国大众相信辛普森不是凶手一样，仍有为数不少人坚信被告人常某就是杀妻真凶，他是因为自己的"抵赖"，加上律师的"狡辩"，利用侦查机关的"漏洞"，侥幸逃脱法律制裁。但更多的法律专业人士看到的是，严格依法裁判即是法治进步。经过律师坚持不懈的依法争取，法庭排除干扰和压力，对个案适用疑罪从无原则，客观地依照刑事诉讼规则断案，体现了法官、律师对法治、自由、公平和秩序的追求。

再次反转

在本书交稿后，2021年12月底，二审法院宣布重审后的二审裁判结果，撤销了一审法院的无罪判决，重新认定常某构成故意杀人罪、放火罪，判处的刑罚也与原审相同：死刑缓期两年执行。在再次认定有罪的理由上，与原审没有变化。

这又让人想起，辛普森案件在刑事判决无罪后，民事法庭却判决其对两名被害人的死亡承担责任，并赔偿巨额财产，导致辛普森一步步走向倾家荡产的剧情变化。

常某的两个罪名分别都是最为严重的罪名之一，任何一个都可以判处死刑，而且本案造成了一人死亡、一人重伤、一人轻伤的后果，本人又坚决不认罪，也没有自首、立功、被害人谅解等情节，为什么法院在认定构成两罪的情况下，尤其放火罪涉及公共安全的情况下，两次都是只判处死缓？第一次是在十多年前司法环境正处于"疑罪从轻"的时代，可以一定程度上解释。这一次，判决书的表述是，"常某犯罪性质恶劣，犯罪后果严重，鉴于本案因家庭矛盾引发，结合本案具体情况，对常某判处死刑，可不立即执行"。其中，对于结合本案的哪些"具体情况"才导致从轻处罚，法官未做释明，判决书也没有提及。或许，这也使得本案是否可能发生更多次反转，给人们留下了遐想空间。

政府补偿承诺书居然是诈骗事由

前几年经历了一起诈骗案审判的始末，看到了某些地方在招商引资上的政策不稳和刑事司法的尴尬。

案情大概是，女主是东北人，能歌善舞，长期移居欧洲，丈夫是欧洲本地人，研究汽车技术。在丈夫及其团队取得一项汽车自动变速器技术后，两人认为中国市场适合技术的落地和发展，女主就放弃自己的歌剧事业，拉着丈夫和团队回到国内。他们先在吉林设立了一家汽车动力公司，在当地政府的大力支持下，开始建设工厂，准备生产汽车动力器件。工厂建到一半时，辽宁一个大城市的经济开发区管委会主任知晓了，就去劝说女主，让她放弃吉林项目，改为到其主管的开发区建设项目。女主转行不久，涉世未深，看到辽宁政策更加优惠，就提出自己公司已投入6000万元建设资金，如果能予以补偿，也可以考虑迁移项目。管委会主任一口应承。

不久，女主来到辽宁，就项目投资相关事宜向该经济开发区所在的市政府做了汇报，得到了领导支持，在市政府进行了立项登记，又和经济开发区管委会签署了项目合作协议，遂在该市注册成立了汽车动力总成研发公司。公司成立几天后，管委会主任信守承诺，果然为女主出具了一份经济开发区管委会补偿承诺函，加盖了管委会公章，承诺给女主的新公司从外地变更落户到该开发区补偿人民币 4000 万元。

女主手里有丈夫团队的技术，这项技术比较先进，在欧洲和国内都有过多位专家进行论证。但女主手里自有资金较少，连同亲属只凑了几百万元注入公司，需要更多的资金来完善项目技术的进一步研发，已联系好的资本方答应投资，也来实地考察过，但需要等到项目拿到土地后，才会觉得眼见为实，真正开始掏钱。女主是个急性子，说干就干，把好多欧洲专家请了过来，把国内服务商也请了过来，租下酒店开始办公，研发汽车动力技术的生产图纸。有人干活就需要支出，女主就向开发区索要 4000 万元，管委会主任承诺时容易，拿钱时头疼，好不容易凑了 100 多万元，就歇火了。但管委会主任很有责任心，想着把项目做好，在女主催促下，灵机一动，开始了政府负责人和企业主共同借钱的创举。

管委会主任先想到了一家有实力的工业公司，他和公司负责人熟悉，于是带着女主来找这家公司借款。会谈中，女主向公司负责人出示了开发区管委会的补偿承诺函，说明了项目在政府支持下的前景和先期建设资金的需求，主任对此加以印证。公司负责人也是见多识广，虽然不认识女主，但对管委会主任代表的开发区政府还是有充分信任度的，答应给女主借款 1000 万元，只要管委会主任背书就行。女主写了借条，加盖了自己公司印章，管委会主任也欣然在借条上签字，以担保者身份共同确认了借款事宜。

项目继续推进，资金继续消耗，但土地问题始终没有着落，4000 万元补偿款也迟迟没有到位。问题出在了哪儿呢？原来，这与当地政府职能交叉有关。经济开发区有自己的领导体系，有独立的行政权，但又受到所在地区政府的领导。不巧的是，该区政府的区长与管委会主任个人关系不好，矛盾和冲突较多，管委会主任要做的事情，即便得到了市政府的支持，但区长不愿意支持。县官不如现管，区长既不批准项目土地，也不批准4000万元补偿款。女主找到区长理论，区长也是说项目不符合财政支持政策，区政府无法给付经费及土地。但除了区长口头表达不同意外，区政府并没有以会议形式或者区政府的名义否定女主的项目，也没有对土地问题和开发区承诺函是否失效做出正式决定。

时间过了半年，工业公司的1000万元还没有归还，女主又缺钱了。经与管委会主任商量，女主自己联系了当地的另一家公司，再次以工程项目需要资金为由借款500万元。这次，还是出示补偿承诺函，还是女主在借条上加盖自己公司印章，管委会主任共同签字确认。

以上共计1500万元，基本都用在了公司日常支出、租赁酒店费用、工作人员和技术专家的境内外往返机票、各类设计费上。

随着区长和管委会主任的矛盾升级，不久管委会主任落马，女主也被抓捕。

女主的罪名是诈骗1500万元，管委会主任的罪名却比较奇怪，一开始除了受贿罪，也认定是诈骗罪共犯，但到了审查起诉阶段，诈骗罪没有了，只剩下受贿罪。

我们介入辩护后，通过向境内证人取证、从欧洲调取专家证言、梳理女主自有资金投入和借款后每一笔支出、向有关部门反映当地营商环境不佳等方式，提出几点无罪理由：

一是项目是真实的，技术是先进的，这既有市政府的立项登记为证，也有欧洲专家们出具的书面证明和国内公开研讨会为证。虽然公诉人提出没有专利就不代表技术的独特性和创新性，但这个观点是对知识产权认识的不足，不懂得很多专有技术有意避开专利防止公开披露的现实。

二是区长在个人会谈中确实有过不支持项目、不同意土地审批和 4000 万元补偿款的表达，但这只能视为个人意见。在区长明知已有立项登记和补偿承诺函的情况下，其到案发时都没有把个人意见上升到政府意志层面，也没有通过官方文件否定开发区管委会与女主签订的合作协议，没有发文撤销以政府名义出具的补偿承诺函，故协议和承诺函一直有效，当事人有理由相信政府公信力，不属于隐瞒真相。公诉人关于补偿承诺函未经过开发区管委会集体决议应属无效的观点，是强人所难，超过了相对人的认知范围，也损害了政府行为的严肃性和基本信誉。

三是借款时出示补偿承诺函的行为没有任何欺骗性，再加上有承诺函出具单位的政府官员在场，官员作为借款担保人签字，证实了借款的真实性和还款能力的可预期性。公诉机关一方面指控女主构成诈骗罪，一方面又认为管委会主任与此无关，是割裂事实和任意认定。借款总额没有超出承诺函范围，并大多用于正常经营需要，没有挥霍、挪作他用或者携款隐匿，不具有非法占有的故意。

案件经过多次激烈对抗，进展缓慢，在历时两年后，最后由省高级人民法院二审裁决诈骗案不成立而告终。

案子办完了，女主也已经回到欧洲，但带来的思考非常沉重，感觉这个案例给政府、司法机关、被告人、被害人等多个方面都带来了损失，没有一个赢家。

一方面，在各级政府不断强调改善营商环境的氛围下，一些地方的内在痼疾难以消除，有关机构的负责人还是以拍脑袋决策为主。比如管委会主任为了政绩很随意地就做了招商引资决定，没有经过可行性论证，也没有提前协调好其他领导；区长也是很随意，对管委会做出的决定拖着不办，反对既成事实，完全不顾政府权威。这种内部消耗直接制约了投资环境，扼杀了经济动力和产业创新。而部分刑事司法机关又充当了"二政府"的角色，没有脱离政府影响而独立行使司法权，把诈骗罪这个"口袋罪"任意使用，助推行政失信，导致投资者失去最后的救命稻草，市场失去最后的公平，被害人权益也没有得到保障。这种现象如何改善，尚需要自上而下的治理良策。

另一方面，从投资者角度看，在仅有创业理想但缺乏足够深厚的资金和经营实力的情况下，过于依赖地方政府扶持，抗压能力不足，试图四两拨千斤，自身没有经受风雨的能力，在遇到政府权力更迭或者内耗时成为牺牲品，导致身陷囹圄，也是非常值得反思总结的地方。

一起没有被害人的敲诈勒索案

在企业内部纠纷中,一方为了打压另一方,经常使用刑事控告手段,利用司法资源让对方进入牢狱。常见的控告有职务侵占、挪用资金、敲诈勒索、非国家工作人员受贿等。

在山东北部一个城市,有一个老牌集团公司,下面有一个上市公司,老板算是城市的首富,在当地社会关系比较丰富。上市公司在青岛开设了一家子公司,从事房地产开发,因为缺人,就招聘了一位当地资深人士当总工程师,负责这家置业公司的技术事项。

在一个项目的开发过程中,老板认为容积率太低,影响公司效益,就让总工程师去找规划部门协调,把容积率给调高些。这在行业惯例内简称增容。

总工程师动用各种资源,费劲巴拉地终于完成了任务,规划部门正式批准增容,公司为此能够在多批准的房产面积中增加获利1.7亿元。

按照总工程师事前与董事长的约定,应以增加利润部分的一定比例给予奖励。但两人没有签订书面协议,也没有在场证人,属于君子协定。

过了些日子，总工程师忽然得知，老板把这家置业公司给卖了，也就是把公司100％股权都转让了，易主了；并且还告诉新老板，总工程师能力一般，不要继续聘用。就这样，总工程师一夜之间失业了。

总工程师很不服气，就去找老板理论，吵吵闹闹索要约定的提成费。老板说："那你自己计算一下，应该给你多少提成。"总工程师回家后，列出公式很认真地计算了半天，应该给自己2125万元，就把这个数字用短信发给了老板。老板回复短信，认为数额比他设想的多很多，他也需要先计算一下。双方后来经过讨价还价，口头约定提成费打折，变为1200万元。

不久，老板使用个人账户通过网银转了200万元过来。总工程师这次比较有心眼，发短信问："今天转给我的200万元是全部提成么？"老板回复是"部分"。但之后一个月，老板又没有音信了。总工程师有点着急，就又发短信，说要向有关部门举报老板的公司存在违规行为。但老板很淡定，又过了几个月，才再次转了200万元。

总工程师忍无可忍，决意把事情搞大，在上市公司的股吧里直接发帖，称"我是原总工程师，已决定向国家有关部门举报大股东侵吞股民巨额资产之事，为保证我的安全，在此声明，如我的人生和安全遭到不测，是大股东所为"。

这下子捅了大马蜂窝，第二天，老板就安排人到上市公司的母公司所在地公安局报案，说总工程师以任职期间为上市公司办理土地增容实现土地增值为由，向上市公司索要2125万元，并以如果不给就向国家有关部门举报上市公司的违规违法行为为由，敲诈上市公司现金400万元。很快，刑警就到青岛把总工程师抓捕归案了。

我在审查起诉阶段介入后，通过阅卷发现这案子办得就像个闹剧。立案了，也抓人了，还逮捕了，但全案没有被害人的只言片语，上市公司既没有报案，也没有出具任何文字，卷宗里看不到跟这个被敲诈的被害单位有一丁点儿关系的内容。办案单位依据的全部证据，只是上市公司的母公司及其员工的报案材料。

经过多方了解才知，集团公司作为母公司，正常情况下应该是大股东，能够完全控制上市公司。但这个上市公司最近刚发生变故，集团公司所占股份已经萎缩到无法控股了，集团公司老板因为在证券市场失信，又被证监会处罚，没有资格担任上司公司董事长。新上任的董事长和董事会做事思路跟原老板不一样，认为自己没有被害，掏400万元的也是原老板个人，并非上市公司，就没有掺和到报案的事情中来。也有可能是考虑了上市公司不能随意介入诉讼，避免公告责任和无谓的影响吧。

我觉得案情比较简单，不管有没有证据能够证实总工程师与老板有过事先约定，至少在事后的双方短信中能体现出存在提成费的说法，何况老板第一次支付200万元时，总工程师没有说过任何威胁性语言，之后有无胁迫那就是协议执行中的争议问题了，算不上无中生有的非法勒索。更关键的是，案件中连被害人都没有，公安是怎么认定的？检察官又是怎么审查批捕的呢？

我找到公诉人交流看法，问她在没有被害人材料的情况下，怎么能够批捕的，万一我们律师能调取到上市公司否认曾被敲诈的证据怎么办。公诉人说这是公诉案件，不一定需要被害人报案，其他人也可以举报，本案中有被害单位的母公司举报，母公司又间接被害了，已经足够了。我瞬间被严重噎住，面对公诉人把"群众"举报材料等同于案件中必不可少的证据——被害人陈述,把法律关系上绕了弯子的母公司当作直接被害人的错误,不知如何再跟她对话,遂赶紧离开。回京后我改用书面语言,写了第一份法律意见书,快递给公诉人。

过了一阵子,我电话问公诉人,答复是退回补充侦查了。我暗中感激,看来公诉人还是重视了律师意见。

一个月后,我又去阅卷,看补侦回来的材料,发现补侦提纲和新材料里居然都没有提及我认为的焦点问题:被害人到底是谁,400万元被敲诈款与被害人之间是什么关系,以及第一笔200万元支付之前嫌疑人有无威胁、要挟行为。惊讶之余,又跟公诉人沟通,又差点崩溃,还是各说各话,不在一个频道上。

我回京后再写第二份法律意见书,盼望这次的书面语言能够起到作用。同时对于公诉人的答非所问也有些气馁,顺便又写了封给当地检察长的反映信,说明本案逮捕错误,应该尽快做不起诉决定的情况。

转眼又到了第二个办案期限,案件再次退回补充侦查,回来后再次阅卷,结果一如从前,案件核心问题没有任何进展。再找公诉人交流,公诉人已经不太乐意多谈,只说"你告吧,这是检察长交办的案件,反正检察长也是把反映信原封不动转给我"。

我们分析,两次补充侦查都没有被害人材料,除了被害人不配合的因素,也有报案和起诉上的"原罪"问题。嫌疑人以隐私相要挟的对象是上市公司大股东,即集团公司;要钱的对象却是青岛置业公司的母公司,即上市公司;实际给钱的又是老板个人,哪个公司都不是。到底谁才是被害人,司法机关都糊涂了,跳不出自己挖的坑,在法律上没法自圆其说。我们只要紧紧抓住这个问题不放,就很可能让他们决定不起诉。

我还是耐心地写了第三份法律意见书,阐明最后观点。又受公诉人言语启发,写了一份新的反映信,邮寄给上级检察机关领导。大意是公诉人对法律根本不通晓,办错案件不说,还把案件责任推给领导,并声称控告反映也没人管,还是由她自己来处理,检察机关的内部监督机制是这样的吗?

在审查起诉最后期满的倒计时日子里,公诉人终于改变态度,让律师不要再反映了,说检察长很重视,经过检委会讨论,决定做不起诉处理,但还需要找家属谈话,要求在犯罪嫌疑人释放后,要及时给老板道歉,并退回400万元案款。

这起缺乏被害人的案件终于结束了,总工程师终于回家了。他后来告诉我,他的父亲在他被羁押期间因为着急而病逝,自己悲愤不已,并没有答应公诉人的要求去道歉,也没有去退款,反而在进行新的一轮抗争。本来是企业的常见内部纠纷,却因为司法的不当介入,拉起了主体之间更深的仇恨,实在令人唏嘘。

租售商业违章建筑是诈骗还是非法经营

出租商业楼房居然可能构成犯罪?这个看似匪夷所思的问题,在司法实践中还真出现了。

故事发生在京郊某区。一位商业人才投资了一千多万元,在闹市中心盖了一栋大楼,按照购物广场进行布局和装修。在装修过程中,开始大规模宣传营销,包括在多路公交车上打广告,吸引商户前来租赁商场摊位。由于地处黄金地段,很快有一百多个商户前来预定摊位,并分别交纳了几万元不等的保证金和预付租金。但不久后,当地商务局发布公告,说这个购物广场没有审批手续,不能营业,导致商户们都来要求退款,楼主也就及时把几百万元退了回去。

又过了几个月,负责办手续的搭档对楼主说,手续没问题,很快就能办下来了。于是,楼主开始第二次招商,对商户们讲清手续还没办好但能办下来的情况,并以书面承诺方式,约定了万一不能经营则承担退款和赔偿责任。这次吸纳了四百多个商户,收取租金和保证金总额达到 2000 万元。楼主因为自有资金已经用尽,就把收上来的钱一部分用于商场的剩余装修工程,一部分用于招聘经营管理团队。

正在商户们翘首以盼，等待商场开业的时候，商务局又发了一个通告，说这个大楼还是没有任何合法手续的违章建筑，也没有经营商场的资质，请广大市民不要上当受骗等等。商户们看到通告，又生恐慌，再次纷纷前来要求退款。

楼主已把大部分资金用于装修和团队支出，除退还 600 多万元，其他无钱可退。商户们看到久拖不决，就集体到区政府上访。区政府经协调后无计可施，只好按照惯有思路，让公安局按照刑事案件处理，把楼主以涉嫌合同诈骗 1300 余万元抓了。

因为可能判处无期徒刑，案子被安排到了中级法院。我们律师经过会见和整理材料，发现楼主确实没有规划许可、施工许可等，全部手续中只有一个消防备案。这么大的一个楼，是怎么在闹市区崛地而起的，实在令人有点琢磨不透。

但也好在有这样一个物理上的真楼存在，不是只有图纸只有楼花，奠定了辩护成功的基础。楼主是真心实意地想经营商场，收来这 1300 万元都用于为开业所需的内部装修和正常经营了，没有挪作他用或者卷款逃跑，其行为不应该构成诈骗。拨开笼罩在案子上的各种迷雾，本质就是出租违章建筑，跟出租没有合法手续的住宅性质相同，至多是行政违法。

设想一下，如果租赁违章建筑构成犯罪，而且是严重的诈骗罪，那么就太可怕了！每个城市中都有太多房子缺乏合法手续了。

慎重起见，我们邀请了几位刑法学的权威学者，对此案展开了研讨论证。学者们指出，购物广场客观存在，虽不符合国家所要求的合法手续等形式要件，但这只是一种法律障碍；购物广场的先期投入资金已经超过指控的 1300 万元，被告人先投资建楼再收取租金后仍然处于成本亏空的亏损状态，这并不是出乎被告人意料之外的结果，而是处于其财务收支预算之内的正常情形，说明不是一场骗局，不属于刑法关于合同诈骗罪所列举的几种客观情形。

我们提出了辩护主张。一是，任何人出租违章建筑的行为都不构成合同诈骗。根据公诉机关的指控，本案核心事实是被告人将缺乏合法手续的自有建筑物出租给他人牟利。无论被告人在出租时对他人是如何描述建筑物手续以及如何做出承诺的，都无法改变本案最多只是出租违章建筑物的性质。被告人并没有虚构该建筑物的行为，也没有伪造手续的行为。二是，被告人第一次和第二次出租违章建筑的行为性质完全相同，但公诉机关认为第一次出租的行为不构成犯罪，第二次的行为则构成犯罪，在法律适用上明显自相矛盾。三是，被告人只明知建筑物缺乏手续，但并不明知无法办理手续，所以才会继续投入经营，认真准备开业，主观上没有欺骗他人的故意。很多被害人是经历过第一次招商失败的"老人"，是明确知道当时没有合法的营业手续的，没有陷入错误认识。

可能法官也觉得合同诈骗罪的指控有点离谱，就没有贸然做出决定，而是采取了谨慎的方案，逐级向上请示，最后层报到最高人民法院。案子为此延期多次，在羁押达到三年时，终于等来最高法的答复。答复内容我们不得而知，只知道肯定是不认可诈骗罪，因为宣判时，是更换了罪名，以非法经营罪判处楼主三年有期徒刑，判完后楼主就"刑满释放"了。

论理来说，这就是一个在社会矛盾、政府责任和法律公正之间的折中解决方案，楼主的行为既不构成诈骗，也不构成非法经营，否则按照非法经营罪的量刑区间，1300万元金额应该是五年以上有期徒刑。非法经营罪要求的是"违反国家规定"，构成该罪必须有法律明文的列举条款，如倒卖烟草、外汇等，非法房屋租赁并不在其中。我们只能说，在国情下，这么处理也是一种法律智慧，让以为能通过边违法经营、边补办手续的常见"擦边球"意识得到纠正，又让法律得到基本维护，做到某种平衡意义上的罪刑相适应。

企业在与行政命令冲突下容易冒出的"原罪"

在山东南部一座城市,因为环境污染严重,市领导被环保部约谈。约谈后,该市环保系统雷厉风行,开始整治污染问题,首当其冲的就是要求环保问题较大的企业如炼钢厂、陶瓷厂停止生产,并搬离市区。

当地有一家年产值几十亿元的特钢公司,是上一届市政府从外地招商来的重点大户,由上百名南方人集资建成,该公司也在被限期搬离之列。因搬迁厂房和炼钢设备的成本太大,公司与市政府谈了几轮后,认为政府给予的搬迁补贴太少,会导致公司严重亏损,董事长便以无法向股东们交代为由拒绝搬迁。

不久,董事长和几个企业骨干被公安局刑事拘留,涉嫌罪名分别为重大劳动安全事故罪、重大责任事故罪。原因是几个月前公司的车间发生了一起铁水外溢事故,造成三名工人死亡。当时行政部门按照程序组织已完成了事故调查和处理,公司已对死者家属赔偿完毕,但案件一直没有移送公安机关。

公安局办案速度很快,没几天就完成了报请逮捕、移送审查起诉等程序,案件移交到了检察院。同时,公安机关开始调查公司在几年前发生的非法占用农用地问题。

我在审查起诉阶段代理案件后,发现生产事故是由车间工人违章操作引起,依法可以追究车间负责人和操作人员的重大责任事故罪。但事故中不存在安全生产设施或者安全生产条件不符合国家规定的情形,安全监管部门在事故发生前几天还来过车间例行检查,也未发现有不符合规定、存在隐患的情况,按照我国《刑法》第一百三十五条之规定,不应当按照重大劳动安全事故罪追究公司法人代表的责任。重大责任事故罪和重大劳动安全事故罪这两个罪名看似孪生,实则差异较大,一个是车间层在具体生产操作层面的责任,一个是领导层在提供安全生产条件上的管理责任。

但事情显然没有这么简单。经过会见,律师得知,办案人员在多次讯问中,基本没有提及案件问题,谈的都是企业搬迁问题。事情已经明朗了,抓人和涉嫌罪名都是根据环保需求,由市里统一安排的。

类似案例我们经历过不少,有些地方政府在需要"收购"民营企业股份、以行政命令方式要求企业兼并其他破产企业、需要企业配合进行环境整治、需要企业配合进行特定项目投资时,如果遇到障碍,往往不是以行政权力或者民事权利依法解决,认为走程序、打官司,让法院执行,既没有成功概率,又耽误工夫,还在权力上丢了面子,就干脆用行政带动司法,安排公安机关以刑事方式配合。甚至有不少企业因为不满足某个领导或领导亲友提出的直接给予好处、并购、项目合作、在土地等领域退出投标、退出竞拍等要求,而被领导安排追究刑事责任的。

常见的追究方式是不需要被害人报案的法定犯罪,如逃税、虚开发票、抽逃资金、串通投标、非法占用农用地、非法采矿等,这是很多企业都有意无意触碰过的"原罪";或者是扒拉过往资料,找出已报案但不知道过了多少年也没人理睬的行贿受贿、挪用资金、职务侵占、合同诈骗、寻衅滋事等。如果运气不好,遇上不耐烦的领导,会直接要求按照涉黑涉恶案件办理,手里没有证据没关系,先随意找一个罪名抓人,再发布通告,向社会征求线索,把那些长期欠债无力偿还的、有经济纠纷或者个人恩怨的、对几年前拆迁补偿金额不满而去上访结果被政府截回来批评教育的、拆迁竞标竞拍输了甚至打架输了正好埋藏一肚子怨气的、因为敲诈勒索、故意伤害、寻衅滋事等原因被判刑正在监狱中老老实实服刑的,等等,都动员起来,积极主动地在瞬间提供一大串人证物证。

这种情况下,如果当事人和委托律师能够分析出是真正案件原因还是案外原因,找出多管齐下、既治标又治本的解决方案,可能正好解救了身负重任又勉强为之的办案机关,有效化解刑事风险。如果还是按照以往套路,不是找关系就是在案件本身死打严防,则往往事倍功半,所有各方都将在泥泞道路上艰难前行,辩护效果寥寥。

我在案件辩护思路分析会议上,向公司说明司法现状,以及新时期环保政策的严厉性,建议在律师强力辩护的同时,还要继续与政府接触,寻找退而求其次的搬迁解决方案。

因公司内部意见不一,时间又过了两个月,公安局再次出手,以第二份起诉意见书指控董事长涉嫌第二个罪名——非法占用农用地罪,涉及土地八十余亩。

这个罪名更是具有"原罪"色彩,是常见的在地方政府引导下,"先上车后买票"的做法。在当初招商引资时,区政府以三次会议纪要的书面方式,确认了按照区政府规划,供应给该公司使用的土地位置和面积，并承诺按照土地审批权限，由政府向上级土地管理部门申报批地手续，办理土地使用权证。土地属于荒地，没有耕种，只有少量林木，所以没有常见的拆迁工作。在街道办事处支持下，企业盖起了厂房、大棚和车库等，已使用数年。同时，企业向地方政府缴纳了 2000 余万元的土地使用金，等待政府办理手续。这种政府主导并获利的土地占用行为，很难归咎于善意使用土地的企业。

又僵持了几个月，我们辩护人不断提出新证据和法律意见，同时反映市政府没有积极作为却以懒政方式借用司法力量的情况。政府也着急于诸多企业在环保上的进展缓慢，想要打开工作局面。最后，经过磋商，双方终于达成一致，企业承诺马上搬迁。检察机关见状，对董事长改变了强制措施，予以取保候审，让董事长出来着手安排搬迁事宜。之后，眼见为实的检察机关修改了公安的起诉意见书，把董事长的两个罪名改为一个，并以认罪态度好、有立功等事由，建议法院从轻处罚。法院又以迅雷不及掩耳之势做出判决，采纳律师意见，对董事长免予刑事处罚，对其他同案被告人均处以有期徒刑缓刑执行。

串通拍卖与串通投标是一回事吗

串通投标是公司经营中的常见行为，在道路交通、建筑工程类等项目中屡见不鲜。在许多串通投标案例中，所有参与投标者都知情并同意，有的是配合围标者得到私下补偿，有的是都由一家公司操纵，找几个"马甲公司"配合，还有的是政府部门提前指定了一家公司承接项目，但碍于法定程序要求必须公开招投标，就要求招标人和投标人串通报价。在这些情况下，中标者之外的招标人、投标人利益都没有受到损害，没有不公平，貌似不应该追究法律责任。但刑法有一个补救条款，就是虽然没损害投标人、招标人利益，但损害国家、集体、公民合法权益的，还是要追究责任。也因此，串通投标罪在现实中一直屡见不鲜。

针对这种既多发又轻微的特色刑事案件，为了贯彻中央鼓励、扶持民企的精神，落实"六稳""六保"政策，中央政法部门于2020年出台了一些刑事政策，一方面对严重破坏经济运行的犯罪加大打击力度，另一方面对常见的影响不大的虚开增值税专用发票、逃税、骗取贷款、串通投标等犯罪予以宽容处理。有的省市随后出台政策，其中包括对串通投标等犯罪，没立案的尽量不立案、没起诉的尽量不起诉、已起诉的建议法院免予处罚等。

但在有的地方，对于政策的理解和贯彻程度仍有差异，甚至对明显不属于串通投标的行为，基于某些目的，都要努力往入罪上追诉。

2021年年初，东北某省城的一个基层检察院，移送起诉了一起串通投标案件，作为指控恶势力团伙的补充。指控内容大致是：某区国土局于2018年9月通过省公共资源交易网公开拍卖出让一块建设用地，竞拍方式为网上竞拍，出让底价和起始价均为2155万元。该公告发布后，以A被告人为法定代表人的甲公司网上报名后交纳了保证金；乙公司进行网上报名后未交纳保证金；B被告人以自然人身份进行网上报名后交纳保证金。其间，在两被告人及其相关公司之间，进行了数次资金往来，并且两人均委托了同一个人负责投标文件编制及办理其他投标事宜。2018年10月，在网上竞拍活动中，乙公司先行出价2155万元，甲公司加价10万元，B被告人未加价。最终，该地块被甲公司购得。

检察机关认为，上述行为构成串通投标罪。更严重的是，认为由此所得的土地开发利润属于非法所得，应当没收。

在开庭时，我们忽略指控中的枝枝节节，删繁就简，直接指出，本案并非招投标领域，无论被告人有无串通情节，均不可能符合串通投标罪的犯罪构成。招标投标是市场交易的一种方式，是投标人根据招标人的条件提出自己要求的价格和相应条件，开列清单向招标方投函的活动。按照程序要求，由招标人召集所有投标人当场开标，选择其中质量最精良、价格最优惠者为中标人，再由招标方与之订立合同，进行交易。

本案涉及的是国有建设用地使用权出让，根据国土资源部2007

年修订的《招标拍卖挂牌出让国有建设用地使用权规定》，国有建设用地使用权出让包括招标、拍卖和挂牌出让三种方式。该规定第二条中对招标出让和拍卖出让的方式做了明确区分，即"本规定所称招标出让国有建设用地使用权，是指市、县人民政府国土资源行政主管部门（以下简称出让人）发布招标公告，邀请特定或者不特定的自然人、法人和其他组织参加国有建设用地使用权投标，根据投标结果确定国有建设用地使用权人的行为。本规定所称拍卖出让国有建设用地使用权，是指出让人发布拍卖公告，由竞买人在指定时间、地点进行公开竞价，根据出价结果确定国有建设用地使用权人的行为"。由上可见，国有建设用地使用权拍卖出让的，并非招标出让，两者是性质、程序均不同的国有土地使用权出让形式。换句话说，一个是秘密报价，一次性开标，一锤定音，可能最终价格低于招标人要求；一个是公开竞价，同一人可以不断加价，但无论最终价格多少，都不低于出让人要求的底价。

同时，我们也强调指出，拍卖与投标虽然都是竞争性的交易方式，形式上具有一定的相似性，但二者行为性质不同，分别受不同法律规范调整，招标投标法对串通投标设定了刑事责任；而拍卖法对串通拍卖则只设定了行政责任，未规定追究刑事责任。我们又拿出最高检刚公布不久的指导性案例第90号"许某某、包某某串通投标立案监督案"，该案例也重申了上述理由：刑法规定了串通投标罪，但未规定串通拍卖行为构成犯罪；对于串通拍卖行为，不能以串通投标罪予以追诉。

虽然公诉人不认可我们的观点，甚至当庭反驳，认为最高检的指导案例说理错误，串通拍卖与串通投标实质上就是一回事，具有社会危害性，应当定罪，但法院支持了我们的观点，没有理睬公诉人反对自己所在检察机关最高层指导案例的意见，在判决书中简洁地以"经查，二被告人实施的是拍卖行为，不属于招投标行为，故不构成串通投标罪，公诉机关指控的犯罪不能成立，不予支持"做了结论。公诉机关希望借此罪名没收被告人巨额资产的愿望也就此破灭。

接受财物退出竞拍是否构罪

上一篇讲了土地拍卖中的竞得者所面临的遭遇，这篇讲一下竞拍中的非正常退出者所面临的法律问题。

如果你是当事人，可能会问我：

"所有参与投标的人统一报价，结果我失败退出了，还会有责任吗？"

"朋友让我帮忙围标，我没拿钱，只出个手续，有责任吗？"

"我正常参加招拍挂，有人给钱让我退出，我拿钱后有责任吗？"

前两个问题比较容易回答，只要投标人在一起商量过报价问题或者退出问题的，无论拿不拿钱，无论是否胜出，无论真假投标人，都是串通投标的共同犯罪人。

第三个问题比较复杂，如果属于招标，则答案同上。如果属于拍卖出让、挂牌出让，定性上则争议较大，各地司法机关的做法可谓五花八门。

问题的焦点不在于法律是否明确，只在于如同前篇所述的同一个困境——想要没收当事人由此获得的财产，不给定罪显然不行。

首要的思路是推定为串通投标。但招拍挂中的"拍"和"挂",都跟"招"有本质区别。招标是让大家"背靠背"投标,最后统一揭标,没有回旋余地;拍卖和挂牌则基本相似,都是公开进行,可以在大家眼皮底下不断加价,而且都不会低于底价,无非是延续时间长短有所不同。既然串通拍卖、串通挂牌不能等同于串通投标,那么有没有其他途径给当事人定罪呢?

下面这个案例较具有典型性,主人公被检察院指控为敲诈勒索犯罪。

案情是这样的:河北有一座国家历史文化名城,城中有一位房地产开发商,开发商在当地经营良好,公司实力排名靠前,曾通过政府招拍挂等方式开发过不少地块。在拍地过程中,有的地块顺利拿到了,有的地块中途放弃了。放弃竞拍这些地块的原因,是因为有其他开发商找过来,给其补偿后让其退出。下面以其中一起为例。

检察机关在起诉书中指控,某市挂牌出让一个地块,该地块已由甲公司前期跑办指标、手续,并为整理土地和建设规划支付了费用。被告人得知挂牌出让情况后,指使其员工到市公共资源交易中心参加土地挂牌出让报名,以参与竞拍相威胁,向甲公司索要3000万元(需要声明,这是起诉书原文,笔者没有任何加工)。

案件材料同时显示,被告人是该市一家房地产开发公司老总,在该市开发了若干房地产项目,在涉案土地挂牌报名中手续合法,且无任何对他人的威胁、胁迫等行为。之所以涉嫌敲诈勒索罪,是因为明知对方已经有前期投入,依然参与挂牌出让报名,在对方联系让其退出时,以索要钱款为条件才予答应。

检察机关指控的逻辑是,其一,甲公司已经被主管部门内定为土地使用权人，并有前期投入，被告人不应该报名；其二，被告人报名参与竞拍就是实施了威胁手段，由此获得的利益就是敲诈勒索的不当得利；其三，由于被告人敲诈勒索，甲公司在该项目上发生亏损，造成了严重后果。

据说一开始检察机关在接到公安机关移送审查起诉后，对这一指控内容颇为挠头，没有暴力，没有胁迫，仅仅是报名参与政府许可的竞拍，在有人让其退出时索要了钱款，然后退出成全对方，性质上与串通投标无异，怎么会是敲诈勒索呢？如果因为甲公司有前期投入，被告人就不能报名，那么为什么还要公开挂牌，允许有资质的其他公司报名呢？由于是串通竞拍而不是串通投标，法律上有障碍，检察机关无法决断，一度想以非国家工作人员受贿罪起诉，并告知了被告人，但最后还是选择了敲诈勒索罪移送法院。

案件的最后结果还有待观察。但这个情况的出现，或许既是法律适用的困境，也是现实需求的困境。

从法律上看，在违法性方面，串通拍卖与串通投标并无二异，同样侵犯了市场秩序的法益，有损公正和诚实信用的原则，危害性上没有什么区别。但因为刑法、招标投标法、拍卖法等法律衔接上的问题，串通类罪名还是仅限于投标，没有及时扩展到其他类似领域，导致定罪困难，也给司法现实出了难题。

从现实上看，有很多地方在土地招拍挂之前，习惯于先指定开发商进行平整土地和规划等工作，并由开发商自行垫付巨额费用。土地整理好后，按照程序进行招拍挂，由前期介入的开发商接盘，然后在土地出让金和其他税费中返还前期费用。但招拍挂是公开的，有资质的公司都可以参与，一旦出现竞争，报价就会上升，内定开发商的成本就会增加。但如果退出，则损失更大，因为应该由政府支付的前期费用就很难收回来了。这种因政府转移责任的惯例做法，导致后续必然发生一连串的市场异常，串通拍卖也就在所难免。从某些公安司法部门来看，有时发现了疑似犯罪行为之后，既想惩治，又无由头，特别是在扫黑除恶专项斗争中，面对串通类违法行为带来的财产所得，总有罚没的冲动，但法律的工具作用难以发挥，迫使部分司法机关勉为其难往其他罪名上靠，在意图没收财产的同时，导致严重的罪刑不适应。

与之相关并类似的还有强迫交易罪，往往被用来罚没被告人的所有经济收益。比如在山西一起案件中，通过指控开发商威胁竞争对手退出竞拍土地，认定为强迫交易，从而把开发商获得的土地以及所有楼盘建设收益，认定为违法所得。这就像你拿了别人一个鸡蛋，过十年要把你的整个养鸡场都没收一样，背离了罚当其罪的原则，混淆了扰乱市场秩序类行为与以非法占有为目的的侵犯财产类行为的界限，把交易额当作非法所得额，再运用孳息概念强加剥夺。实际上，与串通投标罪相同，我国《刑法》第二百二十六条对强迫交易罪的财产处罚只有罚金，并没有涉及财产的追缴、没收等。

归根结底，解决扰乱市场秩序的串通类、胁迫类行为，需要的仅仅是严密的行政监管与处罚，包括政府部门在源头上的依法行政，这足以解决绝大部分问题，而不是时时应当谦抑的刑事措施。当然，如果是另有用意，放着法律不管，则另当别论了。

从自己投资的公司套出资金是抽逃还是挪用

东北某省城有一位老板，老板有一位夫人，夫人闲暇时多，经常做做善事，交往了一帮姐妹。话说姐妹中有一人，开了一家小额贷款公司，经营了几年业绩不太好，自己不愿意干了，就劝老板夫人接手。夫人对金融根本不懂，但经不住劝说，又想自己做点事情，有点事业，就花了一笔钱把小额贷款公司盘了过来。家里人起初反对，认为夫人没有行业经验，玩不了这个复杂行当，无奈夫人坚持，老老少少只好应允，凑了4000万元充作公司资本，供夫人练习经营。因特许行业要求较严，不能一人做股东，必须还有其他人和法人，于是她的兄弟和家族企业都来做了股东。这些股东都是名义上的，从来不开会、不决策、不管经营，等于凑份子给夫人历练，一切都由她去掌控。

没想到的是，大家原以为夫人最多是经营不善，挣不到钱，但结果是夫人玩出了漏子，给自己惹来了牢狱之灾，捎带着把公司会计也给连累了。

事情的缘由，是夫人接盘后陆续放了十几笔贷款，但过了一年，大多数都没有收回来。时值小贷行业陷入低迷，继续做下去也无利可图，夫人就想着停止经营，把账上闲置的实收资本几千万元拿回来，另作他用。因担心直接拿有风险，不符合监管部门要求，就听从了一个"聪明人"的建议，采用虚假放贷方式，找了很多人的身份证和银行卡，自己和会计一起冒名签订了一沓又一沓的贷款协议，然后把钱打到这些人的银行卡，再转回夫人的银行卡，几年间陆陆续续地转出了3740余万元。

在扫黑除恶"风暴"中，当地有人想收拾一下老板，以为小贷公司是老板的，就借着严打"套路贷"的政策，检举揭发这个小贷公司以"借款"的名义放高利贷，暴力催收，做了很多坏事。公安机关迅速进行了核查，以为能查出小贷行业普遍常见的硬暴力软暴力，比如非法拘禁、寻衅滋事、虚假诉讼之类的行为。但查了良久才发现，这位老板夫人的经营别具一格，真正放的十几笔贷款，贷款人拿了钱后都杳无踪影，一个也没找到，贷款都打了水漂，根本没有暴力催收的机会。倒是发现还能顺利找到的贷款人，一个都没真正贷款。

当地公安想从小贷公司入手侦破黑恶势力的幻想破灭，但付出的巨大工作量不能白费，最后还是抓了老板夫人，起诉她涉嫌抽逃出资犯罪。后来公诉机关经过审查，认为抽逃出资罪太轻，又加一码，改为向法院起诉老板夫人连同公司会计利用职务便利，挪用资金3740余万元。再后来，法院一审判决挪用资金罪成立，两人为此分别获刑9年和3年。

关于这个案子，我们入手时，认为首先应该把公司性质搞清楚。这个小贷公司虽然有多名股东，但都是一家人，所有的资本都赠送给了老板夫人，此后多年都由夫人经营，其他人均不参与，也无利益分配。根据刑法的实质认定原则，以及公开案例，应认定这种家族式公司为一人有限公司。

然后应该是把行为性质甄别清楚。夫人拿出来的钱，仅限于公司实收资本，也就是自己投入的钱。虽然采取了财务上的隐瞒方法，但夫人毕竟是股东兼管理者，拿回的钱限于自投资金，没有侵犯他人财产权，依然属于抽逃资金性质。

指控挪用资金罪的错误在于，只考量了行为人的管理者身份，忽略了股东身份。在股东主观上没有不法意图，只想拿回股本时，即便利用了身在公司的职务之便，也不能改变行为属性。另外，挪用资金的最大特点，在于流程上的隐秘性，即违反公司制度，脱离股东或者管理层监管，采用隐匿方法挪出资金。本案显然不存在这个情形。

最后，一人公司的股东抽逃资金是否构成犯罪？这跟是否可能构成挪用资金、职务侵占一样，有多种不同观点。有人认为一人公司在财产权上等同于股东一个自然人，自己拿自己的钱，谈不上违法犯罪；有人认为一人公司也是有限责任公司，公司具有独立的法益，不能认为公司财产等同于股东个人财产；有人认为需要考察是否存在财产混同的情况，如果一人公司的财产在经营中与个人财产混同，左兜右兜分不清，则不宜认定为犯罪。

我们认为，上述观点均有可取之处，但都没有抓住是否侵犯了特定法益的关键点。一人公司如果没有发生资不抵债、拖欠工资、偷逃税款、存在对外经济往来尚未结清等债务情况，则抽逃、挪用、侵占均没有侵犯任何法益，缺少刑法上的社会危害性，不应该按照犯罪处理。反之，只要股东的行为侵犯了国家或他人的利益，则可以考虑入罪。上述老板夫人可谓人畜无害，除了"资助"过十几个赖账者，剩下的就是自己贷款给自己玩，没有损害任何人利益，抽逃出资都构不成，更遑论挪用资金的重罪。

无独有偶。在东北另一个省的计划单列市，甲和乙都有自己的公司，都是老板，喝酒熟悉了之后，两人共同成立了一家房地产公司，甲当董事长，乙当总经理。注册资金到位后，乙急于用钱，跟甲打了个招呼，在三天内就把自己投资的1000多万元按照原路转移了回去，公司还有甲的资金用于运营，没有耽误事儿。过了两年，乙纾困后又把那笔注册资金转了回来。不久，甲控告乙挪用资金，公安立案，后法院判处被告人徒刑。判决的主要理由，跟前面老板夫人案件一样，就是乙利用了新公司的总经理职务便利，未经甲同意（甲在报案时声称不知情）把钱拿出来，就是挪用资金。

这个案子已过去多年，乙进了监狱后，甲把乙的公司资产都拿了过去，一时间突发大财，花几亿元玩起了冠名足球队，没几年就挥霍一空，成了黑名单上的"老赖"。倒霉的乙还没出来，要求申诉。

我们给递交了材料，认为案情一点儿都不复杂，判决书的问题就在于忽视了当事人的股东身份，把抽逃自己的注资资金当成挪用公司财产了。至于董事长甲是否知情，总经理乙是否利用职务便利，都不影响案件性质，抽逃就是股东的单方行为，需要利用职务便利，不然也指挥不了财务，转不出钱来。但没想到的是，第一、二轮申诉还挺困难，所有驳回的书面通知里都不提股东身份问题，不回应这个辩解理由。

分析当下为什么会屡屡出现指控中回避抽逃出资的原因，一是罪名太轻，二是大多数难以成立，三是确实存在不同认识。难以成立的制约条件在于，抽逃出资基本是伴生罪名，就像职务犯罪中巨额财产来源不明罪很难独立出现，一般是伴随贪污受贿犯罪出现一样，抽逃出资也是在公司或股东出现其他较重犯罪时，才被牵连带出，否则很难发现，发现了也常常因为达不到造成严重后果的程度而不好追诉。在 2014 年我国《公司法》对公司登记制度进行修改，普通公司实行认缴制后，立法解释也对抽逃出资犯罪予以修改，适用范围仅限于依法实行注册资本实缴登记制的几十类金融公司，刑事追诉的难度更是大为增加。为了规避指控风险，办案机关大多采取改为指控挪用资金、职务侵占罪名，并利用一些情节中的干扰项，增加定性上的争议性。比如，前一案件中，公司还有其他股东、采用虚假方法转移资金、历时较长而非短期内抽逃等情节；后一个案件中，乙抽逃后过了两年又归还资金，不符合抽逃后一般不予归还的作案规律，有借有还就应当是挪用资金了。

　　法律人的观点总是争议不休，各地出现的案例也五花八门。相比寄希望于律师辩护成功而言，更重要的是公司发起人、股东无论因为何种原因需要从公司非正常拿回投资时，有一个底线是坚决不能触碰的，那就是对内不能损害其他股东、员工权益，对外不能损害债权人权益。

虚开增值税专用发票、用于抵税发票是否构罪

在江苏盐城某县,纺织业比较发达,有一二十家规模不小的纺织公司,其生产原料都是棉花。早些年收购棉花都是在本地,后来随着当地城镇化发展,逐渐没有了种植棉花的农户,这些公司只好从外地购买棉花。

我的当事人的公司也是如此,从外地经销商手里买了不少棉花。这些经销商不是专供一手棉花的企业,而是二道贩子,所供应的棉花是上游大厂家淘汰的皮棉,这样的"下脚料"棉花能够满足纺织公司的生产需求,价格又比较低廉。唯一的问题是,经销商出具不了发票,即便出具了也不属于本地农产品范围,纺织公司无法按照农产品收购进行抵税,导致成本过高无法经营。

所有纺织公司遇到了同样的问题:进项发票怎么开?当地税务机关知道纺织业对于县城经济的重要意义,也知道本地早就没有人种植棉花了。面对纺织公司的生存需求,税务机关就允许县城里所有的纺织公司到税务机关领取发票,以农户名义填报。这样操作下来,各方相安无事了许久。

我的当事人除了投资这家纺织公司,还在南京经营一家路桥工

程公司,受到了一名厅官贪腐案的牵连。当事人因为对监察委配合得不好,先被南京公安以工程上的串通投标抓了,然后又被查县城里的纺织公司,以虚开用于抵扣税款发票罪再被抓,最后完成了所要求的行贿 400 余万元的材料配合。我在 2020 年一审阶段接手辩护的时候,当事人已经被羁押三年半了。

三个罪名中的虚开用于抵扣税款发票罪,指的就是纺织公司收购棉花后的开票抵税行为。起诉书指控,2014 年,被告人作为纺织公司法定代表人,明知没有真实货物交易,仍通过他人虚开通用机打发票 514 份,以此抵扣税款人民币 618 余万元,涉嫌虚开用于抵扣税款发票罪。

根据刑法和司法解释的规定,虚开增值税专用发票、用于骗取出口退税、抵扣税款发票罪,是并列的同等罪名,刑期分为三档:虚开的税款数额在 5 万元以上的,处三年以下有期徒刑或者拘役;虚开的税款数额在 50 万元以上的,处三年到十年有期徒刑;虚开的税款数额在 250 万元以上的,处十年以上有期徒刑或者无期徒刑。当事人的这个罪名,面临不低于十年有期徒刑的危险。

我们律师团队做了几个方面的工作。一是调查纺织公司在 2014 年有没有收购棉花的实际活动,收购了多少,总计开票多少,抵税多少。为此,要去找多年前的公司购销人员、散落在各地的供应商、各类公私汇款记录、记账凭证等,然后聘请专业机构对此进行审计,出具审计报告。二是收集多年来涉及农产品的税收政策文件,包括国家层面和江苏省的地方文件;收集相关无罪案例;收集该县税务机关允许收购外地棉花并使用本地农户名义开票的事实,申请税务人员出庭作证。三是提供纺织公司历年来的实际纳税数据,以及与同行业和当地所有企业平均纳税水平的比较数据,以证明公司是否正常纳税。四是邀请专家学者从国家税收政策、中央"六稳""六保"政策、刑法税法关于虚开的有关法理等高度论证阐述，提供意见。五是主动与公诉人联系沟通彼此观点，并申请法庭召开庭前会议，由控辩审三方就事实、证据、法律适用和认罪认罚等问题进行沟通讨论。

不得不说，在多次控辩审交流中发现，南京市的本案法官、检察官对于刑事政策、法律适用、刑罚适度等，始终都是遵循开明理念和法治精神的，认为根据现有司法政策和判例，可以不考虑是否违反本地农产品收购优惠政策因素（那是具体税收管理秩序问题，可以用行政处罚解决），仅考虑对国家税收利益有无刑法上的实质侵害问题。如果纺织公司存在足额的真实交易，可以不按犯罪处理。

剩下的，就是我们律师对于能否推翻"没有真实货物交易"的证明责任了。几经努力，但遗憾的是，由于纺织公司管理不善，部分财务资料或缺或丢，最后有一部分实际交易没有查实。

经过慎重的审计和核查证据，过了大半年，法院宣判：2014年，被告人作为纺织公司的法定代表人，指使他人采取冒用与公司无实际棉花收购关系的农户身份信息方式，开具农产品收购专用发票514份，金额累计4750余万元，以此抵扣税款618余万元。经审计，该公司实际采购落棉等累计金额为3640余万元，虚增金额1110余万元，造成国家税款损失144余万元，故本院对公诉机关指控该公司犯罪的数额予以纠正。对被告人判处有期徒刑三年，对单位判处罚金人民币20万元。

顺便说一下，关于被告人的行贿罪采纳了律师关于被追诉前主动交代的辩护情节，减轻处罚为四年六个月，串通投标罪只处罚金，数罪并罚决定执行六年有期徒刑。当事人很满意，感觉比预计的十五年徒刑好多了，再过一两年就能回家了，没有上诉。

由此可见，对虚开类指控，只要当事人不是恶意为他人虚开、为自己虚开，有实际经营活动，即便开票方和开票内容有不真实成分，也可以认定为没有骗取国家税金的故意。上述案例中，法院对证据能证明的实际经营部分，做了扣减，使骗税金额大大减少，刑期从十年减为三年。

对于此类虚开增值税专用发票、虚开用于骗取出口退税、抵扣税款发票的多发现象，我们要从刑事政策上总体把握。2018年12月4日，最高法发布第二批保护产权和企业家合法权益的典型案例，其中首个案例即为"张某强虚开增值税专用发票案"。针对该案，最高法明确指出：不以骗税为目的、未造成国家税款损失的行为，不构成虚开增值税专用发票罪。就与本案所涉情形类似的有真实交易但出售人信息并不真实的案件，实践中的很多判例秉持了上述最高法的指导意见。

在2020年的两会上，最高人民法院院长周强在法院工作报告中指出，要"坚持以发展的眼光看待处理民营企业和企业家过去经营中不规范行为"；最高人民检察院检察长张军在检察院工作报告中指出，要"持续落实服务民营经济11项检查政策，切实做到慎捕慎诉"，并特别以虚开增值税专用发票罪的实际案例予以说明，指出湖南省湘潭市57家民营企业涉嫌虚开增值税专用发票罪被立案侦查，经检察机关发出监督意见，57起案件全部撤案并退还扣押财物。为贯彻落实党中央关于做好"六稳"工作、落实"六保"任务的重大决策部署，最高检在2020年7月22日印发的《关于充分发挥检察职能服务保障"六稳""六保"的意见》中再次强调：

"依法慎重处理企业涉税案件。注意把握一般涉税违法行为与以骗取国家税款为目的的涉税犯罪的界限，对于有实际生产经营活动的企业为虚增业绩、融资、贷款等非骗税目的且没有造成税款损失的虚开增值税专用发票行为，不以虚开增值税专用发票罪定性处理，依法作出不起诉决定的，移送税务机关给予行政处罚。"

同时，我们还要充分注意到实践中的差异，特别是基于不同法律认识所产生的追诉现象。举例来说，起诉书中常见的指控语言"没有真实货物交易"，往往是办案人员特指的狭义上的交易范围，是说在抵税方与开票方之间没有直接交易，但现实往往是基于各种客观原因，在抵税方与其他人之间发生了真实交易，然后由开票方代为出票，这种情况在税法上扰乱了税管秩序，也许不被视为"真实交易"，是不可接受的，但在刑法上并不符合犯罪构成。

还有一些公诉人因对税收的认识误区导致了错误指控。比如在本案庭前会议交流中，公诉人说被告人在以虚假的农户名义开票时，并没有缴纳进项税额，但销售产品后又以此作为抵扣依据，当然是占了国家便宜，致使税款流失。我问他，如果是真实地从农户那里购买棉花，然后以真实的农户姓名开票，就需要被告人缴纳进项税款吗？公诉人对此思考了很久，因为他没有搞明白农产品的补贴政策，进项中不发生需要哪一方缴纳税额的问题。

总结起来，无论是普通商品流域的增值税专用发票问题，还是特殊领域的用于抵扣税款发票问题，现实中都经常出现虚开、补开的情形。对于不以开票为手段进行非法牟利但又管理不规范的企业，包括发生了真实交易却没有与发票对应的明细账目，或者没发生真实交易仅为虚增经营业绩而违法开票等情形，判断其是否涉罪，都应以有无骗取税款之目的作为标尺去衡量。

逃离骗取贷款罪的漩涡

青海的一位老板文化水平不高,但为人仗义,善于经商,在当地搞农牧业生产批发,生意做得数一数二。银行很喜欢这种有实业又有信用的大客户,彼此关系处得不错。老板拓展业务需要资金时,银行会主动服务上门,敞开口子给予贷款。银行需要业绩时,就跟老板说一声,"你贷个款吧",老板也会欣然应允,暂时不缺钱也要按银行需求做一笔贷款。

仗义的人会有很多好朋友,也会有不少对手敌手。老板因为脾气不好,经营中得罪了一些人,在生意正风生水起时,被人告状进了大牢。专案组查了老板很多事情,其中比较重要的一项是骗取贷款。

后来专案组写的控词大意是:老板在两年间总共贷款七笔,总计1.3亿元,贷款资金大部分用于购买生产资料和公司经营支出,少部分用于偿还其他贷款。到案发时,已到期的四笔贷款均已按期归还,剩下三笔尚未还清。因老板是通过冒用他人名义、虚构农产品购销合同等方式获得贷款审批,欺骗了银行,故应追究骗取贷款罪。

我在看守所会见老板时，老板一直叫屈，说大多数贷款不是因为他缺钱，是银行领导找他帮忙完成任务，他答应后就让财务人员按照银行安排进行配合，到期也都及时付清本息。剩下三笔没有还清，是因为刚刚贷款不久，离到期还早，自己就被抓了，公司也被查封了。

为什么在贷款用途等方面会使用假手续？老板说因为本来就不需要贷款，没有着急用钱的地方，就只能使用假的名目。这些名目都是银行人员根据贷款政策和审批要求给设计的，不是老板自己想出来的。

怎么证明是银行人员主导的贷款？老板说很简单，银行让我以市场里30名商户承包蔬菜大棚的名义，每人贷款100万元，但银行跟这些商户都没面谈过，也没去看过大棚，只让提供了大棚照片，就放款了。

银行为什么对你那么放心？老板说因为每次都有公司担保、土地抵押，公司和土地都很干净，银行没有任何风险，知道他肯定还钱。

我们查了卷宗，印证了老板的说法，银行工作人员证言坦率承认当时知道贷款主体和用途上的问题，但认为老板资产雄厚，没有违约风险。

我们又走访了两家银行的领导，谈还款计划，顺便问及贷款过程。答复也是如上所述，并认为老板比较守信用，是运气不好，贷出了乱子，并不是贷款本身有啥问题。

我们就很纠结，这是骗取贷款吗？骗的是谁呢？银行对啥都门清，自己出的主意，自己操持的手续，明显不是不明真相的被害者啊！

查阅数据发现,骗取贷款是多年来高发的民营企业犯罪之一,与非法集资等融资类犯罪一样排名靠前。从公开判例上看,自2006年刑法设立骗取贷款罪以来,入罪门槛经历了一些微妙的变化,从最开始的"结果犯"——到期无法偿还贷款给银行造成重大损失才追究刑事责任,逐渐演变为无论是否还清贷款,只要发现贷款手续有虚假,就可以定罪。这种归罪方式成为非善意适用法律者的常用手段,更成为悬在民营企业家头上的达摩克利斯之剑。很多民营企业融资困难,从民间借贷会触犯非法吸收公众存款罪名,从银行借贷则困难重重,求来求去好不容易做成一笔贷款,又触犯骗取贷款罪名。而且可恨的是,贷款都还清好几年了,突然一夜之间被套上了一个罪名。

明明是与银行两相情愿的事情,为什么还会出现大量的追诉?原因一是立法模糊,留下了不该留下的空间,导致适用混乱。刑法对骗取贷款罪的规定是,以欺骗手段取得贷款,给银行造成重大损失或者有其他严重情节的。什么叫严重情节?这就看具体的司法者如何判定了。原因二是在某些地方司法部门想治罪某个企业时,以串通投标、逃税、虚开发票、骗取贷款等罪名入手,立案后再扩大战果,往往比较容易达到目的。由此出现的情况是,银行对客户很信赖,但"被迫"成为被害人,指证企业骗取贷款。等企业出事了,银行的最后那笔贷款也遥遥无期了,就真的变成了被害人。

这些年我们见到了许多不同类型的骗贷案,包括开发商以购房人名义按揭贷款、将不符合贷款要求的项目改头换面等。其中大同小异的几点是:银行有放贷需求,主动寻找优质企业,并明知、默许或者主导贷款材料的造假;贷款企业提供充分的担保,有的贷款已完全偿清;银行没有主动报案,都是公安办案时拔出萝卜带出泥。

我们的辩解没能使青海老板解脱,2020年他被判罪成,倒霉的银行也还在为好账变成了呆账而发愁。

也是在这一年,高层关注到了法律被普遍解读走调,民企的发展受到很大影响的情况。先是最高检在《关于充分发挥检察职能服务保障"六稳""六保"的意见》中指出:在办理骗取贷款等犯罪案件时,充分考虑企业"融资难""融资贵"的实际情况,注意从借款人采取的欺骗手段是否属于明显虚构事实或者隐瞒真相,是否与银行工作人员合谋、受其指使,是否非法影响银行放贷决策、危及信贷资金安全,是否造成重大损失等方面,合理判断其行为危害性,不苛求企业等借款人。对于借款人因生产经营需要,在贷款过程中虽有违规行为,但未造成实际损失的,一般不作为犯罪处理。

随后,全国人大常委会通过的我国《刑法修正案(十一)》,正式对骗取贷款罪做出了调整,修改了该罪状的前半段,把入罪门槛的"或者有其他严重情节的"表述删除,这样就只剩下了给银行"造成重大损失"的才构成犯罪。也就是说,对于企业已正常还款的,不管之前的贷款手续真假,都不能再刑事立案了。

但福音总是伴随着钟鸣的警醒。上面说的只是三年有期徒刑以下的部分,接下去看修正案的后半段,在三至七年有期徒刑的加重档里,与过去的表述没有丝毫改变,仍然是给银行"造成特别重大损失或者有其他特别严重情节的"。

立法难懂,修法更让人百思万想。以后,贷款几百万元以下的,不用担心这个罪名了,但贷款成千上亿的,刑罚依旧。这是不是意味着,小企业对金融的影响是可忍的,能把贷款还清就行;但大企业可能动摇银行的管理秩序,即便有能力还清贷款,也有不可忽视的风险呢？

不管如何，作为法律人，我们还是希望立法具有确定性。对于骗取贷款罪，要把这把达摩克利斯之剑从民营企业家头上取下来，真正给企业"减负"，就应当以司法解释方式，尽快解决几个方面的老问题，包括阐明银行在知情时是否还属于被欺骗范围，没有及时还款但有真实、足额担保情况下是否属于造成损失，哪些情形属于其他特别严重情节，等等。金融的漩涡虽然不可能一蹴而停，但刑法的期待可能性不能长期缺位。

太老实的国企老总被控滥用职权

几年前我代理了东北一家大型钢铁股份公司总经理被起诉案件,感触非常多。这位老总是这家老牌国企的核心技术派,长期痴迷于工作,对内对外都没什么交往,朋友很少,只知道天天泡在办公室里,周末也不休息,每天都是半夜才离开。结婚二十多年,居然没有和妻子或孩子一起旅游过。

这样一位以厂为家的干部,没有绯闻,没有利益纠葛,业务能力超强,口碑良好,但却在不知不觉中成了"背锅侠"。

案件发生的背景是,钢铁公司原来隶属于当地城市,在税收上为当地做了不少贡献。后来经过改革,公司变成了省直企业,交给地方的纳税大大减少。加上该钢铁企业在经营上日落西山,老国企的大架子、小财政引发了地方不满,政企矛盾日增。地方纪检部门想借机整顿一下企业,从线索中选来选去,选中了这位老实的总经理。其有级别,有事,但没人。

入手是从企业一个中层干部提供的行贿线索开始的,然后调查滥用职权问题。行贿的事蹊跷百出,故事多多,暂且不表,单说滥用职权,指控的内容是这样的:钢铁公司向一金属工业公司供应钢材,因超额发货,产生数千万元货款风险,此时钢铁公司应全面停止该业务,实施必要避险措施以防止产生损失,但被告人仍批准继续以超额发货的方式与工业公司开展业务,最终造成国有资产损失3718万元的后果。被告人的行为构成国有公司人员滥用职权罪,应当依法惩处。

我们通过工作,发现了不一样的事实。证据显示,钢铁公司与这家工业公司有着长期的、稳定的业务关系。钢铁公司的上级单位是集团公司,集团公司董事长在年初就已安排钢铁公司的销售副总与工业公司签订了协议,并安排了向工业公司供货。这些决策和实施过程,按照以往惯例做法,都是绕开钢铁公司总经理,所以被告人对类似的购销业务都不知晓,更没有参与。但这次销售副总不知出于什么原因,比较尊重老总,拿着业务审批单来找老总签字,说是集团领导已批准了,走个程序。老总没在意,就顺手签了字。

到了下半年,工业公司财务状况恶化,履约能力出现问题。钢铁公司和上级集团公司都察觉到了对方违约的情况,在此关键时刻,集团公司领导以集体开会的方式做出了决定,以另一家子公司的名义继续与工业公司延续业务,以期能通过给予工业公司充足时间换取转机。没有人通知被告人参加这个会议,也没有人单独征求他的意见,但过了几天,销售副总又拿着新的审批单来到被告人办公室,还是说集团领导已同意,让被告人签了字。

集团的决策后来证明是错误的,几个月后工业公司的财务状况更加恶化,原本还剩下的部分资产也亏损掉了,钢铁公司因为没有及时采取诉讼保全等措施,错失了工业公司尚能还款的最后机会,国有资产损失就此产生。

我们再仔细地研究证据,发现了更让人奇怪的事实。本案中除了被告人作为钢铁公司总经理被指控滥用职权之外，拍板的集团公司董事长和参与决策的领导、负责执行的钢铁公司销售副总，以及其他在单据上签字的一系列人员，竟然都没有被追究刑事责任，哪怕企业内部处理也没有。而被告人两次签字的审批单，是为了这笔业务由销售副总安排业务员临时制作出来的，公司在之前和之后都没有出现过这种审批单，连完全相同的业务里也没有出现过。

公诉人和起诉书都主张被告人作为总经理，对所有购销业务都有决策权、审批权，但我们找遍公司制度，也没有发现相关规定。相反，大量证据表明，已发生的多个类似业务都不需要被告人审批。

通过庭前会议和庭审，我们充分阐述了上述观点。法院对此予以采纳，认为本案多名证人均能证实：第一，在协议签订前，工业公司即和集团领导沟通过，集团同意先发货，且在协议签订后继续发货；第二，在工业公司拖欠 5000 多万元货款时，是集团开会通过让另一子公司介入继续履行协议；第三，被告人签字的审批单是临时制作的，目的就是为了证明领导同意这样发货。而被告人供述和上述证人证言均能证实，被告人并未实际参与涉案业务的沟通、联络、实施，也未参加相关销售或决策会议，只是在临时制作的审批单上签字。协议自签订前到履行过程中，被告人只是执行并同意了集团公司的决定，且被告人在审批单上签字并不是造成业务损失的关键因素，换言之，是否签字并不影响业务的开展。综上，公诉机关指控被告人犯国有公司人员滥用职权罪名不能成立。

事情的始末已经清晰，无端扣在老总头上的罪名也已拿掉。但一位不懂得人情、只钻研技术的能人，却备受摧残，再也没有报效国企的机会了。

排非方式的多样性

说到非法证据排除，想必从律师到当事人都或多或少有所了解。近年来，不断有冤假错案因为排非程序而翻案，排非似乎成了程序正义的"最佳代言人"。

在 2017 年最高法《人民法院办理刑事案件排除非法证据规程（试行）》出台前，我经手了一起受贿案件，其中涉及大量排非的内容。案发当时，可依据的法规主要是"两高三部"《关于办理死刑案件审查判断证据若干问题的规定》和《关于办理刑事案件排除非法证据若干问题的规定》。为了排除非法证据，我们一直据理力争，不断要求检察院和法院补充证据，启动排非程序，并充分运用媒体上公开的、即将出台的《人民法院办理刑事案件排除非法证据规程（试行）》精神。处在新旧法规交替的特殊当口，本案控、辩、审三方共同灵活运用排非的方式，或许可以给读者带来一些启发。

反常案情

2016 年 7 月，我的当事人，江苏省某市原水利局副局长，突然被当地反贪局以涉嫌受贿的名义抓捕。公诉机关指控，2004年至2016年间，该副局长利用担任水利局副局长、水投公司董事长等职务便利，先后从二十七名行贿人处收受财物共计800余万元。

在长达十二年的时间跨度内，副局长从近三十名行贿人处受贿，大部分都是逢年过节的几千元购物卡、一两万元现金这种琐碎的情形，聚少成多地构成了巨额受贿。我忍不住想，副局长到底有多好的记性、多少时间，才能把这些行贿人、金额、地点等具体内容记得如此清楚？而这些行贿的老板们，又是怎么能一笔不差地说清十几年间每年中秋、春节送的几千元购物卡、几千元现金等情况呢？

非法证据

带着这些疑问，我前往看守所会见了副局长。果然，副局长向我讲述，他之所以能够清楚地"供述"出每一笔受贿事实，完全是被侦查机关"逼"的。在被采取强制措施的头三天里，有十二个办案人员分成四组对他进行高强度的讯问，根本不让睡觉。侦查人员还故意不让他戴眼镜，让近视高达550度的副局长长期处在一片模糊和恍惚之中。更可怕的是，办案人员多次威胁要以共同受贿罪名抓副局长的妻子，这成了压死骆驼的最后一根稻草。最后，副局长不得不妥协，被迫按照办案人员指定的金额、情节进行虚假供述。最为典型的是，其中有一笔170万元的受贿事实根本不存在，但副局长为了配合办案只能瞎猜。先是猜测200万元，办案人员说他态度不好；又猜测190万元，办案人员仍不置可否；最终还是经办案人员悄悄指点，他才按照170万元这个数额供述出来。

针对这一情况，我立即核对卷内证据，确实发现一些端倪，包括那笔 170 万元的笔录显示，副局长是从 200 万元一步一步改过来的。同时我意识到，如果副局长的供述都是非法取得的，而诸多证人的证言在细节方面又能与其一一对应，那么证人证言是否也可能是非法取得的？

由于本案证人也就是行贿人众多，我决定从其中一名证人靳某某入手。我在查阅案卷材料时发现，靳某某是最初举报副局长受贿的人，也是直接导致副局长被立案调查的唯一线索，但在案并没有靳某某在副局长被抓之前的举报材料或者证言。我向法院书面提出这个疑问后，不久公诉人就补充了一份靳某某 2016 年 4 月的笔录。但是，当时靳某某是行贿嫌疑人，该份笔录却没有按照职务犯罪案件规定进行同步录音录像；而且，签字日期处有明显的涂改痕迹，种种迹象表明，这份笔录很有可能是伪造的。所以，我向法院一方面申请对被告人供述进行排除，另一方面申请对行贿人的证人证言进行排除，要求调取讯问同步录音录像，申请侦查人员和全部证人（请托人）出庭作证，并对关键笔录的形成时间进行鉴定。

灵活方式

针对我的申请，法院最初不置可否。本案于 2019 年 3 月先后召开两次庭前会议，我始终坚持启动非法证据排除程序，并根据新情况先后递交了四份排非申请。最终，在 8 月的第三次庭前会议上，法院决定启动排非调查。会上，公诉人不能提出任何证明取证合法性的证据，控辩双方各执一词，关于排非不能达成一致意见。

鉴于控方不能提供全部讯问录音录像、拒绝鉴定和侦查人员出庭等，无法排除合理怀疑，辩方又坚持存在非法取证的情形，法院为了查明事实，同时避免庭审无限拖沓，决定在庭外对证人证言进行"调查核实"，即核证。调查核实的方式，是在控辩审三方在场的情况下，向证人核对证言。

2017年9月，法院连续三天对多名证人进行了核证。每名证人都是在控辩审三方在场的情况下，由三方各自进行发问，对其做出的证言进行核实。形式上类似于法庭调查，但重点是针对证言的真实性和合法性。

其中一名证人在核证时表示，自己去检察院做过两次笔录，第一次持续了两天两夜，第二次持续了六天七夜，长时间的询问让他感到自尊被践踏。我问这名证人，是否能够记清向副局长行贿的次数和细节，他回答早就记不住了。我追问道，既然记不清了，又怎么在笔录里交代得如此详细，证人陷入了长时间的沉默。这时法官问道："你的两次笔录内容为什么会有差异？"证人直接说："这你要问检察院了。"通过这些问答，证人虽然没有明确回应证言的真实性、合法性，但法官的内心已经有了判断。

另一名证人在核证时直接说，不可能清楚"记得"每一笔的行贿，至于在笔录里承认送钱，是因为副局长说他送了，那他就承认了。这就间接说明了，侦查机关存在诱供、指供等情形。

因为担心作证而被反贪局以行贿罪名追究刑事责任，参与核证的近十名证人没有直接承认在反贪局遭到威胁、恐吓的情况，尽管如此，他们都明确表示记不得具体的行贿情形、副局长也没有利用职务便利提供过帮助。尤其是核证时多数证人都回避关键问题的态度，更是清楚地揭示了办案机关带来的压力。如果说法官心里有一把自由裁量的秤,那此时的秤砣已经明显地倾向于辩方了。

核证这种灵活的排非处理方式,对本案起到了关键作用。

变通成果

在非法取证已经十分明显的情况下,公诉人不得不接受举证不能的不利后果。也许是出于"面子"的考虑,公诉人并未直接认可非法证据排除,而是在最后一次庭审时,当庭口头提出变更起诉,理由是证据情况发生变化,建议对受贿数额予以核减。同时,此前侦查机关威胁副局长不配合就不给认定自首、立功等情节,公诉人也都予以认可,并建议法院依法认定。

最终,法院对公诉人的口头变更予以认可,认定副局长的受贿数额为248万元,与此前的指控数额相比减少了近600万元。结合退赃、自首、立功的情节,判处有期徒刑四年六个月。这一结果,比副局长自己预期的十年左右少了一半,可以说是出乎意料。

这起案件的经历让我更加确信,在程序性事项方面,律师必须要据理力争,不能因为法院一次拒绝就放弃要求,完全可以多次提出;也不能因为控方不配合,或者法院调查有困难而裹足不前,可以建议法院采用多种方式,包括核证等变通方式取得突破。现在虽然有了排非规程,有了司法解释更加全面、细致的规定,排非操作变得有法可依,但法律总是不能穷尽的,司法机关在司法实践中还是会碰到各种疑难情况。只要有查明事实的勇气和对法律的精确把握,可以使用多种灵活方式对证据进行核实了解,通过内心确信来判断证据的合法性,保障程序正义照射进每一个案件中。

围魏救赵与声东击西

我的刑辩生涯中,也碰到过一些案子,考虑到整体的辩护效果及委托人家庭的实际情况,在与当事人充分沟通、尊重其自身意愿的基础上,将辩护策略侧重为救出委托人同案的亲属。这颇有围魏救赵的意思,也是声东击西、出奇制胜的一种谋略。以此策略,最终取得了不错的判决结果的典型案例,我印象里最深的有两个。

那是2012年8月,北京某局局长陈某涉嫌贪污受贿,在北京关押半年后,被指定到东北管辖。又过了大半年,案件侦查结束,检察院以陈某涉嫌受贿1500余万元、贪污数十万元将其移送中级法院,我也接受委托开始辩护。其间,我了解到陈某的儿子因涉嫌与陈某共同收受包括话费、奥迪汽车、公司干股等在内的800余万元财物,而以涉嫌受贿罪被收押一年多了。按照当时的量刑基准,受贿十万元就要被判处十年有期徒刑,陈某受贿超过1000万元,当时的类似案例都是判处无期徒刑,这也是该案被放在中级法院审理的原因。儿子共同受贿800余万元,则很可能量刑在十年左右。

陈某是做政法工作出身,深知自己父子俩面临的境况。家里只有这一个孩子,无论自己能不能出去,首要考虑的都是儿子的安危。在我会见过程中，救子心切的陈某多次表达了这个想法，希望我能够想想办法，先让他的儿子摆脱困局，然后再救他本人。

那么是否存在两全其美的辩护策略，既让儿子脱离牢狱之灾，又争取父亲早日出狱安度晚年呢？从形式上看，我是父亲的辩护人，应该将父亲的利益摆在第一位，凡事以他优先、为他考量；但实质上，父亲罪重，儿子罪轻，明显儿子获救的概率更大，而父亲又有救出儿子的强烈意愿，如果让儿子早日回归家庭，对于经历这一切的全家人来说，都将是一种莫大的心理慰藉。

权衡利弊，在征求当事人同意后，我对本案的辩护策略做出了大胆的调整，利用陈某案件中存在明显的刑讯逼供、事实不清等情况，先"打"后谈，以换取陈某儿子尽快回家的首要目的。

本案异地办案，案情特殊，为了实现率先救出陈某儿子的辩护策略，我开始采取一系列强有力的对抗措施。当时环境下，媒体正在持续揭露王立军在重庆刑讯逼供的种种恶劣做法，舆论充满愤慨情绪，我就向媒体披露了本案的部分信息，特别是陈某被刑讯的情况，并开始依法控告办案人员刑讯逼供，找公诉机关及法院不断交涉、谈判，多次提交法律意见书详细阐明案件中存在的问题，等等。同时，我也向检法表明，陈某儿子本来就是被错抓的，是被用来威胁陈某认罪的，实体上无法成立共同受贿，如果能先将陈某儿子取保候审，认定无罪，那么我可以劝说陈某从不认罪改为认罪。

当时还没有认罪认罚从宽制度，也没有控辩磋商的法定程序，但实践中已不乏控辩交易的雏形和案例。有不少办案机关难以搞定的案件，通过控辩双方的灵活沟通，达成了多方接受的结果。

功夫不负有心人，检察院终于发出了愿意磋商的信号，法院也提供了三方沟通的平台。谈判期间，我多方沟通，与公诉人落实，与法官落实，让陈某配合，让陈某儿子的辩护律师配合，把各项工作落到实处。不久，法院对陈某儿子先行开庭，在认定共同受贿800余万元事实不变、无法定减轻情节的情形下，对其判处缓刑，当天释放。

之后就是陈某本人的审判问题了，大家继续沟通谈判，预定刑期从无期到二十五年再到二十年。开庭时，陈某表示认罪，律师也没有多说。庭审结束后，法院采纳了我关于陈某有坦白情节，本案涉案财物已被全部查封、扣押，可对陈某从轻处罚的辩护意见，对受贿罪判处有期徒刑十五年、对贪污罪判处有期徒刑十一年，数罪并罚决定执行有期徒刑二十年。判决做出后，陈某接受判决，没有提起上诉。

该案因辩护策略制订得当、对抗手段方式运用正确，达成了多方共赢——儿子缓刑释放，父亲量刑从轻，检方指控成立，法院没有二审。这一切都很像后来的认罪认罚从宽程序所带来的结果。

相似的情形总是出现。2016年，山西某市原市委常委、政法委书记兼公安局局长柳某因涉嫌受贿、滥用职权、非法倒卖土地使用权、巨额财产来源不明等罪名被依法提起公诉，其妻亦因涉嫌共同受贿400万元被同案追诉，两人都被羁押了很久。

我在侦查阶段接受委托后，先通过不断约见承办人、分管副检察长、检察长的方式，突破了会见难的问题。在会见时，我与柳某进行了深入的沟通交流，结果发现他的想法与陈某类似，觉得自己因案外因素身陷囹圄，是公众关注话题，很难获得公正判决，但妻子体弱多病，跟着自己受了牵连，应该尽快把她救出去。

世间难有万全之策，我让柳某做好思想准备，要救妻子，自己就要受委屈，即便这个委屈不大，可以有一定限度，但也是人格上、法律上的退让。同时，我邀请律所同事合作，请其担任柳某妻子的辩护律师，为两相配合、协同作战做好准备。

在辩护策略上，通过阅卷及多方调查取证，我发现指控柳某的受贿事实都不能成立，因为这些受贿基本都是妻子个人因各种原因收受财物的行为，柳某并不知情；滥用职权则更不成立，公诉机关始终拿不出我们所要求的规范文件，以证明行为人如何超越了明文规定。另外两个罪名也都有相似情形，不是证据不足就是法律适用错误。我们迅速形成了法律意见，不厌其烦地去找公诉人甚至检察长进行交流，谈案件，谈法律，谈社会效果。检察院对于部分事实不清、证据不足的问题非常重视，两次延长审查起诉期限，两次退回反贪局补侦。

等案件移送审判时，给控方造成弱势心理的铺垫工作已经完成，剩下的就是亮出底牌谈条件了。我们在开庭前，找公诉人和法官分别沟通，表明我们打下去的决心和信心，以及本案因为争议较大所可能带来的负面影响。我们希望控辩双方可以各退一步，法院也应当明察案情，在柳某承认一部分指控事实的基础上，把他妻子给马上放出来。当然，我们和同事从法定情节和酌定情节角度，给柳某妻子的判决提供依据。

最终，法院在判决中认定柳某妻子具有坦白情节，且其在共同受贿中所起作用较小，系从犯，可以减轻处罚；受贿赃款全部退出，有悔罪表现，经社区调查适合矫正，可判处缓刑。柳某妻子被释放了。

这样的案例还有好多，其基本要旨是：第一，搞清当事人的诉求是什么，也许他最急迫的不是想救自己，而是有更强烈的其他目标；第二，找准案件中的控方弱点，调查好案件的各种背景，大

"打"特"打",综合使用各种方法,让控方处于被动;第三,具备谈判条件后,利用控方需要"完成任务"、不可能轻易认输的心理,说出真正的第一目标是其他方向,也说出自己能做的妥协,给对方释放口,进而找到双方的洽合点。

至于中立一方的法院,不是抗辩对象,但也不能忽视,要及时有效沟通,确保其支持控辩两方的共同意向。现在有认罪认罚从宽制度了,控辩协商变得更加名正言顺,但法院的理解和支持永远不可或缺。

情人关系是否影响贿赂认定

前几年我接手了一个比较特殊的行贿案件。当事人某女原为一家大型国有信托公司的业务经理,2008年,在一次饭局上与一家国有银行总行金融市场部总经理结识,二人相处甚欢,互相欣赏,逐渐发展为亲密关系。交往期间,部门总经理经常请客吃饭、送衣服送包包等,二人对于诸如此类的赠予逐渐习以为常。

转眼到了2009年,部门总经理辞去职务,准备离京到南方发展。临别前夕,往事浮上心头,自然多有不舍,某女也钱多气盛,约上银行总经理到金融街一家高级西装定制店,花费10万余元为其购置了几身西装和皮鞋,作为送行的礼物。

此后不久,总经理就职香港外资银行,与某女保持联系,某女则请其帮忙,看能否推荐其也到香港求职、办理居住证等。过了一阵子,总经理从香港返回北京休假,与某女见面时谈到他在香港因为打牌亏了不少钱,日子过得并不如意。某女听后,有感于二人过往的情谊,不忍心看到老友如此惆怅,于是拿出50万元现金赠给了总经理。

此后,二人在生活和业务上再无往来,彼此相安无事。

时间过得很快，转眼到了2017年，无锡市反贪局在办理上级交办的一桩重要职务犯罪案件时，无意中扯出了总经理，总经理被抓后，无意中又扯出了某女。某女以涉嫌行贿之名被采取强制措施。

在我看到的文书中，侦查机关指控，某女为承接银行的银信合作业务向部门总经理请托，后者将其介绍给下属，给其优于别人的竞争条件，某女遂先后承接到该行两笔信托业务。为了感谢总经理提供的帮助，某女于事后向其行贿价值10万余元的名牌西装等物品，以及现金50万元。

经过与办案人员联系，向其了解案件情况，结合初步阅卷信息，我发现了以下几个疑点：一是，某女作为大型信托国企内较有经验的业务经理，凭着其公司知名度和个人的实力应该不难承接到业务。二是，某女在该银行承接的两起信托业务，通道费总共才60多万元，按照单位奖励制度为其本人带来的收益不过万余元，是否有必要为此付出60多万元的感谢费？三是，这些财物都是在总经理离任之后才给的，之前并没有关于感谢费的事先协商，总经理离任后也没有给某女提供过业务上的帮助。

带着这些疑问，我将行贿的要点掰开，与当事人进行了真诚的交流。当事人虽然难以启齿，但还是在鼓励下确认了这些钱并不是什么所谓的感谢费，其也没有向在任时的总经理谋取过利益，二人之间的金钱交往都是基于情人关系这一特殊的身份，以及其有求于到香港任职后的总经理个人帮助的事实。这些情况在侦查笔录中都没有反映出来，原因是某女被反贪局先后拘留、指定居所监视居住后，内心十分慌乱，就听从了办案人员的诱导，按照他们的说法进行供述，以换取取保候审的结果。

这次深入交谈后，我再查阅对比全部案卷材料，发现侦查机关指控的总经理利用职务便利为某女提供帮助的证据并不扎实。一方面，行受贿双方嫌疑人都没有关于具体帮助行为的供述；另一方面，有两位作为总经理下属提供具体帮助的证人，一个证实了总经理并没有为某女的项目打过招呼，另一个证实了某女的项目是按照正常流程审批的。因此，该案没有证据能够证明在总经理的帮助下，某女获得了"优于别人的竞争条件"。加上没有双方事先约定好处费的情节，全案证据都很难证明指控事实。

巧合的是，我在检察院递交委托手续时结识了总经理的辩护人，沟通后得知，总经理的相关供述也有不实的部分。这位律师查看了总经理的讯问录音录像后发现，总经理并没有说过为某女提供帮助，而侦查人员却自行记录了相关内容并让其签字。供述与笔录记载存在实质性差异，总经理及其辩护人坚决主张排除非法证据。

掌握了上述情况后，我立即起草了一份法律意见书快递给承办检察官，阐述当事人没有谋取不正当利益的请托行为，给予的财物也不是感谢费，应当对其不予起诉的观点。鉴于一些实际情况无法在文字当中反映，我在此后还多次与公诉人电话沟通，并申请与其当面交流。后来在公诉人的办公室，我将本案的前因后果和证据方面存在的问题开诚布公地进行了阐释。看得出，这位认真、负责的公诉人被我的观点打动了，主动告知将把我的意见进行全面汇报，并且安排第一次退回补充侦查。后经查阅，补侦回来的仅仅是一份总经理的离职时间证明。看来，证明我的当事人有罪的证据陷入了困境。

虽然从证据角度看，基本可以证实行贿的行为不存在，但公诉人也许是受到了总经理案件的掣肘，不敢轻易对某女案件先行处理，案件进入了一段漫长的等待期。一年的取保候审期限到期后，公诉机关决定对某女解除强制措施，这可以说是案件进展的一个利好信号。但在最终结果出来之前，谁也不知道下一步将会是怎样。

到了 2019 年，法院决定开庭审理总经理受贿案。我与总经理的辩护律师沟通后，认为可以申请某女出庭，这样对查明本起贿赂事实能起到很大帮助，对双方都有利。于是，我将其中利弊告知当事人，询问其是否愿意出庭。某女当时正因身体原因在美国休养，二话不说就答应了。春节后总经理案开庭，某女作为证人按时出庭，如实陈述了其与总经理的私人关系以及二人之间工作、金钱往来的情况，与总经理的当庭供述不谋而合，将事实真相呈现在了法官面前。

开完庭后，我预感案件将迎来转机。果然，到了当年十月份，检察机关对某女做出了撤销案件决定。此时，距离侦查机关立案已经过去了近两年时间。

反思这个案件，有两点比较重要。一是给付财物的时间点，二是查不清有无具体帮助行为。如果是在总经理任职期间给付财物，即便两人具有特定关系，也较难争辩，因为双方毕竟有业务关系，司法中对特定关系能否取代权钱交易关系有不同的认定观点，即便发生在亲兄弟之间也有定罪的案例。反过来，如果能查清有具体的职务帮助行为，即便给付财物发生在总经理离职后，也是危险重重，因为现在贿赂案件中对于主观故意的认定，已经越来越概括化，笔录中只要记录了有一个眼神，或者有一个事后的内心认识，都可以被认定为具有请托时约定离职后给付好处的意思表示情节。

贿赂案件中的"攻守同盟"

山西一位省级厅局的主要领导,听说纪委正在外围调查他,非常紧张。他一方面打探消息,另一方面反思自己可能存在的问题。经过回忆梳理,他发现有几笔经济往来可能带来风险,就分头做了紧急处理。

一个是一笔一年期的 30 万元借款,还没到还款期限,厅长就让妻子赶紧筹措现金,连夜送给借款的朋友,并交代对方万一遇上调查问话,不要提及此事,避免被怀疑是贿赂。

一个是北京房子装修的事情。厅长找了一个装饰公司给他的房子装修,设计、装修费用连同代购家具费用共一两百万元,都是装饰公司代付的。后来厅长催了老板几次要进行结算,老板总在外地回不来,就这么拖了一年多都没付。得知被查后,厅长赶紧给老板打电话询问费用,按照大概 200 万元的预估额把钱给打了过去。

还有一个是厅长之前在单位分的一套房子,当时是集团的分管副总决定分给作为特殊专家的厅长的,但是房子放在了厅长母亲名下,而且有的管理层成员不知道此事。后来厅长调离了该单位,按照规定不能再享受专家分房,恰又遇上省委巡视组到原单位巡视,厅长就联系原单位领导要退回房子，后来也没有下文。这次厅长赶紧去问原单位领导，领导说房子已经退完了，只是还没办过户手续，厅长听后舒了口气。

处理完了上面三件事，厅长以为不会再引起嫌疑，可以高枕无忧了，但没想到他的一举一动都在纪委的监视之下，人家看到他和妻子这么着急忙慌地掩饰证据，就提前把他们夫妻俩约去"喝茶"了。结果，妻子在里面待了几个月，厅长再没回家，等我在看守所见到他时，已经过去快一年了。

我接受委托后查看材料，发现纪委认为厅长涉嫌受贿和贪污，并且通过与请托人建立"攻守同盟"，试图掩盖受贿事实，对抗调查，情节恶劣。

而在会见时，厅长跟我说他当初真没想过收受这些钱物，处理这些钱款也是为了避嫌，但办案人员却认为他那些举动是犯罪后的心虚表现，毕竟"身正不怕影子斜"嘛！更致命的是，这几笔财物相关人员也确实与厅长的单位有业务交集，在纪委调查之下，纷纷承认是以借款、投资为名，行贿赂之实。这下，怎么也说不清了。

我只能开导厅长说："也别全怪办案人员，你那做法确实让人生疑，既然是正常债权债务，不管谁调查你，大大方方解释清楚就是了，反而匆匆忙忙又偷偷摸摸地半夜去还钱，还能给人正常的感觉吗？当然，办案人员逼着你和妻子改变口供，那是办案违规违法问题，我们要去抗辩。但从办案人员角度看，他们有内心确信，并因此通过各种方法把证人证言等证据给做扎实了，翻案就非常困难了。"厅长听了，唏嘘不已。

在行受贿案件中，控方使用"攻守同盟"进行指控的情形很常见，甚至还有专门标记"攻守同盟"的卷宗。控方的思路是，在被调查前或调查时，行为人补办借条、还清借款、归还车辆或房屋、补签协议、串通说法等行为都是为了规避调查，试图通过串供、销毁证据、增加合法外衣等，逃避调查掩人耳目，实际上是欲盖弥彰，反映了受贿人的主观恶性，要从重处罚。

不可否认，在这类指控中，有时调查逻辑是正确的，但也有不少是冤枉的。办案人员没有顾及当事人遇事后慌不择路的心理，没有听取合理解释，先入为主地认为行为人是在建立"攻守同盟"、逃避调查，从而很难再做到客观全面。

"两高"《关于办理受贿刑事案件适用法律若干问题的意见》规定，国家工作人员收受请托人财物后及时退还或者上交的，不是受贿；但国家工作人员受贿后，因自身或者与其受贿有关联的人、事被查处，为掩饰犯罪而退还或者上交的，不影响认定受贿罪。这一规定看似合理，却很是让人纠结——什么叫"及时"？

我们接触的很多受贿案件有这样一种情形，比如官员晚上回家时发现有人送了财物，在家的老婆也不知道情况，就先收下了。官员想退掉吧，就打电话让送礼人拿回去，但送礼人仍是推辞，答应过几天来拿，加上官员工作繁忙，一忙起来就忘了继续督促，拖延到一定时候，有上级调查的信息了，忽然想起这笔财物还没有退还成功，就想及时弥补。但这个时候，组织上不认可了，觉得不是"及时"，而是受贿后的掩饰行为。

在吉林省一位市长受贿案件中，有两笔事实就属于这种典型的情形。一笔是儿子在北京买房，由弟弟出面向朋友借了200多万元支付购房款。过了一两年，弟弟跟朋友补签了借款协议，并偿还了大部分借款，还有个尾巴没有结清。另一笔是朋友在海南买房时，垫资为市长也买了一套，俩好朋友要当邻居。过了一阵子，又是弟弟出面签了借款协议。又过了一阵子,市长发现自己太忙,用不到这个房子,也拿不出房款,就让朋友把房子拿回去,省得还钱了,但朋友去办手续时因为开发商还没有把房产证办下来无法过户,就停下了手续。过了几年,市长因其他事情案发,检方就指控这两起事实都不是真还款真退房,而是因为几年前有省里工作组进行廉政调查,市长为了掩饰受贿才退还,不影响认定犯罪。不止如此,在案发前的一段时间,市长还和弟弟等人一起寻找过去的假借条,一起串供,属于建立"攻守同盟",应予严惩。

我们据理力争,主张全市范围的调查不是法律规定的针对个人的查处,无论官员立即退回,还是隔了一年才退回财物,都是为了避免承担法律风险,因此对于"及时退还或者上交"不应限制时间范围。尽管法院最终没有认定市长无罪,但还是采纳了没有恶意串供的意见,予以了从轻处罚。

总有很多当事人跟我们说:"朋友垫钱后我是想归还的、借款我是想归还的、装修款我是想结算的……但给朋友说了好多次,朋友就是不来拿钱,不结算,现在出了事,朋友却作证说我没有催过他们,还说我临时还钱找其串供,何其冤也!"

我的观点是,有冤的地方,也有不冤的地方。主要是,一是当事人没有充分注意自己的官员身份,在朋友借钱(车、房)、垫钱、投资等方面,以为一切根源于自己和朋友是多年同学、老乡等亲密哥们关系的原因。这里最常被忽视的一个要素,是借出钱的朋友在自己任职的城市或者单位,从事了商业性的业务,他的热情超过了普通的朋友。在这点上,值得所有公职人员警惕朋友的良苦用心。二是很多人借钱时就没有合理的解释,比如家里有人生病着急用钱之类,往往是自己账上有钱但放着不动去借别人的,或者借钱去买非必要的豪宅豪车，在动机上就足以让人怀疑具有贪腐故意。只要态度各有暧昧，双方都拖着不办，最后就是把自己拖进深渊。这个时候再去解释曾经如何督促结算了还款了，就很难让人信服。三是遇有调查时，如果有不正常收受的财物，就应该交给组织，争取从宽处理。现在纪委监委普遍把当事人态度放在第一位，犯点错误也能有补救机会，不一定非要追究刑事责任。如果真是正常往来，就不要有做贼心虚的动作，搞出"此地无银三百两"的动静。大数据时代了，一举一动都不再容易隐藏。所以不但不能补办手续、仓促还款，更不能有叮嘱对方如何应对的言行，即便你认为那只是帮助朋友回忆事实。

正确的做法是在未被正式通知调查时，以静制动，等待调查通知；进入正式调查程序后，及时主动地说明真相，或者主动书写报告提交给组织，说明自己与朋友的经济往来情况和真实原因，避免盲动给自己带来本不应有的罪责。

官员与他人合作生意是否构罪

在北方一座大都市，有一位主管交通的局长任职届满，刚刚退休，本以为从此可以过上无虑的生活，未曾想到一家媒体突然报道说这位局长和其儿子、秘书等人以权谋私，倒卖车牌，被纪委查处落马了。这篇报道一石激起千层浪，被购车摇号折磨得痛不欲生的民众群情激愤，顿时舆论沸腾，网上到处是声讨局长的声音。

局长认为报道内容子虚乌有，连忙将此情况反映给上级局，希望上级局可以采取一定措施；上级局的微博号也马上予以澄清，但却只澄清了半截，留下了令人遐想的空间。局长读毕，立马意识到事不寻常，分析可能是上级局的大局长想整他。大局长与这位二级局的上级之间素有嫌隙，矛盾由来已久。但猜测归猜测，局长手里并没有证据。

在事态进一步发酵前，局长找到我进行咨询，讲述他对现状的忧虑。他认为大局长已经把几位二级局领导送了进去，这次可能会轮到他了。经过一番分析后，我告诉局长，这次报道很可能是先行将局长污名化，扫清各种微妙的阻碍，为之后把他拉下马做好铺垫。因此，我的建议是马上起诉无中生有的那家媒体和记者，并采用刑事自诉方式,公开要求追究其诽谤罪,以此逼出虚假消息源和幕后指使者。即便记者甘愿自行承担责任拒不说出幕后人,我们起诉的姿态也表明了局长的清白,有利于正当力量继续对局长给予保护,遏止目前被动的局面。

经过数日思考,局长决定采纳我的方案。我立即请公证部门对造谣信息的传播情况做了详细公证,证明传播数量足以达到诽谤罪的追诉标准。随后,我又起草好了诉状,同时联系了多家其他的媒体,准备第二天早上到法院公开起诉造谣的媒体和记者。

谁知当天半夜,我接到局长电话。局长告知我他又思索良久,感觉好像近期大局长态度有所缓和,暂时不起诉了。我不赞同局长的判断和决定,认为既然由来已久,事情不会那么简单就化解了,但出于对当事人意愿的尊重,我只能怒其不争,停下了手头的工作。那一大堆公证文书、证据材料和诉状,至今还静静躺在律所的档案室里。

接下来是一段风平浪静的日子,局长偶尔还来找我聊聊天,分析分析他这事还有无法律风险,但总体上抱着已无大碍的心态。

几个月后,疾风骤雨瞬间降临。某天,局长夫人万分焦急地来电,说局长和儿子刚刚同时被抓。

又是数月后,当我拿着起诉意见书在看守所见到局长时,局长表示对当初以为大局长会放过他的想法感到追悔莫及。

顺带一提,那位热衷于送二级局领导进去的大局长当时如日中天,后来不断升迁,但也在刚退休不久落马了。

回到案件本身。在经过会见和阅卷后,我发现局长并未有倒卖车牌的行为,而是根据该局一份内部文件的规定,批准他人使用报废车辆的车牌。卷宗中,该份内部文件详细记载了局内领导对车牌批准使用的权限，规定已报废车辆的车牌不放入摇号池，由局里调剂使用：局长有权批准给某人或者某单位最好的 A 字头全数字车牌，副局长有权批准其他全数字车牌，车管所所长有权批准数字与字母混杂的车牌，等等。这个文件和做法并非涉案局长的创造性发明，而是在上一任时就有了，已成为该局惯例。这显然是内部机制的问题，而非局长个人以权谋私。更奇怪的是，在局长出事后，该规定没有受到任何改变，文件还持续发挥着效力。

指控的事实中，有两笔令人咋舌的"雅贿"，都与局长爱画的兴趣有关。

其中一笔是 200 万元的受贿。某老板为了感谢局长，送其两幅名画，一幅是齐白石的，一幅是徐悲鸿的，均购自保利艺术品公开拍卖会，每幅画拍卖价为 100 万元。看完材料我就心生疑惑，虽然画作时间属于近现代，但这价格也太埋汰两位著名国画家了，保利的拍卖不至于此吧。后来我便向检察机关提出鉴定申请，结果怎么着，两幅画都是赝品，每幅鉴定价值 4000 元。我对鉴定结果还是不满意，不依不饶地再次提交申请，说我上网查了，这种复制画一般只卖百八十元，要不请鉴定人在开庭时给我们讲讲咋估值几千元的吧。后来公诉人也为我持续质问这几千元的指控而感到不胜其烦，就把这笔指控给去掉了。

另一笔是最要命的 1500 万元指控，在当时我国《刑法修正案（九）》将出未出，贪污受贿量刑标准尚未改变的情况下，这个数额可以导致无期徒刑的判决。该笔指控涉及某数一数二的当代著名画家，其作品很贵，每幅画都论尺卖，每尺价格均为数十万元，一幅画的总价可以达到几百上千万元。但他只把自己的作品放在一个画廊里出售，其他渠道都没有办法得到他的画。这个独家代理商的利润,就是画的卖价减去画家的要价。画廊老板与局长是朋友,看见局长经常介绍喜欢收藏的老板朋友来画廊买画,就按照行业惯例提议,说以后局长要是再介绍朋友来买画,就把卖画的利润二一添作五,与局长各拿一半。局长觉得不算犯法,便表示同意。到案发时,经局长介绍卖出的画的成交价总额已超亿元,画廊老板的小本本上记录了应分给局长的钱款是 1500 多万元,而局长只使用了其中的 100 多万元。

我们认为这个指控子虚乌有,因为决定局长是否有罪的关键点,在于有无请托人故意高买低卖的情节。如果一切交易都是按照正常的市场价进行,没有非法利益输送,那么即便是在朋友之间产生交易,也不属于违法的范畴;即便属于领导干部违纪经营的情况,也应另当别论。

基于局长的朋友们到画廊购买的画作价格并没有明显高于市场价这个要点,我们提出,介绍他人买画并从画廊处获得卖画的利润,属于字画经营业界通行的"佣金",不应被武断认定为受贿性质。"两高"《关于办理受贿刑事案件适用法律若干问题的意见》中的"关于以交易形式收受贿赂问题"明确规定,"国家工作人员利用职务上的便利为请托人谋取利益,以下列交易形式收受请托人财物的,以受贿论处:(1)以明显低于市场的价格向请托人购买房屋、汽车等物品的;(2)以明显高于市场的价格向请托人出售房屋、汽车等物品的;(3)以其他交易形式非法收受请托人财物的。受贿数额按照交易时当地市场价格与实际支付价格的差额计算。"本案中,公诉机关没有提交证据来证明相关字画的交易价格明显偏离市场价格,也没有提交证据来证明买画人有借买画的名义向局长行贿的主观意图。买画的老板们都财大气粗,出于个人喜好和收藏保值增值等原因来买画，并不知道局长还能因此获得佣金。

虽然出于从重量刑需要，法院最后还是认定了这笔受贿，但判决书却没有给出相应的理由。这样的判例，将公职人员违规参与经营的违纪行为不当上升为刑事犯罪，提供了负面的司法示范；但同时，也给公务人员的相关行为带来一定警示。有时控方的逻辑特别简单，只要具备两个条件，就可以认定为实质受贿，不管其间是否具有法律上的因果关系：其一，官员在职务范围内为请托人提供过帮助，如本案中局长确实给买画的老板们批过车牌；其二，官员通过与请托人有关联的任何一种方式获得了经济利益。

由此，我还想起了十多年前办理过的一宗案件。山东发改委一位处长被定案的受贿事实中，有一桩是开发商赠送给其位于济南的一套房屋，但处长从未给开发商提供过任何职务上的帮助，只是基于好朋友关系，在有次开发商缺乏流动资金时，介绍了一个北京公司的老板给开发商认识，开发商向该位老板借了1000万元渡过了难关。而这家北京公司曾经又恰巧打算承接山东的一个高速项目，与主管项目的处长等人有过接触，但最后没有承接成功。这样一个绕来绕去，转了八百道弯儿的法律关系，却被指控为处长利用职务便利为北京公司提供帮助，北京公司为山东开发商提供资金帮助，山东开发商为向处长表达感谢而行贿了房屋。对此案件我就不做过多分析了，法归法，理归理，但在"以理代法"越来越多的时候，也许需要反思这种现象的背后，是不是在强调廉洁的重要性，警示官员意外之财不可取呢？

实物受贿的有趣辩点

河南省一位厅长业务能力超强，工作拼命，为人善良，但就是喜欢喝酒，而且只喜欢喝茅台。每到逢年过节，他就接受朋友们赠送的好酒，但有时候这些酒不是茅台，或者只是一般茅台，他就让个别想送酒的好朋友给送好茅台。

如果他在家里等着送茅台过来，事情也就没有下文了，因为按照他喝酒的速度，不久就会把酒给喝完了，喝了后茅台踪影全无，过了很久出事时，连鉴定都找不到实物，无法在法律上认定真酒假酒，更无法认定价格，就不好定罪了。而且，办案机关一般不把这类消费品当作犯罪事实，因为依法定程序处理起来比较劳累，最后还得把酒上缴国库，所以大多在搜家收缴把酒拉走后不了了之，酒去了哪儿也无须交代。这也是我们能看到很多司法拍卖物品中有被追缴房屋、车辆、家具甚至艺术品，但很少见到司法拍卖被追缴茅台酒的原因。

但厅长学医出身，对品质要求严格，对酒的质量不太放心，就指定了一家质量过硬的茅台专卖店让朋友去买，然后还不放心，就一起去了这家专卖店，在门口等着朋友买单拿酒。

等到后来厅长出事，我们律师看到这一笔指控时，都感觉不是太好辩解。指控的是他受贿金额 50 多万元现金，方式是他分几次让请托人为其当场支付了 50 多万元买酒款，有付款凭证和证人证言等证据。换句话说，他受贿的标的物不是酒，而是他眼看着别人支付的那些钱。至于当时买的茅台酒是真是假，价值多少，都不重要了，也没有寻找实物和进行鉴定的司法上的必要性了。

而在一位市长受贿案中，则出现了相反的情形。市长买房子，需要借钱，于是跟请托人（当然也是朋友）开了口。如果他拿了钱，自己去售楼处交款，那么后来追诉时就只能按照借款金额指控市长收受了多少现金。但他三次买房，都是让朋友到售楼现场刷卡，朋友成了现场交易的支付人，后来在案件中朋友就变成了房屋购买人，市长收受的是朋友按照他的指定要求而购买的房屋，不是收受朋友支付的那几百万元房款。

收受房款和房屋两者的差异在于，买房时才花费几百万元的房子，到十年后追诉时房屋市场价值已翻了几番，变为几千万元。一般情况下，如果指控收受的是现金款项，那么跟买房就没有必然关系，被告人使用哪笔钱买房就说不清楚，则房子还归当事人，当事人可以筹款用来退赃，把那几百万元交上去，把已增值的房子留下来；如果收受的是房屋，法院则把房屋直接收缴，不管其溢价多少。

从这两个案例可以看到，对于办案机关来说，决定以钱款为受贿物，还是以购买物为受贿物，是有明显区别的，也是各有道理的。区别在于，如果请托人购买的是生活消费品，该物品已经不在案，或者在案但难以确定真正价值，则选择把购买款作为受贿标的；如果购买的是不动产、奢侈品等固定物，并且这些物品在案，有明确的价值，则以这些物品作为受贿标的。虽然这样做对指控金额没有影响，都是以购买时的价格为准，但对能顺利定案有意义，对办案机关收缴价值的多少也有意义。

　　类似的实物贿赂情形很多，包括珠宝、首饰、金条、手表、古玩、字画、车辆等。总体来说，我们在辩护上，首先应观察指控的受贿标的物是什么，看看这些物品是否在案，有无进行过价格鉴定，鉴定的情况是否合法和合理。如果遇到上一篇中讲到的局长收受齐白石、徐悲鸿两幅画总价值才200万元的情况，就要及时抗辩，要求重新评估价格，不能因为请托人花了200万元，给司法机关提供了购买发票，就认定当事人明知画作价值200万元而收受，说不定当事人收受时就一眼看穿了是一文不值的假画但碍于面子不得不收呢。如果物品灭失，无法进行价格鉴定，则建议司法机关撤回这笔指控，不管请托人购买这个物品时实际花了多少钱、当事人是否认可。但如果证据足以证明是当事人站在柜台边上，以借款、垫款或者指令方式，亲眼看着请托人现场付款为其购物，则无论购买的是否赝品，对收受价值都没有什么辩护余地了，只能寻找其他方面的辩点。

　　有的当事人在得知被调查时，就把收受的东西给扔了，或者辛苦地整理好艺术品，一箱一箱地放在亲戚朋友处藏起来，还叮咛不要讲出来。殊不知办案人员有的是办法，审讯不了几天，就能让当事人自愿地把丢得不彻底的东西从树林里山坡下找回来，也能让当事人把在亲朋处藏起来的东西供出来，最后不但加重了自己的罪责，还连累了亲戚朋友，形成了前文中所说的"攻守同盟"，给亲朋带来牢狱之灾。其实，丢掉的也好，藏起来的也好，只要是别人送来的实物，不是自己让他人代为付款的，其中可能很多都是价值较低的仿品赝品，特别是烟酒糖茶等消费品和所谓古玩玉器等艺术品，并不是请托人自称的高价值，还不如交上去，说不定调查机关就放着这些东西不追究了，即便追究也要走严格的鉴定程序，并不是以自己听说的价值为追诉标准。

还有一个与实物相关的房屋差价、装修差价等常见问题，也有需要当事人和辩护人注意的地方。我曾代理过一个官员买房得到优惠价格的案子，受贿金额是用同类房屋市场价格减去实际支付金额。经过我们调查了解，那官员其实是被骗了，购买的房屋是小区里位置最差、户型最差的，还是人们最不爱购买的中间设备层，官员名义上得到了优惠，实际上还吃了亏，跟正常的同类房屋不可比拟。我还代理过一个上市装修公司行贿官员的案件，实收装修价格按照内部员工优惠政策打了七折，指控的行贿金额是那剩下的三折。我们对装修成本清单进行了审核，发现这个小小的装修工程里还有新购买的笔记本电脑和其他明显无关的物品。经询问工程师，答复是有些成本并不是这个项目里的，但为了走账方便，就都放在了这个项目里，原因是按照他们的经验，老板送人情的这种项目，官员都不会查看清单，报价高了再给优惠就行了，最后实际价格跟正常价格差不多。从这些案例里，我们才知道，老板对官员也有个"杀熟"问题，一方面要获取官员好感，另一方面又不失去商人智慧，以虚高价格进行应对。只是害苦了办案人员，也考验了律师。

其他与实物受贿相关的情形还有很多，比如在一个案例中，朋友转让了一个车位给官员，商定了10万元价格，官员没着急付款，过了两年付款时，车位的市场价格已经是15万元了。又过了两年官员被查时，办案机关不认可当时有10万元的口头说法，认为这5万元差价就是受贿，我们抗辩的焦点就放在了脆弱的口头协议的时间点上。林林总总吧，实物受贿跟金钱、投资等流通物受贿和交易机会受贿有很大不同，里面的文章很多，经常出现较大争议，关键在于我们能否把握符合案情的有效辩点。

恶势力的构成，有时就差那么一点

金秋十月的一天，我接到了一个电话，是曾经被指控为恶势力团伙纠集者的当事人，刚服刑完毕，向我表达问候和谢意。他的故事值得说道。

当事人是山东的一个民企老板，他的故事发生在全国扫黑除恶专项斗争的第一年。在他找到我之前，连续几个月的时间内，当地的商业竞争对手一直在向公安等部门举报他的陈年旧事，他也听说公安正在走遍大街小巷进行初查。他感觉危险来临，忧心忡忡，希望找到专业的律师帮他解忧，就来到了北京。

我们接受委托后，立即前往企业所在地，对老板名下四家公司的基本情况逐一进行了梳理，包括公司的设立情况、业务范围、组织运营模式、人员组织框架及各人职务职责、财务纳税情况等，并对可能涉案的相关人员有无前科情况进行了初步的询问和梳理，这让我们对被举报事实的起因、经过、将来的走向以及可能涉嫌的具体罪名等情况，有了初步的掌握和判断。同时我们也提前告知公司主要人员，一旦被公安机关采取强制措施之后其所享有的法律权利。

没过两天，公安就实施了抓捕行动，强制传唤了老板和多个公司现任职员及曾任职人员。我们在当地同步工作，对老板是人大代表而未经人大许可即被采取强制措施，以及其他违规办案情况进行交涉。过了一两天，有一部分人被放了回来，只剩下老板和另外两人在押。我们再经交涉，又第一时间获得了会见的机会，突破了当地涉黑涉恶案件在侦查阶段不让会见的惯例。

我们持续与家属和公司留守人员进行充分的交流，讲明律师的工作方案，鼓舞大家信心。对因老板被抓、公司财产被查扣冻和公安机关发布的公开通告给公司带来的经营困扰，逐一分析，分别给当地政府和有关部门写信，要求在办案时注重保护民营企业的声誉和正常经营，保障企业的内外秩序，促使公安机关很快解冻了账户，返还了公司印章和部分经营所需财产。

上述工作，看起来比较常规，但它在特殊时刻所起到的作用不容小觑。从当事人方面来看，危急中及时找到中意的律师，一来在律师的帮助下能够提前了解案件的可能走向，分析可能涉刑的所有风险，掌握基本的应对措施，这无异于一针镇静剂，帮助当事人回归理性状态，应对现实困境。二来提前确认委托关系，为后面辩护工作的顺利开展减少了许多障碍——多数时候，我们看到的是当事人和家属都突然被"连窝端"，完全来不及委托律师，而外面也无其他近亲属，从而无法委托律师的尴尬情况。从公司方面来看，在核心人员可能涉刑的情况下，公司的经营管理权何去何从，这一重大问题也在律师的帮助下设定了几套预案，能够最大限度地保证公司经营秩序不受影响、管理权正常行使。从律师方面来看，一来能够提前了解案件背景和整体情况，并在此基础上做出预判，信息对称了，在某种意义上就是掌握了主动权；二来帮忙稳定当事人及家属的心理状态,也能由此建立稳固的信任关系,为后面当事人和家属最大限度地配合我们的辩护工作打下了基础。

再说说案件情况。本案有意思的地方很多,本篇仅就打掉恶势力指控的关键点进行回顾与分享。

本案被告人有三名,分别是老板和两名员工,指控罪名有寻衅滋事、故意伤害和强迫交易罪,另外还指控三人为"恶势力犯罪"——这是扫黑除恶专项斗争中出现的新名词,是指"经常纠集在一起,以暴力、威胁或者其他手段,在一定区域或者行业内多次实施违法犯罪活动,为非作恶,欺压百姓,扰乱经济、社会生活秩序,造成较为恶劣的社会影响,但尚未形成黑社会性质组织的违法犯罪组织",是法定的从重处罚情节,其中对纠集者的惩处力度更大。

我们在代理过程中,基于司法解释的明文规定,重点辩护具体事实和罪名,在此基础上再着重针对"恶势力"的帽子进行辩驳。

起诉书指控的三名被告人的罪名不完全相同,并互有交叉。单看起诉书,错综复杂,好像这个恶势力团伙罪大恶极,但仔细分析,发现老板只有两个行为,涉嫌两个罪名——强迫交易罪和寻衅滋事罪。再次分析后认为,其中强迫交易罪最容易打掉,而只要打掉了这个,就不符合"两高两部"关于恶势力案件的规定了,即"两年内,包括纠集者在内,至少应有两名相同成员多次参与实施违法犯罪活动"。也就是说,老板作为纠集者只剩下一个罪名、只参与一次犯罪活动的话,那么不论另外两名员工的罪名是否成立,"恶势力"的帽子就可以摘掉了。

我们提出,即便根据指控内容,老板对强迫交易的概括授意行为发生在 A 县,针对的是 A 县同行;而员工实施的具体强迫交易行为大多发生在 B 县，针对的是 B 县同行，与老板授意无关，老板也并不知晓；唯一一起针对 A 县同行的行为，是发生在 2011 年我国《刑法修正案（八）》生效之前，当时还没有把"强迫他人退出特定经营活动"纳入犯罪。根据从旧兼从轻原则，不能据此追究被告人的刑事责任。

法院采纳了我们的意见，没有认定老板犯强迫交易罪，从而认定三人不构成恶势力团伙，量刑上从轻处理。

这个摘帽过程好像并不费劲，只是老板抓住了一个聘请律师的时间点，律师抓住了一个法律上的辩护点，但不管是这个点，还是那个点，或许其中之一就是重大案件的命门。

事物总是辩证的，在其他案件中，我们发现除了律师能破点、打掉指控，控方居然也能有意识地加点，把普通犯罪升格为恶势力。在东北一起案件中，公安部门轰轰烈烈地抓捕了老板等八个人，想定"涉黑"，发现实在无能为力，就想定"涉恶"，但又发现在贯穿 2001 年至 2020 年长达二十年的指控材料中，各行为之间稀稀拉拉不能连成串儿，凑不够"两年内三次违法犯罪活动"的情形。不知谁灵机一动，翻阅材料后，就在 2001 年强迫交易罪和 2002 年聚众斗殴罪两次犯罪中增加了一个违法事件，以期满足指控恶势力"两年三次"的法定条件。

我们当然看出了端倪，知道这起轻微违法事件在恶势力指控中的"不可或缺"。姑且不论强迫交易罪和聚众斗殴罪能不能成立，单就违法事件来论，明显是一个通过制造假证据搞出来的指控。事件发生于 2001 年，当时被殴打致轻微伤的被害人就报了案，但因不认识打人者，公安没有调查出结果。到了 2007 年，因为又有人举报老板，省公安厅成立专案组再行调查，被害人面对老板照片还是表示无法辨认。但这次扫黑除恶中的 2020 年，专案组居然让被害人从照片中辨认出了当年殴打他的人，哪怕被害人所看的照片并不是 2001 年的，而是时隔近二十年之后的照片。更让人惊讶的是，还有两名证人，在殴打事件发生时并不在现场，连"凶手"的人影儿都没看见过，这次也"成功"辨认出了殴打者。

  我们在被害人、证人不出庭的情况下，当庭指出这是办案人员涉嫌伪造证据，并在庭后设法找到了被害人和证人，被害人表示是办案人员连续三次找他，要求这么去做，现在不方便再来作证；证人表示是办案人员骗取的证言，内容根本没让证人阅读，并给律师出具了新的书面证言。但法院在历时长期的犹豫后，还是没有纠正这个小小的违法行为指控。也许，正是因为这个点是制造出来的，恶势力又不能缺了这个小小的一点，法院才勉为其难予以接受，无法把它拿掉吧。

涉恶案件能否没收全部财产

涉黑案件依法可以对组织者、领导者、积极参加者没收个人财产，这已是众所周知的事情。但涉恶案件也要没收财产，可能还没多少人听说过。

在三年扫黑除恶专项斗争的收官之际，我接手了一起黑龙江省的恶势力案件。当事人亲属找到我时十分焦急，不仅因为顶梁柱般的大哥和大嫂被指控为恶势力，遭遇了囹圄之灾，而且他们还得到消息称将要没收大哥家的全部财产。如果真的被判了恶势力，没收全部财产，那么大哥夫妇两人辛辛苦苦打拼几十年的家业可能一夜之间倾覆，而且家里缺乏生活自理能力的孩子的生活也将陷入困顿。得知这些情况后，我十分同情他们的遭遇，决定接受委托。

介入该案后，我们发现公诉机关果真在指控大哥、大嫂等人犯有强迫交易、聚众斗殴、寻衅滋事和挪用资金等罪，构成恶势力犯罪团伙的同时，还查封、扣押、冻结了夫妻俩的所有财产，包括存款、车辆、房产、土地等，价值总额超亿元，并认为这都是该恶势力犯罪团伙财产，应当依法予以罚没。

我们认为本案既不满足人数的要求，也不符合违法犯罪事件数量的规定，不应构成恶势力。我们又认真审查了指控材料，发现任何一个罪名都没有可以并处没收财产的法律规定，那么是不是因为公诉机关对黑社会案件见得多了，以为涉恶案件也能没收财产，不假思索地在起诉书上写下了"应当依法予以罚没"几个大字呢？

既然起诉书是以"均为恶势力犯罪团伙财产"名义，要求法院全部罚没，那就首先需要明确，涉恶案件能否没收全部财产。关于这一问题，黑恶势力案件司法解释并没有明确规定。然而，恶势力作为黑社会集团形成过程中的一个未完成状态，并不具备黑社会性质组织的完整特征，也不能产生黑社会组织的巨大危害。因此，法律并未要求恶势力具备经济特征，即"有组织地通过违法犯罪活动或者其他手段获取经济利益，具有一定的经济实力，以支持该组织的活动"，也未进一步规定对恶势力的首要分子的财产予以罚没。可以说，相关法律法规只明文规定了没收黑社会性质组织中部分人的个人全部财产，却并未对恶势力附加并处没收个人全部财产的刑罚。根据公权力"法无明文不可为"的原则，应当认为恶势力案件并不能任意采取没收个人全部财产的措施。

其次，这些财产明明是个人财产，如何变为团伙财产的？即便认为参照黑社会性质组织的处理原则，需要对恶势力团伙的财产进行处置，也必须先严格按照法律要求，对予以追缴、没收的涉案财产进行甄别并说明理由，包括财产的来源、性质、所有人等。其实在涉黑案件中，并没有"组织财产"一说，没收的都是个人财产，本案的"团伙财产"一词本身就是凭空创造的。何况，公诉机关并未依法履行甄别职责，更未阐明个人财产与团伙财产的关系，直接把公安机关查扣冻的清单附到卷宗后面，不加区分地要求全部没收。

事实上，法律已经对应当依法追缴、没收的涉案财产范围进行了明确的列举，主要包括通过实施违法犯罪活动等不正当手段取得的收入、用于支持黑恶势力组织活动的财物、违禁品等三大类。根据这一规定，被告人被查扣冻的财产除非是通过实施违法犯罪活动等手段取得的，否则便没有没收的理由。然而，公诉机关指控的所有罪名，都没有证据证实给被告人带来任何经济利益。

最后，对于起诉书使用的"罚没"一词，我们在庭审中也强调要求公诉人解释清楚，这是属于法律上的追缴，还是罚金，还是没收？无论哪一种，都需要说明理由和数额，否则法院也不知道应该怎么判决。对此，公诉人保持沉默，审判长眉头紧蹙。

判决书下来，支持了律师的意见，"本案扣押、查封、冻结的财产根据现有证据不足以认定为系通过违法犯罪活动或者其他不正当手段聚敛的财产，或者为支持该恶势力组织活动资助或者主动提供的财产。被告人及辩护人所提出在案财产不属于犯罪所得，不应罚没的辩解和辩护意见，予以采纳。"被告人夫妻的巨额财产得以悉数返还。

这起案件也许不是孤例，财产处置一直是近年来黑恶势力犯罪案件的一个争议话题。在众多案件中，公安机关经常对涉案人员及其家属的所有财产采取查扣冻，不考虑涉案财产与不涉案财产、不法财产与合法财产、生活及抚养赡养所需财产等区分，连家属的工资卡、水电卡、社保卡都给冻上，给涉案人员亲属的生活带来很大的困扰。而公诉机关也经常不对财产加以甄别，只要是公安查扣的就都是涉案财产，都要求法院判决没收。律师在办理这类案件时，不仅要注重从总体上分析是否构成黑社会或者恶势力，更要关注对财产的处置。尤其是，恶势力犯罪不同于黑社会，更要把握宽严相济的刑事政策，对恶势力团伙的财产进行甄别；对不属于违法犯罪所得的，坚持要求甄别并进行返还，维护当事人的合法财产利益。

一个涉黑案件的平反

涉黑案件这几年经常出现在人们视野中，它指的是黑社会性质组织犯罪案件。从 1997 年入刑开始，这类案件一直是司法实践中较为复杂和富有争议的，甚至出现了司法解释与立法解释"打架"的情况，以至于现在还有很多人搞不清涉黑案件是不是必须有"保护伞"才能定案。

大约十年前的时候，我代理过华东某省的一起涉黑案件，当时虽经激烈抗辩，但一审没有采纳辩护意见，二审法院则连辩护人提交手续的时间都没给，就直接做了维持判决。几年后，经由律师和委托人不懈努力，通过再审终于把案件扭转了回来，摘掉了涉黑帽子。

当时除了个别地方，涉黑案件在多数地区还很少见。各办案部门对普通案件有充足的办案经验，把客观证据收集起来就可以了，但对于需要具备组织性、危害性的涉黑案件，经验空白，就到处取经学习，一边学一边办，过程中难免磕磕绊绊，大家都较为吃力。为了能证明黑社会性质组织的存在，很多材料都是按照法条规定的四个特征生硬拼凑出来的，等这些证据展示到法庭上的时候，自然出现很多漏洞，经不起推敲。

但当时这类案件也大多有一个特点，就是由当地管理者与被管理者关系恶化引发出来的，甚至有当地主要领导关注，所以辩护难度较大。本案的主角本来在当地经商做得还不错，就是因为有几次没有控制住脾气，对领导撒了气，冲撞得比较严重，加上确有一些打架之事，才被小题大做戴上了涉黑帽子。鉴于形势，我们与家属讨论后决定，尽全力做无罪辩护，不妥协不认罪，不放过任何可以利用的空间，即便暂时改变不了结果，也要为将来申诉打好基础，相信总有辩白的一天。

原审时，我们提出，本案是专案组勉强制造出来的，根本不存在法律所要求的组织、领导黑社会性质组织罪应同时具备的四个特征中的任何一个。卷内现有的证据，根本证明不了所谓黑社会性质组织到底是何时成立的、有什么样的组织架构、有哪些基本固定的骨干成员。卷宗内一再出现的有关"组织特征"说辞，只是办案人员自己的总结，在不同人的笔录中连标点符号都完全一致，各被告人均在庭审中予以了否认。所谓纪律问题，都是公司的正常规章制度，是基于生产经营的需要而不是违法犯罪的需要，没有黑社会的内在控制特征，不然也不会出现多次"骨干成员"追着殴打"黑老大"的事件。所谓依托的公司，与十三人中的十二人没有关联，也谈不上有任何经济利益，这十二人都有自己的生意或者工作。行为方面，都是临时起意的个人行为，没有组织、指挥和人员分工，行为具有明显的孤立性，基本都是踹了谁一脚、拿笤帚打了谁一下、往谁身上扔了茶杯之类让人哭笑不得的小打小闹，没有导致严重后果。

不出所料，法院还是根据指控认定十三名被告人在十年左右的时间里,以公司为依托,通过拦阻、殴打驾驶员等手段,非法控制了当地矿山的运输业务,总共实施寻衅滋事 31 起,聚众斗殴 1 起,非法拘禁 1 起,称霸一方,欺压群众,构成组织、领导、参加黑社会性质组织罪,对两名组织者、领导者分别判处 18 年、16 年有期徒刑等。

上诉后,我们不断询问二审法院哪天立案,但没过几天,在家属和律师都不知情的情况下,二审就火速维持了原判,全案连一个辩护人都没有出现。

之后的岁月,就是家属与律师联手,不断反映和申诉。过了四五年,终于等来了转机,省高院决定再审,并指定了另外一个城市的法院管辖。

再审开庭前,经过与新的控方检察员交流,就组织、领导、参加黑社会性质组织罪,大家达成一致意见,都认为证据不足。对个罪部分,涉及几十起事实,则既有意见统一的部分,也有分歧的部分。

开庭后,法院判决认为,原审十三名被告人的犯罪行为并不具备法律规定的涉黑犯罪四个特征。第一,关于组织特征。共同长期实施涉案行为的人数虽达十余人,但组织形式松散,没有明确的组织结构体系,且原审判决认定涉及黑社会性质组织犯罪的事实中,多数是因为个人之间的冲突而发生,并没有明显"组织"特性。第二,关于经济特征。原审判决虽概括认定原审被告人通过实施违法犯罪活动,涉足多个领域攫取经济利益,并以开办公司等方式"以商养黑、以黑护商"等事实,但并未认定其中哪部分财产属涉黑行为获取,亦未对涉黑财产进行罚没处理;没有证据证明涉案资金的来源系原审被告人因涉黑获取的经济利益。因此,现有证据尚不具有刑法意义上的关联性、排他性，不能作为认定原审被告人涉案期间的收益具有"有组织地通过违法犯罪活动获取经济利益，并以经济利益支持该组织活动的"涉黑犯罪的特征依据。第三，关于行为特征。原审判决认定原审被告人实施或参与的 31 起寻衅滋事、1 起聚众斗殴、1 起非法拘禁等犯罪行为，均存在其犯罪的现实成因，缺乏与黑社会性质组织犯罪间的关联性。第四，关于危害性特征。原审判决认定原审被告人以涉案涉黑组织形式，通过实施违法犯罪活动，称霸一方，在多种行业内形成非法控制和重大影响，严重破坏了当地的经济、社会生活秩序等事实的表述，缺乏相应的事实和证据。综上，根据再审查明的事实，结合原审被告人的辩解意见和检察机关的出庭意见，原审判决认定组织、领导、参加黑社会性质组织罪的证据不足，适用法律错误，定性不当，依法应予纠正。

判决书对两名组织者、领导者分别以所涉具体罪名改判为有期徒刑八年、七年半。

回头来看这个案子，值得总结的地方很多，包括对于明显不应成立的指控，要坚定地打好辩护基础，以待未来，以及后期永不放弃的心态极为重要等等。同时，也很感激当时的上级司法机关能够听取申诉声音，包括检察机关能够赞同涉黑罪名不成立的意见，不然，控方继续坚持原来观点，会给再审造成很大障碍。

再审后没两年，在新的形势下，扫黑除恶专项斗争开始了，新的司法解释对于黑社会性质组织的"四个特征"不再像以前那样要求都明显具备，而是要求根据立法本意，认真审查、分析黑社会性质组织"四个特征"相互间的内在联系，准确评价涉案犯罪组织所造成的社会危害就可以了。按照新的精神，在为期三年的扫黑除恶专项斗争中，全国共打掉涉黑组织 3644 个、涉恶犯罪集团 11675

个；其中，山西省打掉涉黑组织 213 个、涉恶集团 581 个。

从这个数字可以发现，相比以前，涉黑案件的辩护难度更是大大增加。从实体上来说，涉黑案件经常涉及一二十个罪名，每个罪名及其项下的证据、事实和法律适用都较为复杂；从程序上来说，因为前述的涉黑案件侦查难度大，尤其是组织性不好认定，导致被告人供述方面的非法证据较多，辩护人辩护起来更是面临许多困难。这种情况下，很难要求法院支持四个特征哪一个都不具备的观点，而需要考虑司法解释中所强调的四个特征的内在联系问题，从辩护上排除这种以"组织性"为主线串联起来的组织、经济、暴力、危害特征，包括没有为了从事违法犯罪而成立的严密组织，或者暴力行为是偶发个人行为没有组织性，或者暴力行为与有组织地攫取经济利益之间没有关联性，或者打架发生在特定个体之间缺乏欺压群众色彩等等，以此来阻断四个特征之间的有机联系。辩护中，还要兼顾组织成立的时间、被告人的地位和作用、涉案财产与违法犯罪行为之间的关系等，在难以打掉涉黑性质的情况下为当事人争取其他利益。

涉黑案件中的保人与保财

重大刑事案件，包括涉黑案件、犯罪集团案件等，通常都会判处大额罚金或者没收财产。以往关于财产刑这一部分似乎是律师辩护的盲区，因为对于罚金的数额大多依靠法官的自由裁量及已有判例，不像定罪量刑有明确认定标准。但是近几年律师在这方面的辩护常有突破，有时候是单纯辩护的效果，有时候是诉辩交易的一种模式，有时候，就像现在我要讲的故事，是法官内心确信的体现。

"经合议庭评议并报本院审判委员会讨论决定，判决如下：被告人犯组织、领导黑社会性质组织罪，判处有期徒刑八年，并处没收财产500万元，剥夺政治权利二年……"

"黑老大"没有被没收全部个人财产？这样的判决结果，乍看起来，好像不符合"打财断血"的精神，但若结合案件情况，便知其确有符合法理与人情之处。

故事的缘由是这样的。青海的一名企业家，在当地经营着涉及民生民计的多家市场，但因为文化水平不高、管理模式粗放，在市场内免不了与商户发生过一些不同类别的纠纷。有因为商户不交房租、不交电费导致的纠纷，也有因为商户不服从市场统一管理导致的矛盾等等。公安机关立案之初，两次发布关于公开征集恶势力团伙违法犯罪线索的通告，认为企业家及部分市场管理人员是恶势力团伙。而待到侦查终结，案件性质却摇身变成了黑社会性质组织犯罪！变化的蹊跷姑且不说，如果真有相关的犯罪事实，那么变也是对的。但实际情况却正如本案辩护词的题目——这是"一起拼凑的涉黑案件"。

指控的罪名七七八八、名目繁多，拼凑成一个"团队""组织"，但是深究指控罪名发生的缘由和背景，除了与市场管理有关之外，其余几乎都是为了承接当地政府指定的养殖场项目而引发。因为这个养殖场项目是个赔钱的买卖，所以没有企业来投标，政府只能指定本案的这位有经济实力的企业家来承接，于是产生了指控的串通投标罪；因为政府下发补贴资金的程序复杂、周期漫长，所以企业家以商户的名义向银行申请贷款并提供真实足额的担保，但也因此招致了骗取贷款罪；因为政府审批手续缓慢，职能部门就以会议纪要或文件的形式让企业家先平整土地，后办手续，于是在平整土地的过程中企业家触犯了非法占用农用地罪、滥伐林木罪；因为平整土地后需要大量劳动力去种植农作物，于是又有了所谓的强迫劳动罪；因为养殖场的猪肉产量太大，企业家请市场的商户帮忙分销，于是有了强迫交易罪；等等，不一而足。

这个"黑老大"还挺与众不同的。他农民出身，从来没有一副企业家的尊荣，平时勤劳肯干，事必躬亲。他经营的多家企业，没有科学系统的管理制度，直至案发前仍是极其传统、落后、单一的家长制管理模式，公司及市场所有事务均由他一人决策。他不仅是老板，更是员工，天天和其他员工一起做具体工作，包括种地种菜，甚至还经常带上他的老婆、孩子帮忙一起干农活，起早贪黑，为的只是养殖场早日建成,当地百姓能早日吃到本地蔬菜和肉类。

所以说,这个案子完全不存在黑社会性质组织所要求的组织特征中的分工、层级、制度要求等等,只有一群踏踏实实干活的、素养不高的农民。

本案经一审二审辩护后,最终打掉了几个不起眼的个罪,涉黑的帽子也还是扣得死死的,老婆和孩子都没能幸免;但是唯一值得欣慰的是,不同于绝大多数涉黑案件没收"黑老大"个人全部财产的处理,本案仅没收了500万元个人财产,其他更多的数亿个人、家庭、公司财产都保住了!这充分说明了庭审辩护的重要性,体现了专业的强大力量。庭审中,辩方压倒性的态势也使合议庭对案件的定性判断有了内心确信,只是这种内心确信只能在法官自由裁量的范围内体现在财产刑方面了。但不能不说,这也是一种勇气、担当和巨大的进步!

同一时期,在山西某中级法院审理的一起由中央督办的涉黑案件中,经过我们全方位的辩护,最后在量刑上取得了重大突破,"黑老大"由原本拟定的无期徒刑改判为有期,一些"骨干成员"由公诉机关建议的十五年以上有期徒刑分别改判为三年、四年、五年,即便在个罪上,如虚开增值税专用发票数亿元也只判处几年徒刑,多数当事人对这些远低于预期刑期的判决结果较为满意。但遗憾的是,对于数十亿元财产和公司股权,却几乎全部没收了,甚至连案外人的财产也被未加区分地一并拿走了。

类似的案件,不同的结果,一个是侧重了刑期的大幅度减轻,另一个是侧重了对主要财产的保护。那么,我们在面对当事人的全面诉求——既要救人又要救财产时,应该如何确定方向和目标呢?

在实际操作中,其实并没有根据以上选择题制订的策略。辩护涉黑案件、犯罪集团案件，最需要着重强调的首要目标，就是打掉涉黑帽子、集团帽子。只有以此为目标，才能摆正因果关系，从根源上出发，为救人或者救财产奠定基础。涉黑帽子、集团帽子去掉了，自然也就达到救人和救财产的目标了。如果只着重于某个方面的追求，把主要精力放在救人或者救财产上，则会本末倒置，带来不利的后果。

在聚焦于摘帽子的同时，可以兼顾组织或集团的成立时间、每个人的地位作用、个罪的成立与否、财产的非法与合法等辩护要素。在辩护过程中，需要根据事态发展，与控方、审判方多加交流，适时提出合理诉求和最低条件，无论各方表面上听与不听，最后都会对他们的决策产生一定的影响。

尤其在控辩胶着阶段，要通过与当事人及家属的不断沟通，明确在全面抗辩的前提下，优先于哪一个目标的选择。一些中央督办、省级督办的案件，无论在事实和证据上有哪些问题，大家都知道一时难以扭转乾坤。如果当事人侧重于人身刑，判成无期甚至即便多判三五年都接受不了，对于财产的考虑相对次要，那么我们就要考虑辩护和交涉中的侧重点是放在救人上，既包括救"黑老大"、犯罪集团首要分子，也包括救他们的亲属、属下等同案被告人。如果当事人对于自己多判几年无所谓，对于巨额财产给家属带来的生活保障利益更为重视，则我们要适当调整方向，在着墨的时候有所轻重。比如，前述青海案件中，被告人有八个孩子需要照顾，其中大多数都还在读书，或者处于幼年状态，长时期内没有独立生活能力，那么保财产留下足够的抚养费就成为首选。

在保财方面，需要重点说明的是，不论没收的是个人的"部分"还是"全部"财产，我们都需要把关注点放到合法财产、个人财产的甄别上。由于黑社会性质组织"以商养黑、以黑护商"的特点,通常被指控、认定为"黑老大"的都是家大业大的企业老板。一旦涉案,老板名下的所有财产、资产及老板投资的所有公司都会被公安机关在第一时间查扣冻。虽然法律要求公安机关在查扣冻时要收集关于财产来源、性质、权属等的有关证据,要求检察院加强甄别涉案财产,但目前的司法现状却差强人意,大部分案件中公安机关在查扣冻时不核查财产,检察院不甄别地起诉,法院更是照搬照判。到了刑事执行阶段,执行庭只针对审判庭移送的执行清单去扣划资金、拍卖变卖资产,不给律师辩护的余地。真是无处话凄凉。所以我们在辩护时,要尽量把对财产方面的辩护提前,时刻寻找突破的机会,迫使控审两方在能力范围内与律师、当事人进行协商和交易,做出"妥协"。

在财产的甄别上,实务中出现的多数情况是将合法财产与非法所得混淆,将个人财产与家庭共同财产混淆,将个人财产与公司财产、股东权益混淆。

所谓没收财产,是指没收属于犯罪分子个人所有的合法财产。首先,在财产来源上应当以时间为基准与犯罪行为相剥离。其次,在合法财产的基础上,进一步区分夫妻共同所有的财产,以及夫妻一方个人所有的财产或财产份额。比如在没收个人全部财产的案件中,对于涉黑之前的夫妻共同财产,哪怕都在"黑老大"的名下,不涉案的配偶依法也享有一半的财产权,对这一半财产应当分割出来,不能因为都在"黑老大"名下而直接没收。再次,关于个人财产与公司财产的关系,实务中也有将二者混同的错误处理方式,认为配偶不参与公司的管理,只是名义上的股东,因此认定配偶享有的股份实为"黑老大"所有并予以没收,这是完全违背公司法中有关股东权利相关规定的。最后，还有忽略其他不涉案股东权利，将有"黑老大"投资的公司资产全部没收的错误处理方式，同样亟须纠正。

放弃财产而保人的相反情况，突出体现在认罪认罚案件中。有的案件指控证据不充足，或者指控罪名明显不能成立，但是被告人基于家庭、就业、企业经营等方面的种种考虑，愿意违心认罪、主动退赔、及时缴纳罚金，以换取最大幅度的从宽处罚，早日获得人身自由，至于受点冤屈，也就罢了。

人们害怕人财两空。失去了财产，保住了人，人们会自我劝说："留得青山在，不怕没柴烧"；若人不在身边，留下了财物，好歹也能惠及家人及后代，使经济上无忧。人财两空，便既失去了精神依托，也失去了物质基础，确是不可承受之重。在重大案件如涉黑案件中，人财两空是最常见的结果，也是当事人最不愿意看到的结果。律师需要从策略上做好谋划，提前与当事人进行充分的沟通。

后 记

在北京大学出版社领导和本书责编的鼓励、支持下,这本书终于要出版了。

在2020年新冠疫情初发时,因为大家都待在家里,网络直播课兴起,我也受邀做了一些直播讲座。在讲座中与各地律师有许多互动,发现很多初入行的青年律师对于专业化和刑辩很有兴趣,同时又有很多疑惑,不知怎么实现专业化,怎么应对刑辩中遇到的各类问题,甚至不少资深律师,也愿意听我分享办案中对各种问题的处理方式。我在备课和交流后,就考虑如何趁机总结一下自己的刑辩专业化经历,既是对自己过去二十年律师生涯的梳理,更是希望能给后来者提供一些思路。

于是我开始陆陆续续在手机上进行写作,随时思考,随时总结,随时记录。有时一天写两三个故事,有时好几天也写不完一个故事。当时限制在家里不能出门,而很多原始资料保存在单位,导致查询资料的过程比较费力,回忆心理历程和进行归纳总结也比较费神。疫情缓解后,很快又可以到处出差工作了,恢复了以往的忙碌,我的写作就停了下来。

在此要感谢我的诸多同事们，他们在平时交流中知道我的想法后，极力支持甚至"怂恿"我完成写作，大家都认为这是一项必须尽快完成的工作，是对刑辩人的贡献。为此，他们也付出了许多心血，帮我整理原始资料、提供不同视角，甚至有个别篇幅，他们等不及了就代为起草……在这种"逼迫"下，我又利用办案过程中的零碎时间，经常拿起手机，在大家收集资料的基础上继续写作。所以，这是一部在手机上完成的书稿，也是在大家激励和支持下完成的书稿。经过前后两年多，终于全部交稿。

还要特别感谢谢鹏程所长花费很多精力给我写的序言。谢所长具有深厚的法学理论功底和检察理论与实践的高深造诣，在看了书稿后对我给予很大鼓励。同时也非常感谢张明楷老师、陈卫东老师、蒋安杰老师对书稿的认可和推荐。

刑辩二十年，看似经验丰富，实则时时处于反思与学习之中。有时担心对最前沿刑事理论和实践的学识过时，有时顾虑客户和办案部门对大辩护思维的理解与接受程度，有时欣赏年轻同仁们的奋不顾身和精彩表现，有时陷入对不理想判决结果的深思。可以学习的对象太多了，应当借鉴的人生体悟与专业技能也太多了。我把自己的历史写出，是一种倾诉，更是一种交流。盼请我的老师们、法律职业同行们给以批评指正，在共同切磋中，推进刑事法治理念的升华。

赵运恒

2022 年 3 月底

于北新桥头条 30 号